Euro Maths

Cycle des approfondissements

CE2

Marie-Lise Peltier
Maître de conférences

Joël Briand
Maître de conférences

Bernadette Ngono
Maître de conférences

Danielle Vergnes
Professeur de mathématiques

ILLUSTRATIONS : François Foyard
COUVERTURE : Philippe Derrien
MISE EN PAGE : J'ai 2 z'amours
DESSINS TECHNIQUES : Lydie Boué, Thomas Winock, J'ai 2 z'amours
CARTOGRAPHIE : Édigraphie, Rouen
ICONOGRAPHIE : Hatier illustration

HATIER

Sommaire

- Connaissance des nombres
- Espace et géométrie
- Problèmes et calculs
- Grandeurs et mesures
- Organisation et gestion de données

C étape de consolidation
E étape d'entraînement

Période 1

Période 2

Période 3

Période 4

Période 5

Les progressions dans chaque domaine de compétences

Ce tableau représente la répartition des domaines de compétences sur les cinq périodes.

- **La couleur** indique le thème principal dont relèvent les compétences (voir page 2).
- **Les numéros, les initiales C** (Consolidation) **et E** (Entraînement) indiquent les étapes du livre dans lequel ce thème est spécifiquement travaillé. À chaque étape, l'échelle rappelle la progression.

	Période 1	Période 2	Période 3	Période 4	Période 5
Écrire, nommer les nombres	1 C1 5 6 11	18 24 27 28	37	52 54	80
Comparer les nombres	9 13	19 23	39	66	E8
Calcul automatisé, calcul réfléchi	E1 E2	E3	34 E4 36	E5 E6	E7 E10
Addition, soustraction : sens et calcul	2 3 C2 7 8	20 21 25			
Multiplication, division : sens et calcul		C3 C4 C5	33 40 41 44 45 48 49	62	69 70 71 74 75
Problèmes			47	55 58	77 E9 79
Relations et propriétés géométriques	4 10 16	22 26		56 61 63	
Figures planes	12	30	35 38 46	53	76 78 81
Solides				65 67	
Grandeurs et mesures	14 15	C6 29 31	42 43 50	59 64	72
Gestion de données	17	32	51	57 60 68	73 82

Le livre de l'élève

- **Trois types d'étapes :**

– des étapes centrées sur la **consolidation de connaissances** déjà travaillées au cours des années précédentes. Ces étapes peuvent être proposées à la classe entière ou dans des activités de soutien pour préparer à des étapes importantes ;

– des étapes centrées sur la **construction** et la **structuration de connaissances**. Chaque étape (sur une ou deux pages) présente une unité de travail et fait l'objet de une, deux, ou trois séances de classe. Les élèves y ont à résoudre de nombreux problèmes tout en apprenant à mieux connaître le monde qui nous entoure et notamment l'Union européenne ;

– des étapes d'**entraînement**. Ces étapes peuvent être suivies d'une autocorrection par les élèves (une fiche autocorrective est présente dans livre du professeur). Elles peuvent aussi, pour certains élèves, être travaillées dans des actions de soutien.

- **Trois pages** pour faire le point : « **Ce que je suis capable de faire** ». Elles permettent aux élèves de vérifier s'ils maîtrisent les compétences fondamentales travaillées au cours des différentes étapes. Le professeur décidera de les corriger collectivement ou de les faire corriger individuellement par les élèves à l'aide des fiches du livre du professeur.

© HATIER PARIS, 2010 - ISBN : 978-2-218-94467-3

Une étape mode d'emploi

■ La COULEUR permet d'identifier le thème étudié dans l'étape.

■ Les OBJECTIFS précisent les aspects de la notion qui sont étudiés et les compétences développées.

■ Le CALCUL MENTAL est une pratique quotidienne d'entraînement sur des connaissances en cours d'acquisition ou de préparation pour des notions abordées ultérieurement.

■ Ce PICTOGRAMME indique la présence d'une fiche photocopiable dans le livre du professeur (LP) pour éviter aux élèves de décalquer les figures et leur permettre de faire plusieurs essais.

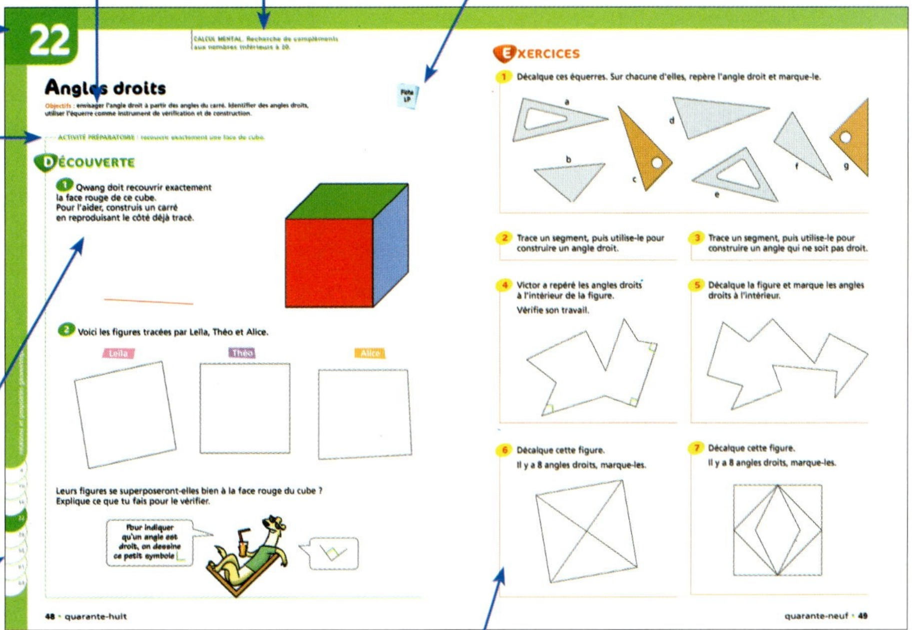

■ Au cours des ACTIVITÉS PRÉPARATOIRES DE DÉCOUVERTE, les élèves construisent ou confortent leurs connaissances sur une notion par des activités, des jeux, des manipulations finalisées.

■ Selon les étapes, la DÉCOUVERTE est le complément des activités préparatoires ou le support de l'activité mathématique.

■ L'échelle indique le DOMAINE DE COMPÉTENCES dans lequel s'inscrit l'étape et le curseur indique la position de celle-ci dans la progression.

■ Les EXERCICES d'application directe et de réinvestissement conduisent les élèves à stabiliser ce qu'ils ont appris et à « tisser » les liens nécessaires entre diverses notions.
Les REMUE-MÉNINGES nécessitent une réflexion plus poussée ou la mise en œuvre de stratégies originales et variées.

L'aide-mémoire

Ce fascicule regroupe les savoirs mathématiques que les élèves doivent maîtriser en CE2. C'est un outil de référence auquel ils peuvent se reporter à tout moment.

Le livre du professeur

Il présente les choix des progressions dans chaque domaine, leurs fondements théoriques et leur articulation. Il développe les objectifs de chaque étape, le calcul mental, les éventuelles activités préparatoires et la structure des séances. Il décrit les procédures les plus fréquentes, correctes ou erronées, proposées par les élèves et précise la manière de les prendre en compte pour aider les élèves à les faire évoluer vers des procédures plus expertes. Il propose des bilans que le professeur peut utiliser pour une évaluation plus ou moins différée par rapport au moment d'apprentissage. Enfin, il contient de nombreuses fiches photocopiables de matériel, notamment pour la géométrie, repérées dans le manuel par un pictogramme. Elles permettent à l'élève de faire des tracés avec plus d'aisance et de recommencer sur une nouvelle photocopie si nécessaire.

Voici les enfants qui vont t'accompagner au cours de l'année

CALCUL MENTAL. Jeu du furet : compter de 1 en 1, en croissant ou en décroissant à partir d'un nombre inférieur à 100.

Les nombres dans notre environnement

Objectif : recenser différentes utilisations des nombres.

DÉCOUVERTE

a. Dans cette image, repère puis écris :
- le numéro d'une maison ;
- la distance entre Paris et Rome ;
- la date de sortie du film ;
- la vitesse maximum autorisée pour les véhicules.
- l'heure sur l'horloge ;
- le prix du kilo de tomates ;
- le nombre de personnages ;

b. Cite plusieurs utilisations différentes des nombres.

EXERCICES

1 **a.** Écris dans l'ordre les douze mois de l'année, puis numérote-les.

b. Écris les dates sous forme numérique (jour/mois/année).
Exemple : la date du premier pas de l'Homme sur la Lune : 11/07/1969.
- la date d'aujourd'hui ;
- ta date de naissance ;
- la date de Noël ;
- la date des vacances d'été.

2 **a.** Quel est le code postal de ta commune ?
b. Combien d'élèves y a-t-il dans ta classe ?
c. Combien d'élèves y a-t-il dans ton école ?
d. À quelle heure commence l'école le matin ?
e. Combien de temps dure la récréation ?

3 Fais une liste d'objets sur lesquels tu peux lire des nombres.

CALCUL MENTAL. Jeu du furet : compter de 1 en 1, en croissant ou en décroissant à partir d'un nombre inférieur à 100.

Dénombrer une collection

Objectifs : constituer et utiliser les groupements par 10 et par 100 pour dénombrer une collection d'objets.
Faire le lien avec la valeur d'un chiffre selon sa position dans l'écriture d'un nombre.

ACTIVITÉ PRÉPARATOIRE : dénombrer une grande collection d'objets (trombones, allumettes...) en les groupant.

EXERCICE DIRIGÉ

1 Combien y a-t-il de gommettes dans cette planche ?
Explique comment tu as trouvé.

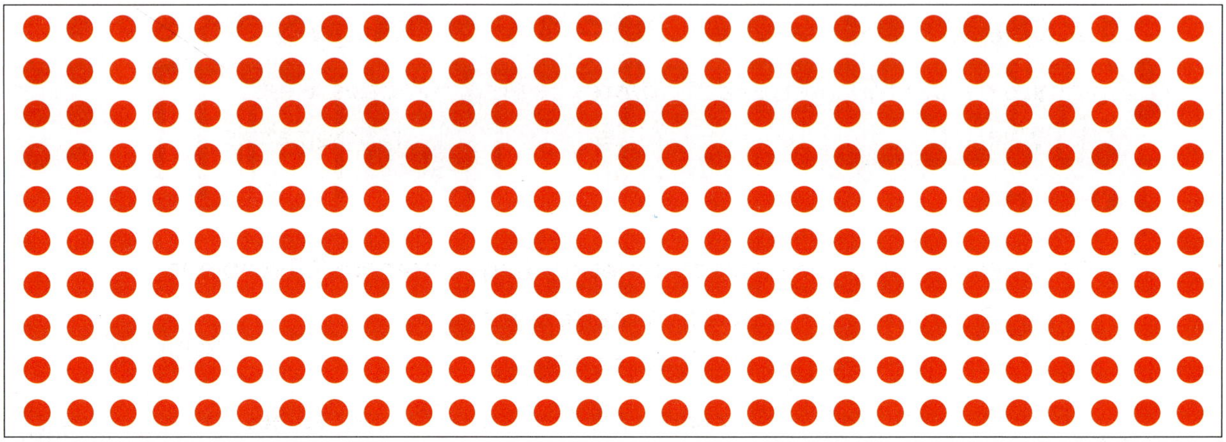

2 Qwang a découpé ces plaques, ces barres de gommettes et quelques gommettes isolées. Combien de gommettes a-t-il en tout ?

EXERCICES

1 Alice a découpé 3 plaques de 100 gommettes et 7 gommettes.
Combien de gommettes a-t-elle découpées ?

2 Pour chaque affirmation, écris si elle est vraie (V) ou fausse (F).

a. 1 plaque de 100 gommettes, c'est autant que 10 barres de 10 gommettes.

b. 11 barres de 10 gommettes, c'est autant que 2 plaques de 100 gommettes.

c. 50 barres de 10 gommettes, c'est autant que 5 plaques de 100 gommettes.

3 À chaque fois, recopie la bonne réponse.

a. 8 plaques de 100 gommettes et 4 gommettes isolées, c'est :

84 gomettes — 804 gomettes — 840 gomettes

b. 5 barres de 10 gommettes, c'est :

510 gomettes — 5 gomettes — 50 gomettes

c. 27 barres de 10 gommettes et 4 gommettes isolées, c'est :

274 gomettes — 31 gomettes — 427 gomettes

d. 3 plaques de 100 gommettes et 12 barres de 10 gommettes, c'est :

312 gomettes — 420 gomettes — 123 gomettes

4 À quelle collection de gommettes correspond chaque nombre ? Recopie-la.

a. 340
- 3 plaques de 100 et 4 gommettes isolées
- 3 plaques de 100 et 4 barres de 10

b. 478
- 7 barres de 10, 4 plaques de 100 et 8 gommettes isolées
- 8 plaques de 100, 7 barres de 10 et 4 gommettes isolées

c. 501
- 5 plaques de 100 et 1 barre de 10
- 1 gommette isolée et 5 plaques de 100

5 À quelles décompositions correspond chaque nombre ? Écris-les.

a. 420 =
- 400 + 20
- 400 + 2
- 20 + 400

b. 507 =
- 50 + 7
- 7 + 500
- 500 + 7

c. 386 =
- 30 + 80 + 6
- 80 + 300 + 6
- 300 + 80 + 6

6 Écris le nombre correspondant à chaque décomposition.

a. 300 + 7 + 50 **c.** 5 + 200 **e.** 600 + 40 + 9 **g.** 90 + 500 + 2

b. 20 + 500 + 8 **d.** 800 + 7 **f.** 6 + 30 + 700 **h.** 900 + 6

7 Complète chaque décomposition.

a. 546 = 500 + … + 6 **c.** … + 60 + 700 = 763 **e.** 600 + … + 20 = 623

b. 328 = 300 + 8 + … **d.** 800 + 70 + … = 879 **f.** … + 800 = 807

Addition et soustraction : se déplacer sur la suite numérique

Objectif : rechercher le résultat d'un déplacement sur la suite numérique.

DÉCOUVERTE

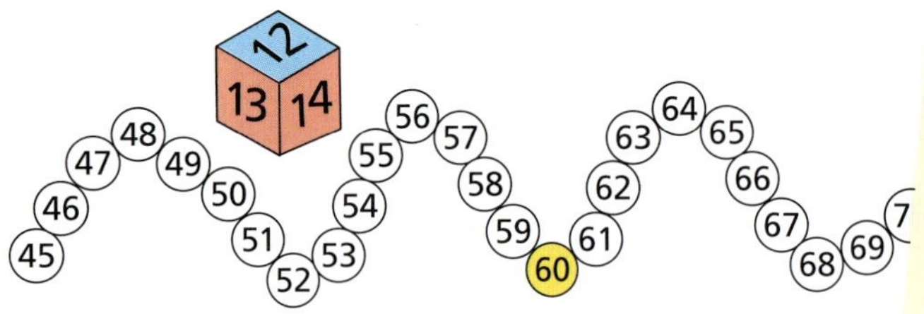

Règle du jeu de piste

- Un dé avec les nombres 12, 13, 14 sur les faces bleues et les nombres 12, 13, 14 sur les faces rouges.
- La case de départ est la case 60. Chaque joueur lance le dé.
- Lorsque le dé tombe sur une face bleue, le joueur avance du nombre de cases indiqué par le dé.
- Lorsque le dé tombe sur une face rouge, le joueur recule du nombre de cases indiqué par le dé.

1 **a.** Théo est sur la case 64, il doit avancer de 12 cases. Sur quelle case arrive-t-il ?

b. Qwang est sur la case 78, il doit reculer de 14 cases. Sur quelle case arrive-t-il ?

2 **a.** Voici un schéma et un calcul pour trouver la case où Théo doit poser son pion.

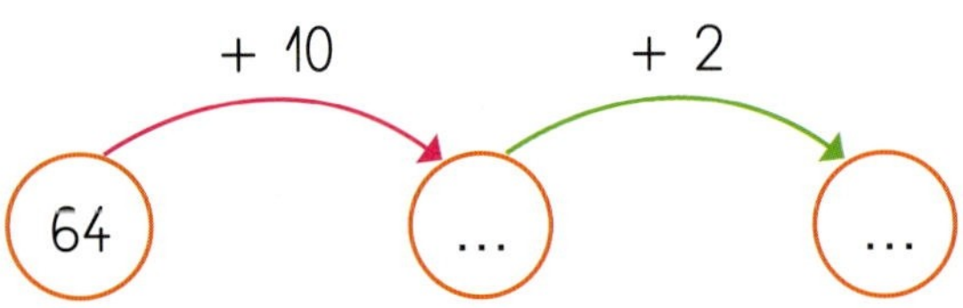

$64 + 12 = 64 + 10 + 2$

$64 + 12 = \ldots$

Recopie et complète ce schéma et ce calcul.
Compare avec ton résultat.

b. Voici un schéma et un calcul pour trouver la case où Qwang doit poser son pion.

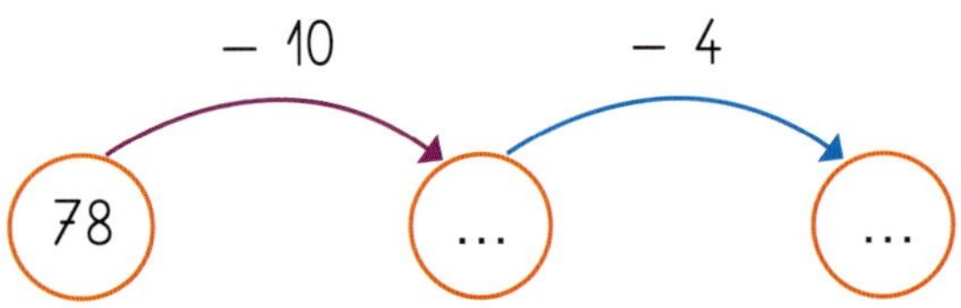

$78 - 14 = 78 - 10 - 4$

$78 - 14 = \ldots$

Recopie et complète ce schéma et ce calcul.
Compare avec ton résultat.

3 Alice est sur la case 63. Pour avancer de 13 cases, elle avance de 7 cases, puis de 6 cases.

A-t-elle raison ? Illustre sa méthode par un schéma.

EXERCICES

1 Ali est sur la case 66, il doit avancer de 14 cases.

Avec une méthode par sauts, trouve le numéro de la case où il arrive.

2 Clara est sur la case 95, elle doit reculer de 13 cases.

Avec une méthode par sauts, trouve le numéro de la case où elle arrive.

3 Calcule avec une méthode par sauts.

a. 73 + 12 **b.** 79 + 14 **c.** 86 – 14 **d.** 72 – 13

4 Anaïs était sur la case 72, elle avance d'abord de 12 cases, puis de 14 cases.

Quel est le numéro de la case d'arrivée ?

5 Brice était sur la case 80, il avance d'abord de 13 cases, puis il recule de 14 cases.

Quel est le numéro de la case d'arrivée ?

6 Recopie et calcule.

60 —(+ 10)→ … —(+ 7)→ … —(– 4)→ … —(+ 20)→ … —(+ 9)→ … —(– 10)→ … —(+ 8)→ …

7 Calcule.

a. 85 + 10 + 4	85 + 5 + 9	85 + 4 + 10
b. 67 – 10 – 2	67 – 7 – 5	67 – 2 – 10

8 Pour calculer 67 – 14, Anna a calculé 67 – 10 = 57, puis 57 + 4 = 61.
Léo a calculé 67 – 10 = 57, puis 57 – 4 = 53.

Qui a raison ? Explique ta réponse.

9 Recopie et calcule.

108 —(+ 10)→ … —(– 7)→ … —(– 20)→ … —(– 4)→ … —(+ 30)→ … —(– 9)→ … —(– 20)→ …

10 Paul est sur la case 73, il doit avancer de 13 cases.
Sur quelle case arrive-t-il : (104) (77) (86) ?

Fais un schéma pour expliquer ta réponse.

11 Sarah est sur la case 75, elle doit reculer de 12 cases.
Sur quelle case arrive-t-elle : (67) (63) (87) ?

Fais un schéma pour expliquer ta réponse.

Addition et soustraction : se déplacer sur la suite numérique

Objectif : rechercher la valeur d'un déplacement sur la suite numérique.

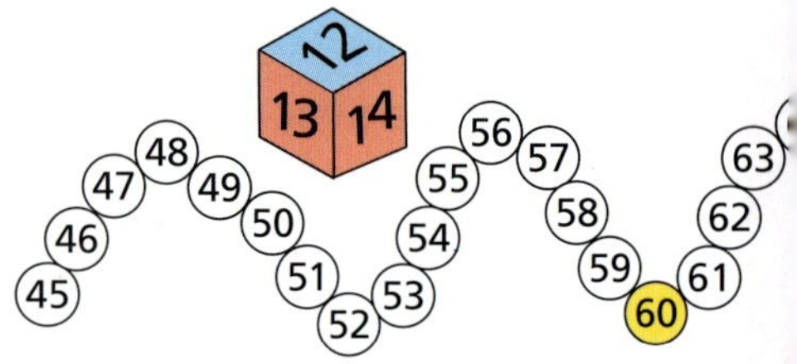

DÉCOUVERTE

1 Alice était sur la case 87 du jeu de piste.
Elle a lancé le dé, elle est maintenant sur la case 101.

Quels étaient le nombre et la couleur sur la face du dé ?

2 Voici deux méthodes pour trouver le nombre sur la face du dé d'Alice.

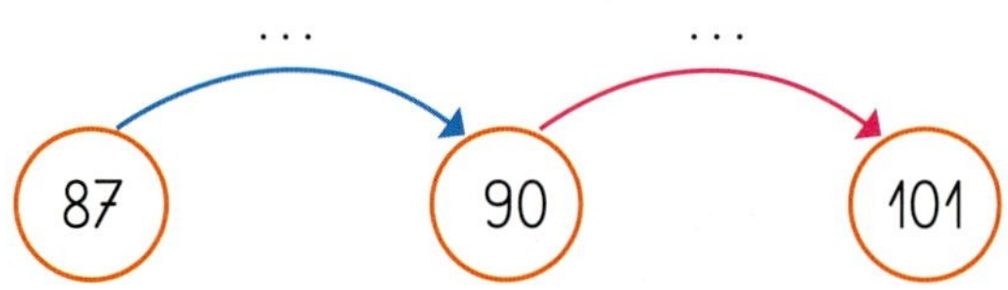

87 + … = 90 90 + … = 101

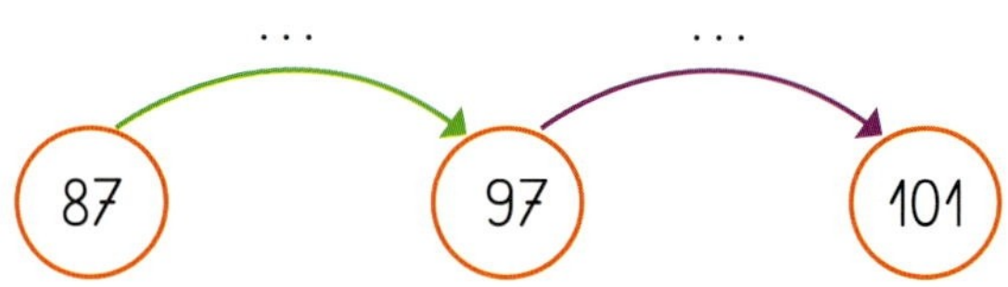

87 + … = 97 97 + … = 101

- Recopie et complète ces schémas et ces calculs.
- Utilise-les pour compléter l'égalité 87 + … = 101.
- Compare avec ton résultat.

3 Leïla était sur la case 92. Elle a lancé le dé, elle est maintenant sur la case 80.
Quels étaient le nombre et la couleur sur la face du dé ?

EXERCICES

1 Qwang était sur la case 71. Il a lancé le dé. Il est maintenant sur la case 84.

Quels étaient le nombre et la couleur sur la face du dé ?

2 Théo était sur la case 99. Il a lancé le dé. Il est maintenant sur la case 86.

Quels étaient le nombre et la couleur sur la face du dé ?

3 Complète :

a. 53 + … = 61
b. 67 + … = 72
c. 99 + … = 103
d. 94 + … = 101

4 Complète :

a. 60 + … = 70
b. 62 + … = 70
c. 83 + … = 93
d. 65 + … = 80

Calcul automatisé, calcul réfléchi : addition et soustraction

1 Reproduis et complète ces tables d'addition.

+	5	7	4	6
3				
8				
6				
9		16		

+		5		8
6	13			
		10		
8			12	
				17

+	3		6	
			13	
4		12		
	8			
2				11

2

Ajouter ou soustraire un nombre inférieur à 10

53 + 4	47 + 5	3 + 126	76 + 6	134 + 8
49 – 7	75 – 6	78 – 5	125 – 8	82 – 6

Ajouter ou soustraire un multiple de 10

72 + 10	20 + 136	10 + 127	115 + 20	92 + 20
86 – 10	95 – 20	112 – 10	146 – 20	88 – 20

Trouver un complément

17 + ... = 20	25 + ... = 30	34 + ... = 40	43 + ... = 50	56 + ... = 60
12 + ... = 20	28 + ... = 30	31 + ... = 40	47 + ... = 50	51 + ... = 60

Ajouter ou soustraire un nombre compris entre 10 et 20

60 + 12	78 + 17	65 + 16	96 + 14	59 + 13
60 – 12	78 – 17	65 – 16	96 – 14	59 – 13

CALCUL MENTAL. Jeu du furet : compter de 100 en 100, en croissant à partir de 0, en décroissant à partir d'un multiple de 100, puis d'un nombre quelconque inférieur à 200.

Reproduire des figures sur un quadrillage

Objectifs : utiliser la règle avec précision pour joindre des points, construire ou prolonger des segments. Repérer les nœuds d'un quadrillage ou d'un réseau pointé pour reproduire une figure.

Fiche LP

ACTIVITÉ PRÉPARATOIRE : effectuer des tracés à la règle avec des contraintes.

DÉCOUVERTE

Qwang et Théo ont commencé à reproduire la même figure modèle mais ils n'ont pas tracé les mêmes segments.
Retrouve cette figure modèle en traçant les segments qui manquent dans chaque dessin. Utilise un calque.

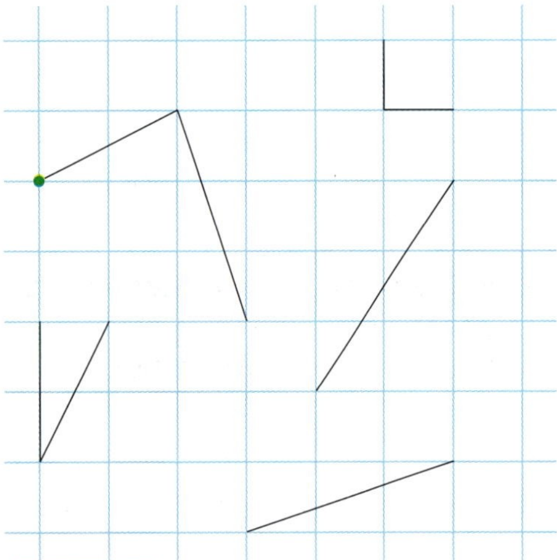
Qwang

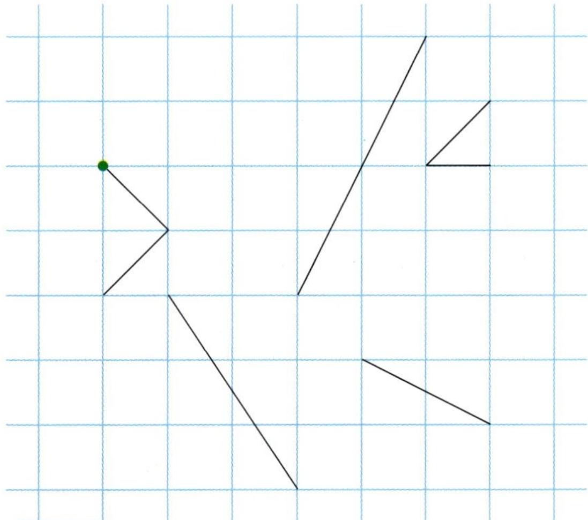
Théo

EXERCICES

1 Observe le modèle et les différentes reproductions.

Laquelle est identique au modèle ?

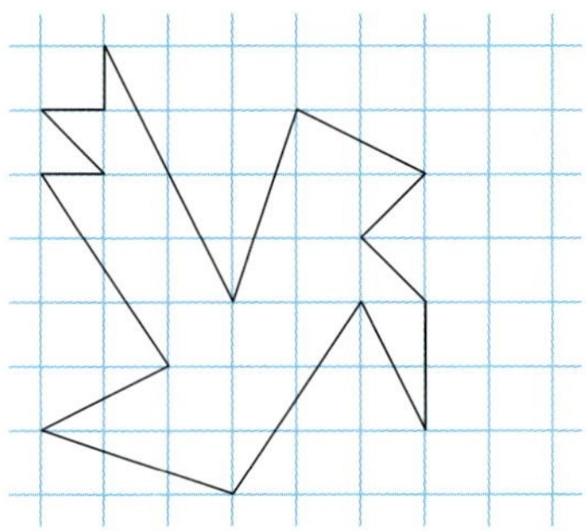
Modèle

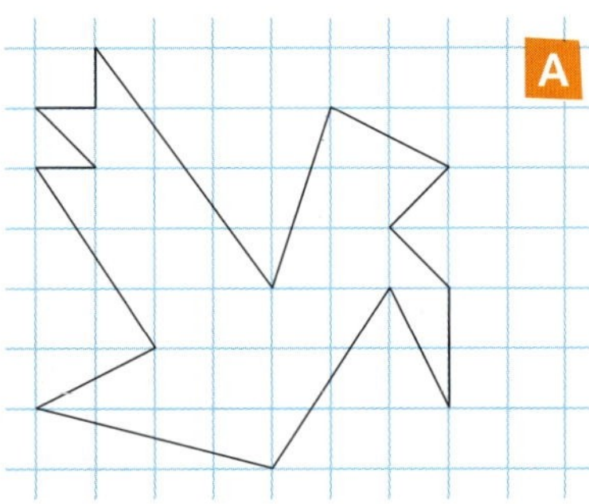
A

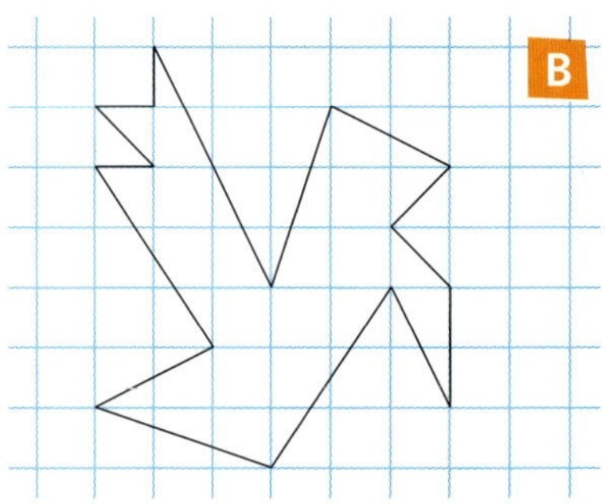
B

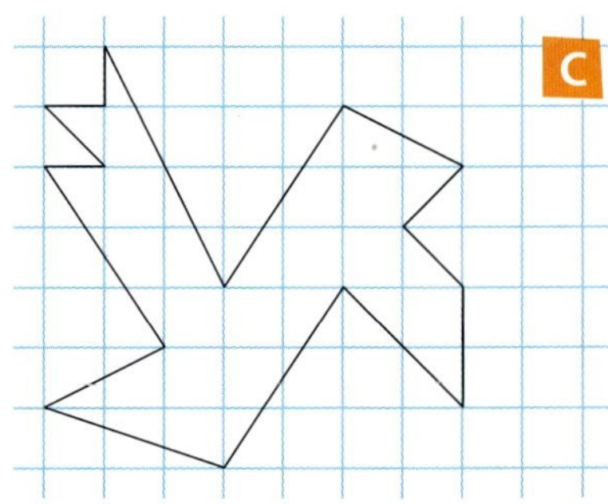
C

2 Reproduis la figure modèle de l'exercice 1 sur un papier à petits carreaux, puis agrandis-la sur un quadrillage Séyès.

3 Reproduis chacune des figures A, B, C et D :
a. sur le quadrillage Séyès de ton cahier ; **b.** sur un réseau pointé à mailles carrées.

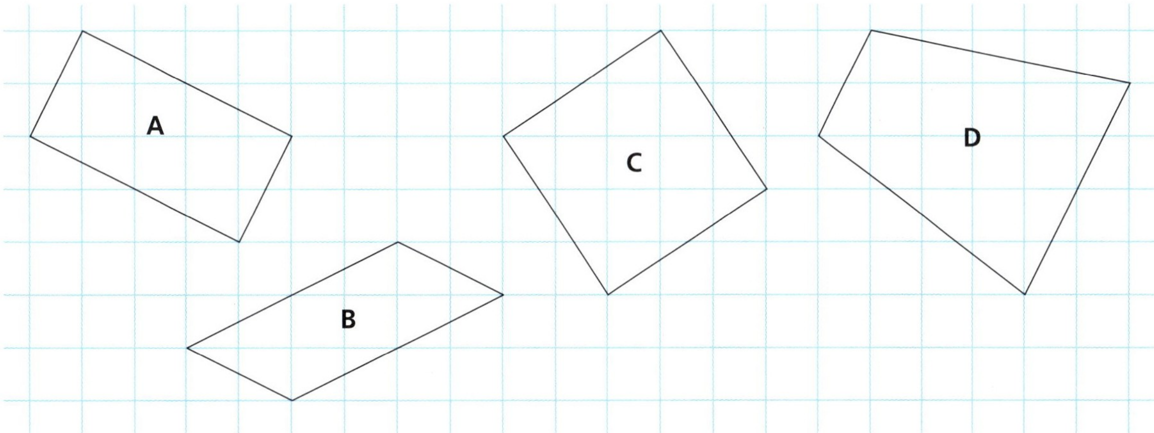

4 Ces figures sont dessinées sur un réseau pointé à mailles carrées. Reproduis-les sur un réseau identique.

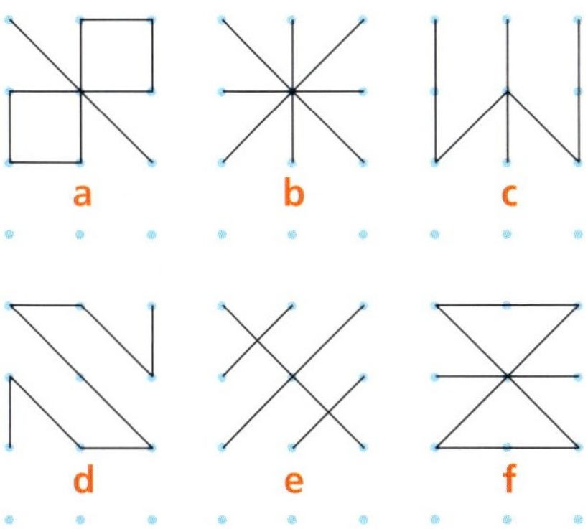

5 Cette frise est dessinée sur un réseau pointé à mailles triangulaires.
Reproduis-la sur un réseau identique.

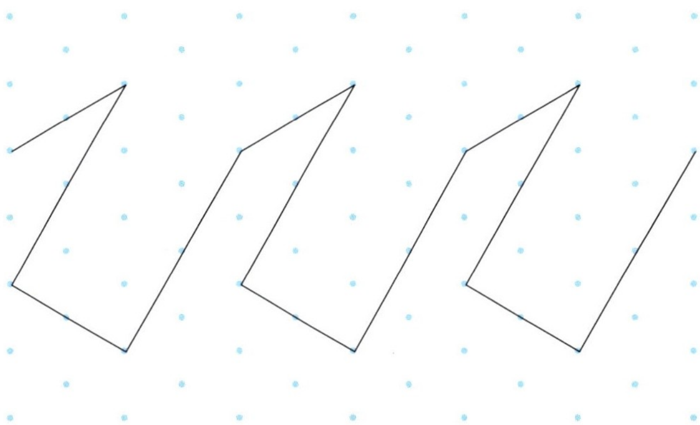

6 Reproduis ce dessin sur le quadrillage Séyès de ton cahier.

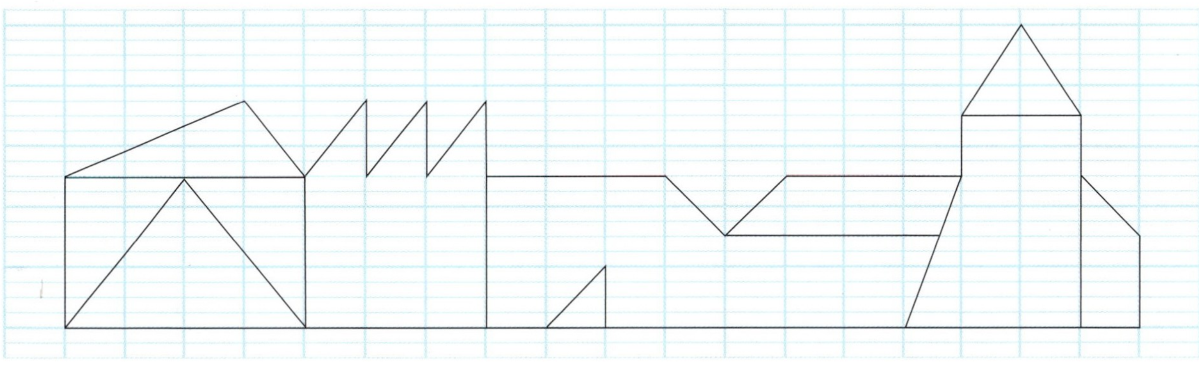

Numération écrite : les nombres jusqu'à 1 000

Objectifs : constituer et utiliser les groupements par 10 et par 100 pour dénombrer une collection d'objets. Faire le lien avec la valeur d'un chiffre selon sa position dans l'écriture d'un nombre.

DÉCOUVERTE

1 Pour compter leurs images, Alice, Théo et Leïla les ont mises dans des enveloppes en faisant le plus possible de paquets de 100, puis de 10. Voici ce qu'ils ont obtenu :

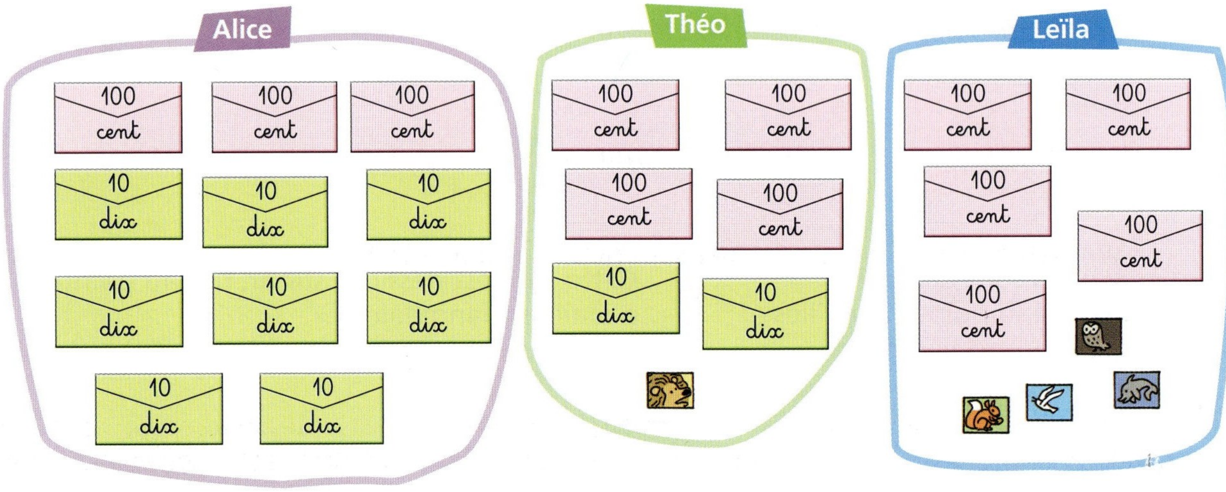

a. Qui a le plus d'images ?

b. Écris le nombre d'images d'Alice, de Théo, de Leïla.

2 Théo dit que son nombre d'images c'est 42 dizaines et 1 unité. A-t-il raison ?

3 Qwang a 30 images de moins que Théo, combien en a-t-il ?

EXERCICES

1 Quelle est la bonne réponse ? Recopie-la.

a. 300 + 7 + 80 = 378 / 18 / 387

b. 40 + 500 + 6 = 15 / 546 / 456

c. 50 + 1 + 800 = 851 / 518 / 14

2 Pour chaque nombre, écris la décomposition additive donnant la valeur de chaque chiffre.

a. 487 **b.** 346 **c.** 940 **d.** 602 **e.** 792 **f.** 384

3 À quel nombre correspond chaque décomposition ? Écris-le.

a. 400 + 30 + 7
b. 70 + 9 + 600
c. 4 + 700
d. 900 + 60
e. 500 + 8 + 60
f. 10 + 800 + 5

4 Complète :

a. 80 unités, c'est … dizaines.
b. 76 dizaines, c'est … unités.
c. 3 centaines, c'est … dizaines.
d. 500 unités c'est … dizaines.

5 **a.** Combien de dizaines y a-t-il dans les nombres suivants ?

305 47 180 299

b. Combien de centaines y a-t-il dans les nombres suivants ?

173 402 999 48

6 À la buvette de la kermesse des écoles Jacques Brel et Marie Curie, on a rangé les tickets « boisson » (bleus). Les enveloppes rouges contiennent 100 tickets et les vertes 10 tickets.

Voici ce que la vente des boissons a rapporté à l'école Jacques Brel :

Voici ce que la vente des boissons a rapporté à l'école Marie Curie :

a. Combien de tickets « boisson » ont été recueillis à l'école Jacques Brel ?

18 837 117 387 783

b. La vente des boissons à l'école Marie Curie a-t-elle rapporté plus ou moins que celle de l'école Jacques Brel ? Explique ta réponse.

CALCUL MENTAL. Jeu de mémoire : le professeur écrit 4 nombres inférieurs à 100 ; après dix secondes, les élèves les écrivent en chiffres.

Calculatrice et numération

Objectif : utiliser la calculatrice pour consolider le lien entre la valeur des chiffres et leur position dans l'écriture d'un nombre.

ACTIVITÉ PRÉPARATOIRE : afficher des nombres sur la calculatrice en se donnant des contraintes.

DÉCOUVERTE

1 Recopie le tableau, note ce que Qwang doit faire et vérifie avec ta calculatrice.

J'appuie sur										
Je vois										

2 Sur quelles touches doit-il appuyer pour passer de 194 à 164 sans effacer ?

J'appuie sur										
Je vois										

EXERCICES

1 Affiche 326 sur ta calculatrice.
Sans effacer, affiche 376.

Note sur ton cahier les touches sur lesquelles tu appuies et ce que tu vois sur l'écran.

2 Affiche 679 sur ta calculatrice.
Sans effacer, affiche 379.

Note sur ton cahier les touches sur lesquelles tu appuies et ce que tu vois sur l'écran.

3 Affiche 347 sur ta calculatrice.

Pour soustraire 1 dizaine, que fais-tu ?

4 Affiche 763 sur ta calculatrice.

Pour soustraire 1 centaine, que fais-tu ?

Remue-méninges

Affiche 111 sur ta calculatrice sans taper sur la touche 1.

CALCUL MENTAL. Jeu de cartes « recto verso » : tables d'addition.

Addition et soustraction : dénombrer des collections

Objectif : résoudre différents types de problèmes additifs et soustractifs dans un contexte cardinal.

EXERCICE DIRIGÉ

1 Il y a 25 macarons dans la boîte rouge. 12 sont à la pistache, les autres sont à la fraise. Combien y a-t-il de macarons à la fraise ?
Quelle boîte représente la situation ?

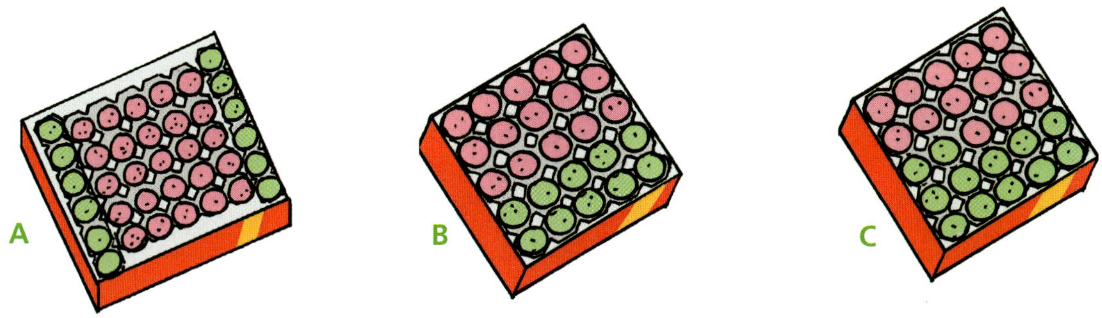

2 Dans la boîte violette, il y a 20 macarons de plus que dans la boîte rouge. Combien y a-t-il de macarons dans la boîte violette ?

EXERCICES

1 Jules a 12 images, Naïma a 15 images.
Combien d'images ont-ils s'ils les mettent ensemble ?

2 Hugo a 33 €. Paul a 10 € de moins qu'Hugo.
Combien d'argent Paul a-t-il ?

3 Inès a 25 € dans son porte-monnaie. Sa grand-mère lui donne 17 €.
Combien d'argent Inès a-t-elle maintenant ?

4 Félix a 20 images. Il donne des images à Alen. Félix en a maintenant 10.
Combien d'images a-t-il données à Alen ?

5 Le boulanger a fabriqué 36 croissants. À midi, il en a vendu 20. Les autres sont vendus dans l'après-midi.
Combien de croissants le boulanger a-t-il vendus l'après-midi ?

6 Aminata a 14 billes et Laura en a 9.
Combien de billes Aminata a-t-elle de plus que Laura ?

7

CALCUL MENTAL. Jeu de mémoire : le professeur dit 4 nombres inférieurs à 100 ; après dix secondes, les élèves les écrivent en chiffres.

Addition et soustraction : modifier des quantités

Objectif : déterminer la quantité initiale ou finale lorsqu'une quantité subit une augmentation ou une diminution, ou trouver la valeur de la transformation.

ACTIVITÉ PRÉPARATOIRE : jeu de la boîte.

DÉCOUVERTE

1

Combien de billes Alice a-t-elle mises dans la boîte ?

Écris le calcul que tu fais. Dans ce calcul, entoure la réponse à la question.

2

Combien de billes y a-t-il maintenant dans la boîte ? Écris le calcul que tu fais.

Dans ce calcul, entoure la réponse à la question.

3

Combien de billes y avait-il dans la boîte au début ? Écris le calcul que tu fais.

Dans ce calcul, entoure la réponse à la question.

EXERCICES

1 Complète.

a. 146 + 12 = …	130 + 20 = …	172 + … = 200	… + 30 = 100
b. 146 – 12 = …	130 – 20 = …	172 – … = 150	… – 30 = 100

2 Complète.

a. 64 + 38 = …	97 + … = 124	86 – 22 = …	… – 10 = 140
b. 193 + 26 = …	160 + … = 195	157 – 34 = …	… – 30 = 200
c. 215 + 55 = …	290 + … = 347	173 – 51 = …	… – 50 = 360

3 Dans une boîte, il y a 125 billes. Anis enlève des billes. Maintenant, il y a 85 billes dans la boîte.

Combien de billes Anis a-t-il enlevées ?

4 Une boîte contient des billes. Samira y met 10 billes. Maintenant, la boîte contient 80 billes.

Combien y avait-il de billes au début ?

5 Dans une boîte, il y a 210 billes. Alex met 18 billes, puis 7 billes dans la boîte.

Combien de billes y a-t-il maintenant dans la boîte ?

6 Recopie et calcule.

146 —(…)→ 166 —(…)→ 172 —(…)→ 162 —(…)→ 169 —(– 20)→ … —(– 9)→ … —(+ 11)→ …

7 À 12 h, il y a 286 € dans le tiroir-caisse du boulanger. À 14 h, il y a 400 €.

Combien le boulanger a-t-il gagné entre 12 h et 14 h ?

8 547 voyageurs sont dans le TGV au départ de Paris. Au premier arrêt, 127 voyageurs descendent, personne ne monte.

Combien de voyageurs y a-t-il dans le TGV après le premier arrêt ?

9 Au premier arrêt d'un train, 15 personnes sont montées dans le wagon de tête, aucune n'est descendue. Il y a maintenant 56 personnes dans ce wagon.

Combien y en avait-il au départ ?

Remue-méninges

Ton manuel de mathématiques est divisé en cinq périodes.
La période 2 commence à la page 42. Elle se termine à la page 75.

Combien de pages y a-t-il dans la période 2 ?

Addition : différentes méthodes de calcul

Objectifs : comparer différentes manières d'effectuer des additions.
Prendre conscience que leur efficacité est liée aux nombres en jeu.

DÉCOUVERTE

Voici quatre manières d'effectuer des additions.
Trouve le résultat de chaque opération en utilisant la méthode proposée.

364 + 500

- Calcule mentalement.

364 + 500 = …

265 + 128

- Fais des sauts sur la suite des nombres.

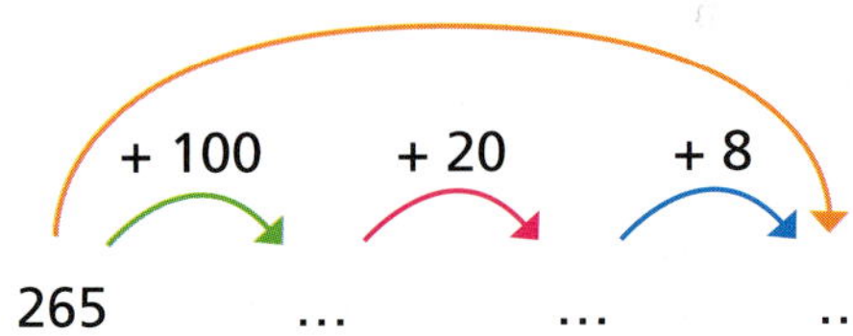

265 + 128 = …

247 + 352

- Regroupe astucieusement.

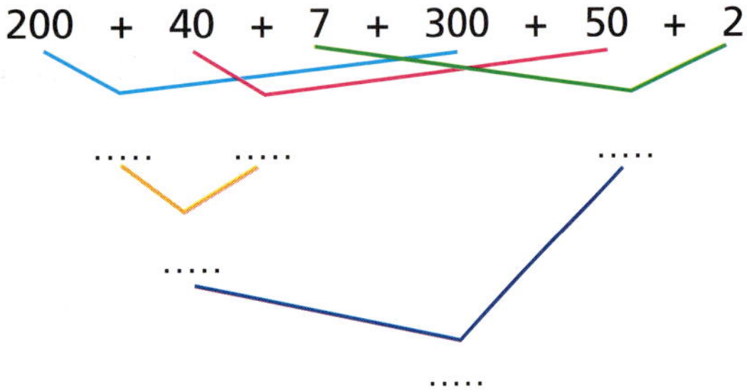

247 + 352 = …

285 + 667

- Pose l'addition.

		1	
	2	8	5
+	6	6	7
			2

285 + 667 = …

EXERCICES

1 Utilise une méthode bien adaptée pour calculer chaque somme.

a. 132 + 174 **b.** 587 + 295 **c.** 804 + 90 **d.** 612 + 196

2 Calcule mentalement.

a. 150 + 200 + 10 **c.** 263 + 30 + 5 **e.** 87 + 300 + 3 **g.** 508 + 200 + 7

b. 326 + 120 **d.** 182 + 20 **f.** 426 + 400 **h.** 645 + 50 + 5

3 En faisant des sauts sur la suite numérique, calcule 364 + 270.

4 Reproduis et complète cette table d'addition.

+	14	17	25	32	35
6					
8					
5					

5 Recopie et calcule.

a.
```
  4 3 7
+ 3 7 2
```
b.
```
  5 3 8
+ 2 0 9
+   4 6
```
c.
```
  6 5 4
+ 2 8 7
```

6 Calcule de tête et écris le résultat en chiffres.

a. vingt plus trente
b. dix plus cent
c. deux cent douze plus onze
d. cent vingt plus soixante

7 Anouk hésite entre plusieurs dispositions pour effectuer une addition.
Quelles dispositions sont fausses ? Effectue le calcul quand c'est possible.

a.
```
      7 8
+ 3 5 4
```
b.
```
  7 8
+ 3 5 4
```
c.
```
  3 5 4
+ 7 8
```
d.
```
  3 5 4
+   7 8
```

8 Pose et calcule.

a. 86 + 73 + 54
b. 475 + 69 + 137
c. 728 + 183

9 Utilise la méthode de ton choix pour calculer chaque somme.

a. 375 + 418
b. 84 + 342
c. 656 + 76 + 149
d. 350 + 250

Remue-méninges

La somme des nombres sur chaque côté du triangle doit toujours être 20.
Complète chaque côté.

Attention : les chiffres 1 à 9 doivent être utilisés une fois et une seule pour chaque triangle.

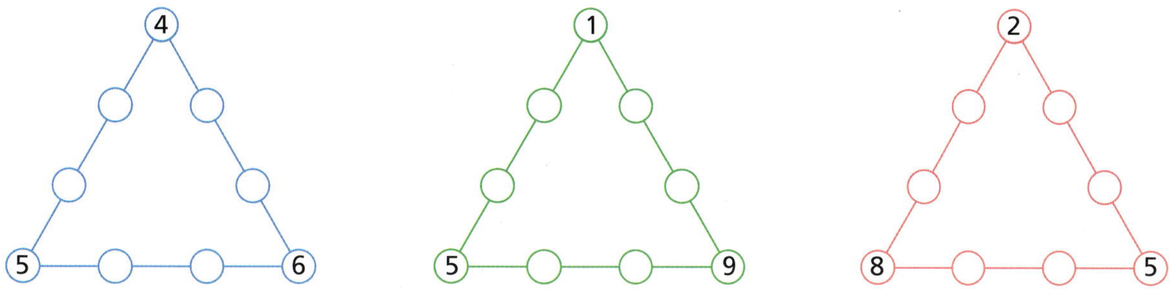

Ce que je suis capable de faire

1 Voici des plaques de 100 gommettes, des barres de 10 gommettes et des gommettes isolées.

Combien de gommettes y a-t-il en tout ?

2 Calcule mentalement.

a. 200 + 5 + 60
b. 700 + 30 + 1
c. 900 + 4
d. 1 + 300
e. 10 + 400 + 5
f. 8 + 20 + 600

3 Recopie la bonne réponse.

a. 200 + 5 + 60 = 256 / 214 / 265
b. 20 + 300 + 7 = 12 / 327 / 237
c. 40 + 2 + 500 = 542 / 245 / 425

4 Calcule avec une méthode par sauts. **a.** 76 – 14 **b.** 52 – 23

5 Complète.

a. 57 + … = 59
b. 47 + … = 59
c. 87 + … = 104
d. 63 + … = 80

6 Utilise la méthode de ton choix pour calculer chaque somme.

a. 275 + 332
b. 76 + 313
c. 467 + 23
d. 275 + 125

Pour s'exercer aux tracés

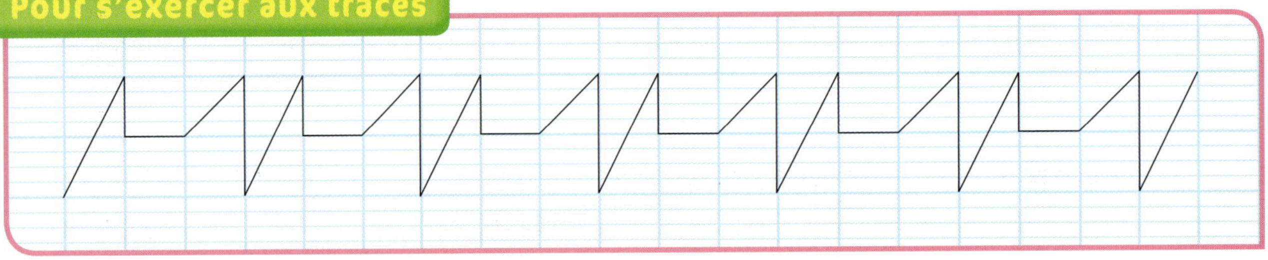

CALCUL MENTAL. Jeu du furet : compter de 10 en 10, en croissant à partir de 0, en décroissant à partir d'un multiple de 10, puis d'un nombre quelconque inférieur à 500.

Ranger des nombres sur la file numérique

Objectifs : placer des nombres entre des dizaines consécutives, entre des centaines consécutives.
Ranger des nombres en ordre croissant ou décroissant sur la file numérique.

ACTIVITÉ PRÉPARATOIRE : ordonner des étiquettes-nombres piochées au hasard dans une boîte et les placer sur la file.

DÉCOUVERTE

1

Parmi les nombres : 469 534 378 401 543 582 575

a. lesquels sont situés avant 513 sur la file des nombres ?

b. lesquels sont situés entre 500 et 580 ?

c. Reproduis la file des nombres et place-les.

2

Parmi les nombres : 615 634 625 647 638 668 603

a. lesquels sont situés entre 63 dizaines et 64 dizaines ?

b. lesquels sont situés avant 62 dizaines ?

c. Reproduis la file des nombres et place-les.

d. Range-les dans l'ordre croissant : … < … < … < … < … < … < …

EXERCICES

1 Encadre chaque nombre entre deux dizaines consécutives. *Exemple : 340 < 346 < 350*

a. …< 276 < … **b.** … < 698 < … **c.** … < 805 < … **d.** … < 794 < …

2

Recopie cette ligne et place les nombres : 680 884 860 680 504 405 397

3 Encadre chaque nombre entre deux centaines consécutives. *Exemple : 400 < 413 < 500.*

a. … < 347 < … **b.** … < 652 < … **c.** …< 506 < … **d.** … < 699 < …

CALCUL MENTAL. Le professeur écrit un nombre au tableau, les élèves écrivent les deux multiples de 10 (ou de 100) qui l'encadrent.

Reproduire des figures : repérer des alignements

Fiche LP

Objectifs : comprendre que des points sont alignés s'ils sont sur une même droite. Repérer des alignements pour reproduire des figures. Utiliser la règle avec précision.

ACTIVITÉS PRÉPARATOIRES : jeu d'alignement de plots dans la cour et jeu « puissance 4 ».

DÉCOUVERTE

Les trois figures doivent être semblables. Décalque les figures A et B.
Repère des alignements dans la figure modèle pour compléter les autres figures.

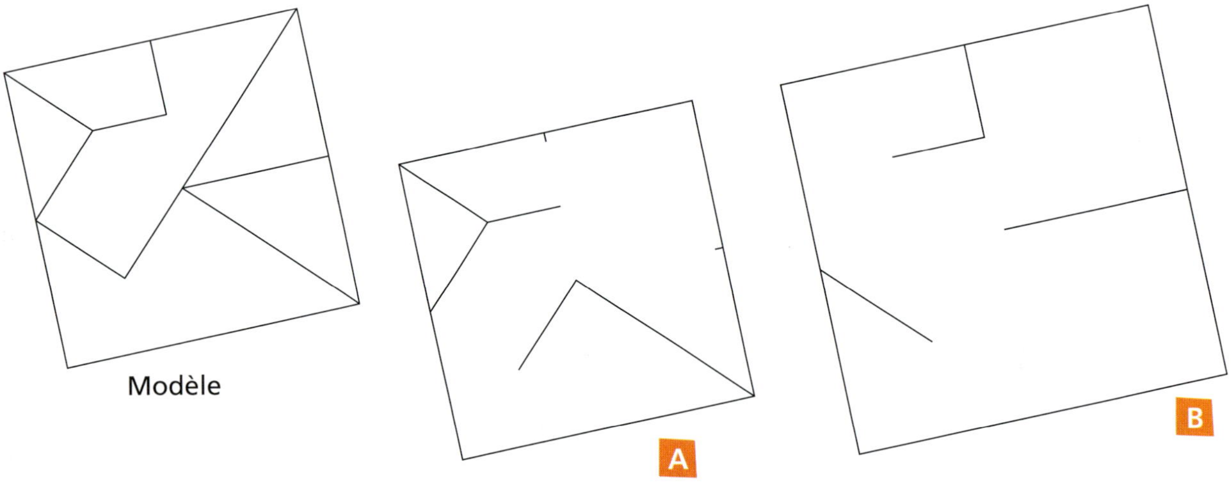

EXERCICES

1 Sur une feuille quadrillée, place les points comme ici et d'autres points de chaque couleur : les points de même couleur doivent être alignés.
Vérifie avec ta règle.

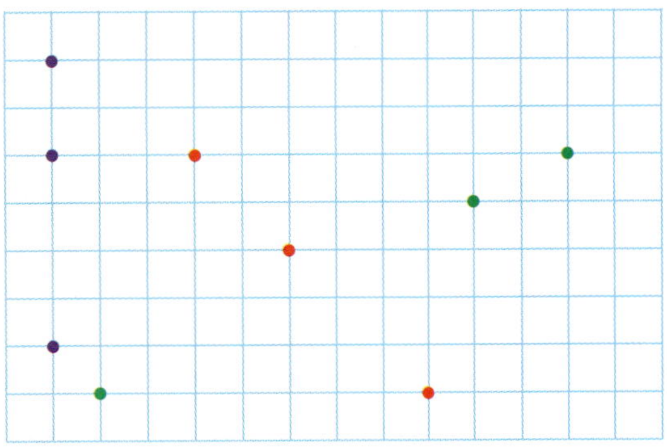

2 Décalque les points et place, à main levée, d'autres points de chaque couleur : les points de même couleur doivent être alignés.
Vérifie avec ta règle.

relations et propriétés géométriques
4
10
16
22
26
56
61
63

Utilise la fiche photocopiée distribuée par le professeur ou une feuille de calque.

3 Parmi les points dessinés, quatre sont alignés. Entoure-les en vert.
Puis vérifie avec ta règle.

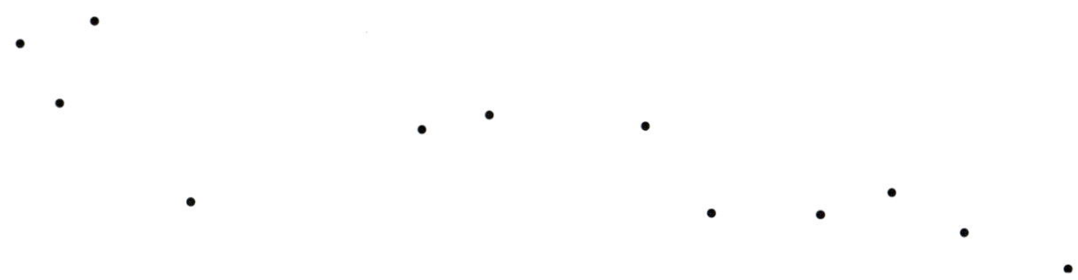

4 On sait que le point I est aligné avec les points A et B.
On sait aussi qu'il est aligné avec les points M, N et P.

Place le point I.

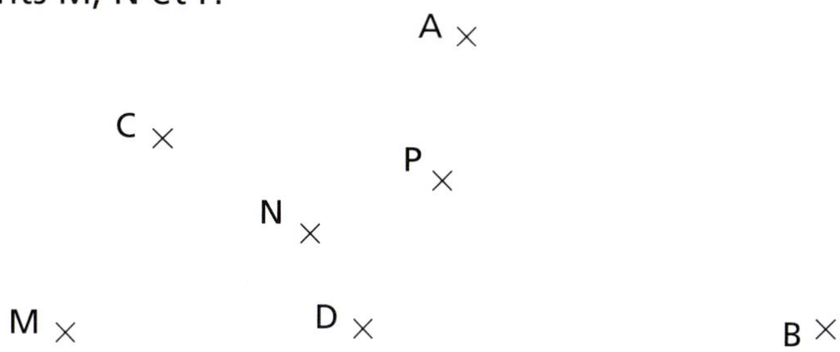

5 Avec la règle, trace les traits qui ont été effacés.

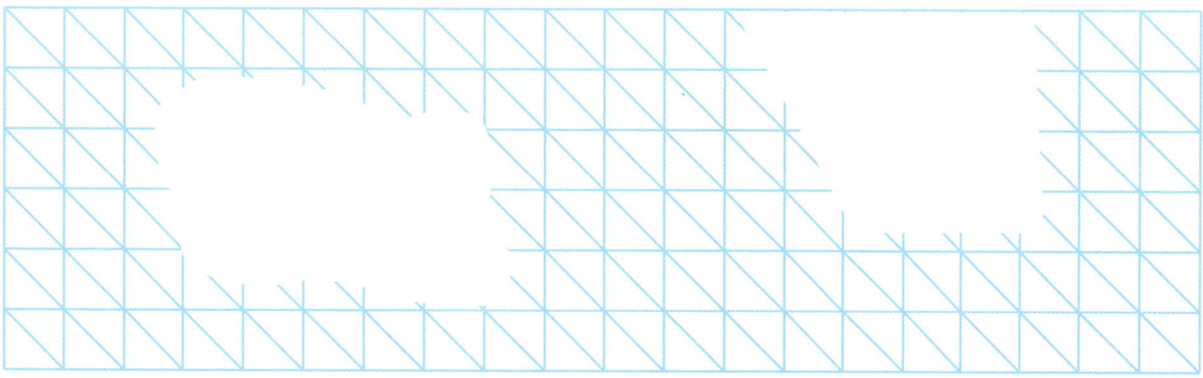

6 Complète la figure pour qu'elle soit identique au modèle, utilise ta règle.

Modèle

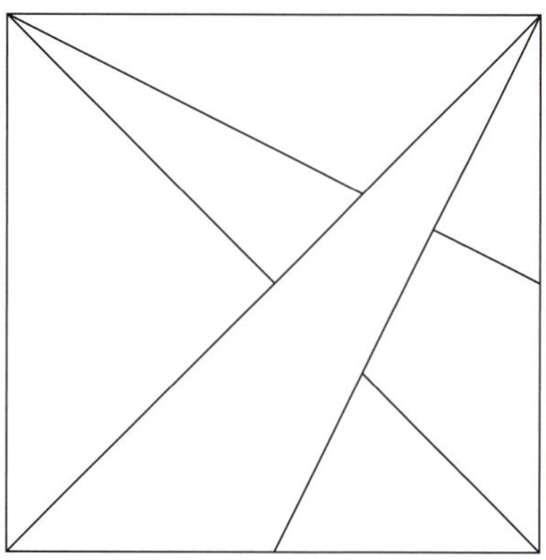

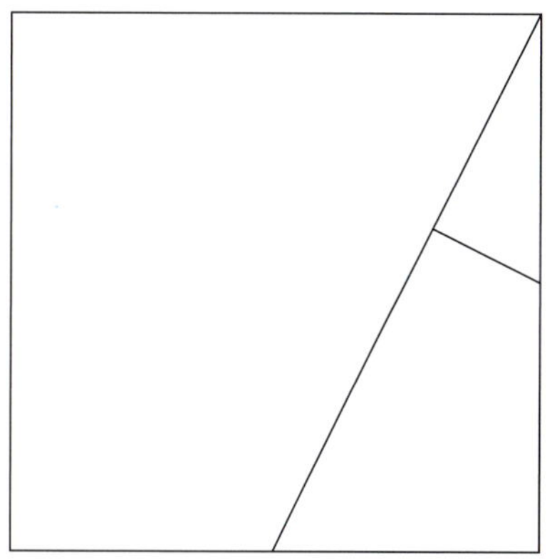

CALCUL MENTAL. Le professeur dit un nombre, les élèves écrivent les deux multiples de 10 (ou de 100) qui l'encadrent.

Les noms de nombres jusqu'à mille

Objectif : approfondir la connaissance des noms de nombres avant mille.

ACTIVITÉ PRÉPARATOIRE : rechercher tous les mots nécessaires pour dire tous les nombres de « un » à « neuf cent quatre-vingt-dix-neuf ». Construire des noms de nombres.

DÉCOUVERTE

1 Trouve les dossards qui portent les nombres :

huit cent cinq — quatre-vingts — sept cent soixante-douze — cent onze — sept cents — quatre cent quatre — huit cent cinquante — cinq cent dix

Écris ces nombres en chiffres.

2 Quels nombres inscrits sur les dossards se disent en utilisant les quatre mots suivants ?

cent — six — neuf — quarante

Écris ces nombres en lettres.

3 Quels nombres inscrits sur les dossards se disent en utilisant cinq mots-nombres ? Écris ces nombres en lettres.

EXERCICES

1 Recopie et complète le tableau.

trois cent quarante-deux	
	98
sept cent quatre-vingt-douze	
	409
cinq cent treize	
cent soixante-dix-huit	

2 Écris en lettres les nombres entre dix et seize.

3 Écris en lettres les nombres de dix en dix, à partir de vingt et jusqu'à cent.

4 Quels nombres peux-tu dire en utilisant exactement ces quatre mots ?

quatre — vingt(s) — cent — sept

Écris-les en chiffres.

5 Dans chaque ligne, recopie le nombre le plus grand.

a. sept cent dix-neuf ; neuf cent dix-sept
b. cent neuf ; neuf cents
c. quatre cent trente-trois ; trois cent trente-quatre
d. six cent un ; cent soixante
e. cinq cent trois ; trois cent cinq
f. deux cent treize ; trois cent onze

6 Cette ligne est composée de six noms de nombres.

troiscentneufsoixanteetonzecentvingt-huitquatre-vingt-douzecinqcentdeuxquatre-vingt-un

Recopie-les en lettres en les séparant, puis écris-les en chiffres.

7 Sur un chèque, la somme à payer est écrite en chiffres et en lettres.
Écris en chiffres et en lettres les sommes figurant sur ces deux chèques.

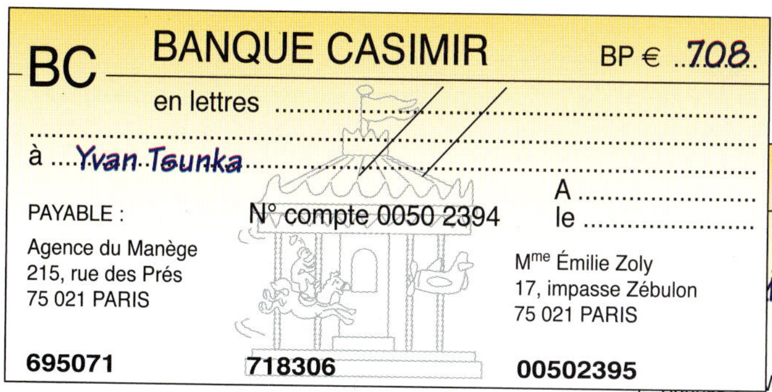

Chèque 1

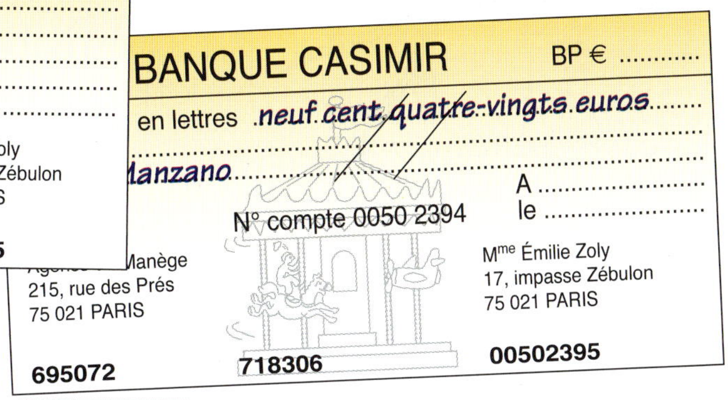

Chèque 2

8 Écris en chiffres les nombres compris entre trois cent quatre-vingt-dix-sept et quatre cent cinquante et qui se terminent par le chiffre 4.

Remue-méninges

Écris en lettres ou en chiffres au moins quatre nombres qui se disent en utilisant cinq mots-nombres.

CALCUL MENTAL. Le professeur affiche 3 ou 4 mots-nombres, les élèves écrivent des noms de nombres en utilisant ces mots.

Cercles

Fiche LP

Objectifs : construire des cercles avec un compas. Connaître les éléments caractéristiques d'un cercle : centre, rayon, diamètre. Réactiver les savoirs liés au mesurage de segments.

ACTIVITÉ PRÉPARATOIRE : tracer des cercles en respectant des contraintes.

DÉCOUVERTE

De nombreux artistes ont utilisé des cercles dans leurs tableaux. Dans cette œuvre, le peintre Kenneth Noland a tracé des cercles qui ont tous le même centre et des rayons différents.

- À ton tour, réalise un tableau en traçant des cercles de même centre et de rayons différents.
- Quels nombres as-tu choisis pour les rayons ?

Mysteries : Excavate the Past, Kenneth Noland, 2001.

I est le centre du cercle.
Le segment [IA] est un rayon du cercle.
La longueur IA s'appelle aussi le rayon du cercle.

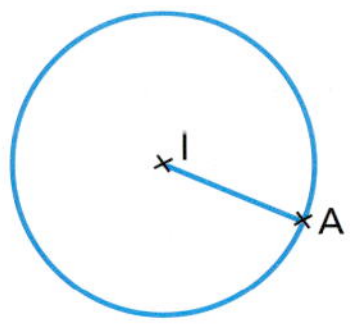

EXERCICES

1 Reproduis cette rosace.
L'étape 1 te montre comment commencer.

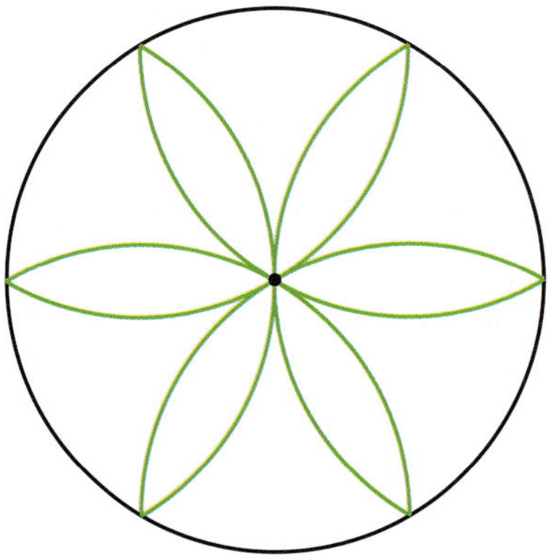

Rosace modèle

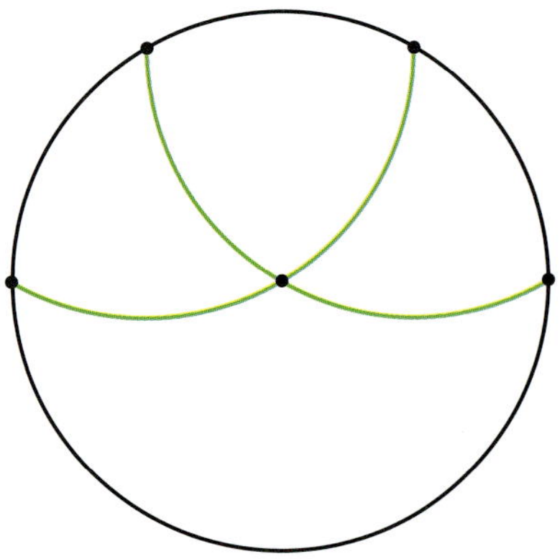

Étape 1

figures planes
12
30
35
38
46
53
76
78
81

2 Sur cette figure, des cercles ont été partiellement effacés, leurs centres sont encore visibles, trouve-les et reproduis la figure en restaurant les cercles.

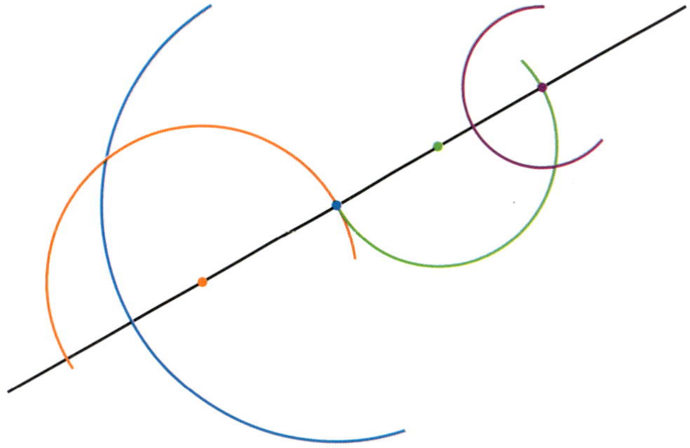

3 Place deux points A et B et trace le cercle de centre A qui passe par B.

Combien mesure le rayon de ce cercle ?

4 B et C sont deux points du cercle de centre A.

a. Par quel point le segment [BC] passe-t-il ?

b. Quelle est la longueur du segment [BC] ?

c. Prévois, sans mesurer, la longueur du rayon de ce cercle. Vérifie avec ta règle graduée.

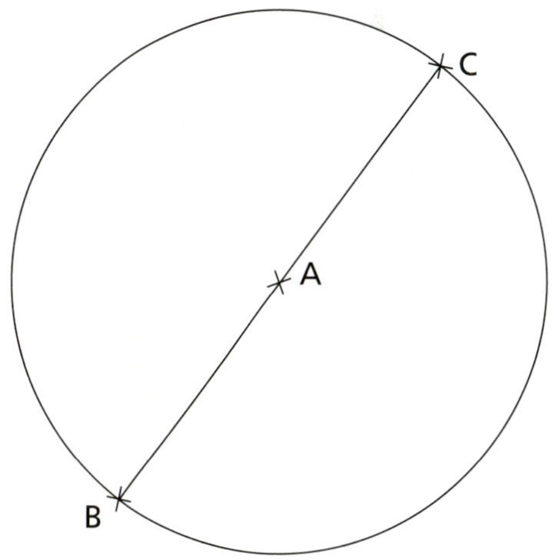

5 Observe cette figure. Dis si ces phrases sont vraies (V) ou fausses (F).

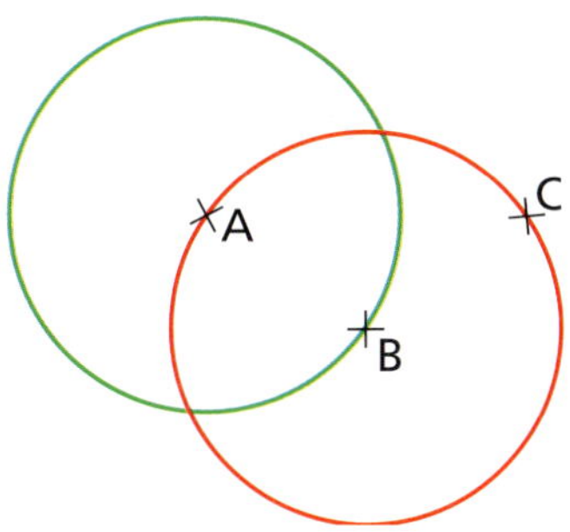

a. Le cercle rouge a pour centre le point B, il passe par le point A et par le point C.

b. A est le milieu du cercle vert.

c. Le cercle vert et le cercle rouge ont le même rayon.

d. Le segment [BC] est un rayon du cercle rouge.

e. [AC] est un diamètre du cercle rouge.

6 Trace un cercle de centre I et de rayon 4 cm, puis un diamètre de ce cercle.

13

CALCUL MENTAL. Jeu du furet : compter de 2 en 2, en croissant à partir de 0, en décroissant à partir d'un multiple de 2, puis d'un nombre quelconque inférieur à 100.

Comparer des nombres

Objectifs : approfondir la connaissance des méthodes de comparaison des nombres entiers. Utiliser la file numérique pour résoudre des problèmes de comparaison.

ACTIVITÉ PRÉPARATOIRE : jeu du nombre caché : les élèves doivent trouver un nombre en posant des questions.

DÉCOUVERTE

1 Qwang a choisi un nombre. Voici les premières questions d'Alice et les réponses de Qwang.

Questions d'Alice	Réponses de Qwang
Est-il plus petit que 350 ?	Non
Est-il plus grand que 450 ?	Oui
Est-il plus grand que 650 ?	Oui
Est-il plus petit que 750 ?	Non
Est-il plus grand que 850 ?	Non
Est-il plus grand que 760 ?	Non

• Recopie la file numérique sur ton cahier. Place les nombres proposés par Alice et hachure les zones dans lesquelles le nombre de Qwang ne peut pas se trouver.

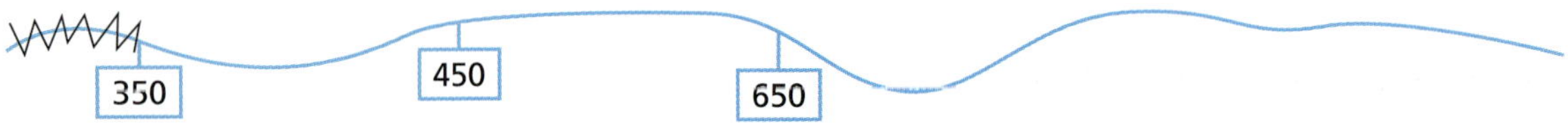

• Entre quels nombres le nombre de Qwang se trouve-t-il ?

2 La partie continue. À l'aide de ces nouvelles questions et réponses, trouve le nombre de Qwang.

Questions d'Alice	Réponses de Qwang
Est-il plus grand que 755 ?	Non
Est-il plus grand que 752 ?	Non

EXERCICES

1 Écris les nombres qui sont juste avant et juste après.

	500	
	405	
	639	
	99	

2 Écris en chiffres le nombre qui précède.

a. quatre cents
b. quatre-vingt-treize
c. deux cent quatre-vingts
d. huit cent dix
e. cent six

CALCUL MENTAL. Jeu du nombre caché : trouver un nombre en posant des questions (cf. découverte page 32).

Comparer des longueurs

Objectifs : envisager la distance entre deux points comme longueur d'un segment. Utiliser une bande de papier ou un compas pour comparer ou reporter des longueurs.

DÉCOUVERTE

1 **a.** Quelle boule est la plus près du cochonnet ?

b. Range les boules de la plus proche du cochonnet à la plus éloignée.

2 Décalque les boules et le cochonnet.

a. Le joueur suivant gagne la partie. Dessine à main levée la zone où est arrivée sa boule.

b. Vérifie en traçant cette zone avec l'instrument de ton choix.
Quel instrument as-tu choisi ?

EXERCICES

1 Range les segments du plus long au plus court.

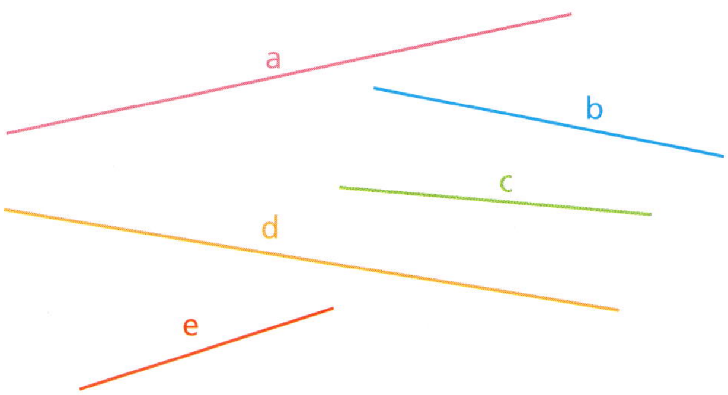

2 Trouve le plus rapidement possible les segments qui ont la même longueur.
Quel instrument as-tu utilisé ?

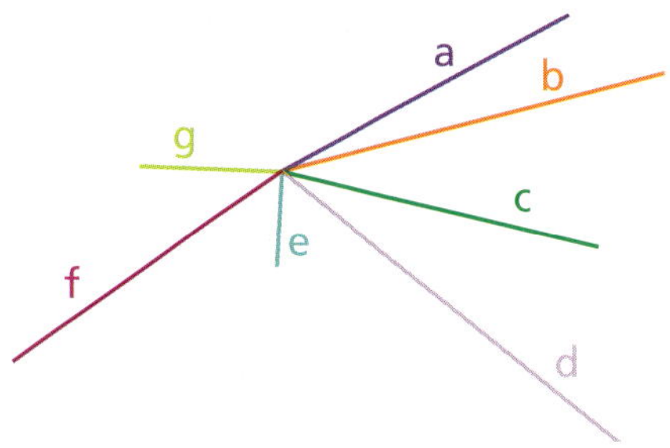

CALCUL MENTAL. Jeu de mémoire : le professeur écrit 4 nombres puis les cache ; après dix secondes, les élèves les écrivent du plus petit au plus grand.

Mesurer des longueurs

Objectifs : utiliser des instruments pour mesurer des longueurs, se familiariser avec différentes unités.

ACTIVITÉ PRÉPARATOIRE : utiliser le mètre, le double décimètre pour mesurer ou tracer des segments et des lignes brisées.

DÉCOUVERTE

Les fourmis ont choisi des chemins différents pour aller de la fourmilière (point F) au tas de graines (point G).

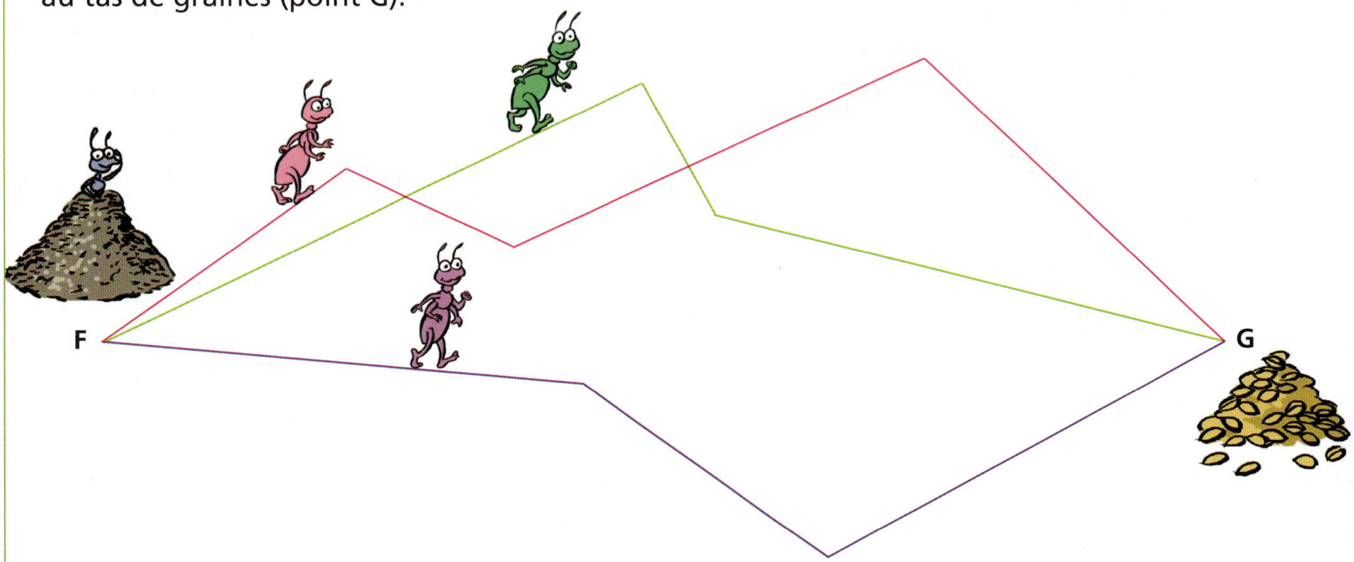

1 Quelle fourmi a choisi le chemin le plus court ?

2 Qwang a mesuré avec son double décimètre la longueur du chemin rose :

4 cm + 2 cm 5 mm + 6 cm + 5 cm 5 mm = 18 cm

Mesure à ton tour la longueur du chemin vert et du chemin violet.

3 Alice a tracé des segments représentant la longueur de chaque chemin.

En voici un. À quel chemin correspond-il ?

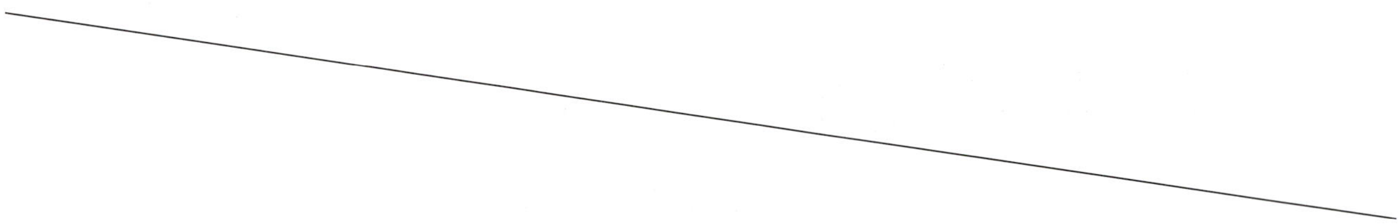

4 Trouve un autre chemin, le plus court possible, pour aller de F à G.
Quelle est sa longueur ?

grandeurs et mesures
14
15
C6
29
31
42
43
50
59
64
72

EXERCICES

1 **a.** Mesure les segments a, b et c.

b. Trace sur ton cahier :
– un segment **d** de longueur 5 cm 6 mm,
– deux segments **e** et **f** de longueur 1 cm,
– trois segments **g**, **h** et **i** de longueur 32 mm.

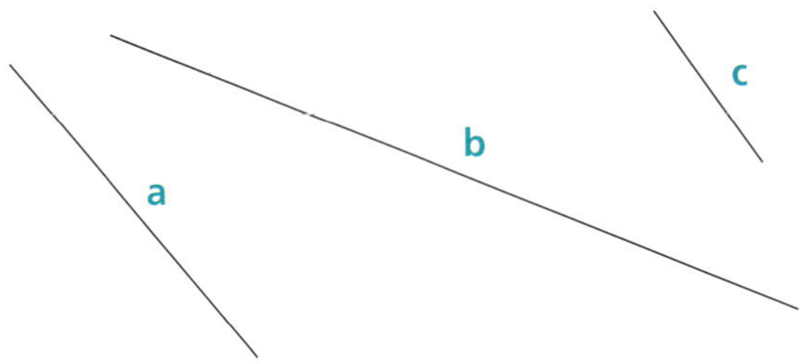

2 Complète.

a. 1 cm = … mm

b. 5 cm = … mm

c. 1 cm 3 mm = … mm

d. 42 mm = … cm … mm

e. 243 mm = … cm … mm

f. 100 mm = … cm

3 Mesure la distance entre les points A et B, entre les points B et C, entre les points A et C.

Quelle est la longueur du chemin ABC ?

4 Sur une ramette de papier (paquet de 500 feuilles), on lit les indications suivantes :

21 x 29,7 cm - 80 g
Ramette de 500 feuilles

a. Recopie les nombres qui, d'après toi, indiquent les dimensions d'une feuille.

b. Quelles sont les dimensions d'une feuille en millimètres ?

5 Quelle distance parcourt la fourmi pour faire le tour de cette figure ?

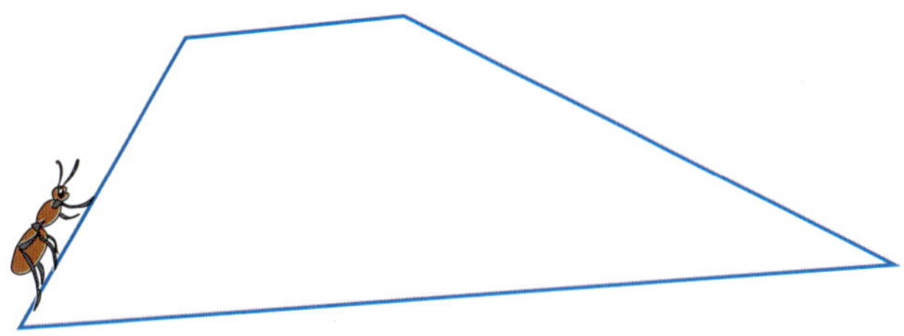

CALCUL MENTAL. Jeu de mémoire : le professeur dit 4 nombres ; après dix secondes, les élèves les écrivent du plus petit au plus grand ou du plus grand au plus petit.

Repérer le milieu d'un segment

Fiche LP

Objectifs : identifier le milieu d'un segment par pliage ou avec le double décimètre.
Mesurer la distance entre deux points.

ACTIVITÉS PRÉPARATOIRES : jeu du béret dans la cour. Utiliser divers instruments pour déterminer le milieu d'un segment.

DÉCOUVERTE

Alice et Leïla jouent au jeu du béret. Ces deux schémas représentent deux parties différentes. Alice est au point A et Leïla au point B.

Décalque chaque partie et place le point M sur le segment [AB] à l'endroit où il faut poser le béret pour que le jeu soit équitable.

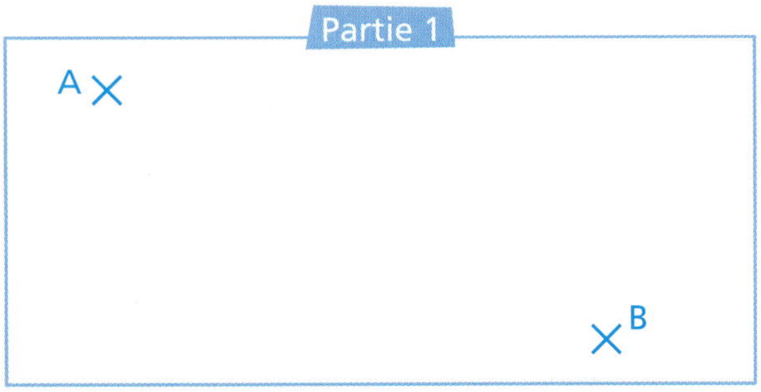

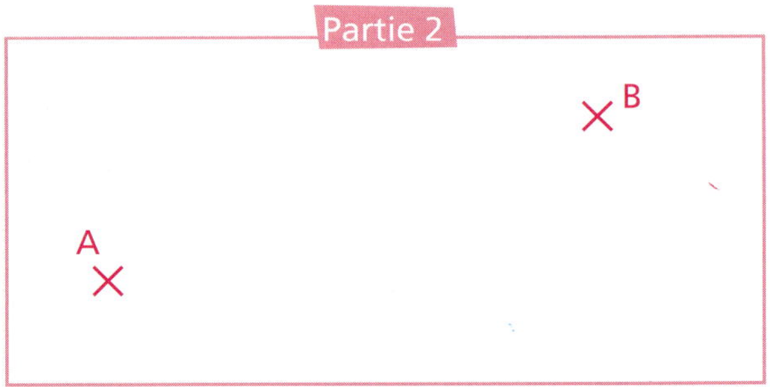

EXERCICES

1 Décalque le segment [AB] et place son milieu I. Utilise une bande de papier.

2 Décalque le segment [CD] et place son milieu J. Utilise ton double décimètre.

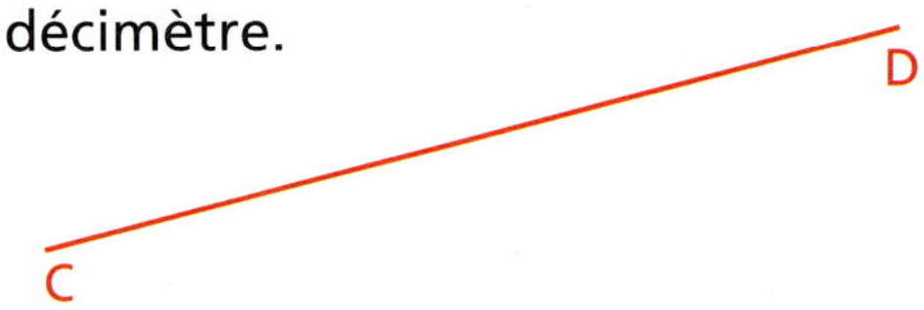

3 Décalque les points, en respectant leurs places.

a. Trouve deux points distants de 10 cm. Trace en vert le segment qui les joint. Place le milieu M de ce segment en utilisant une bande de papier.

b. Trouve deux points distants de 8 cm. Trace en bleu le segment qui les joint. Place le milieu P de ce segment en utilisant ta règle graduée.

CALCUL MENTAL. Jeu de la boîte opaque : ajouts et retraits de quantités inférieures à 100.

Calcul automatisé, calcul réfléchi : addition et soustraction

1 Reproduis chaque carré et calcule :
- la somme de chaque ligne,
- la somme de chaque colonne,
- la somme de chaque diagonale.

A

31	25	40	→ …
41	32	23	→ …
24	39	33	→ …
…	…	…	↘ …

↗ …

B

9	26	16	→ …
24	17	10	→ …
18	11	25	→ …
…	…	…	↘ …

↗ …

C

2	7	6	→ …
9	5	1	→ …
4	3	8	→ …
…	…	…	↘ …

↗ …

Un carré est magique si la somme des nombres situés en ligne, en colonne ou en diagonale est toujours la même.

Quels sont les carrés magiques ?

2 Reproduis ce carré et complète-le avec les nombres proposés pour qu'il devienne un carré magique.

D

16			→ …
19	13		→ …
		10	→ …
…	…	…	↘ …

↗ …

1 22 7 25 4

3 Reproduis ces carrés et complète-les pour qu'ils soient magiques.

E

5		13	→ …
19	11	3	→ …
			→ …
…	…	…	↘ …

↗ …

F

		31	→ …
		11	→ …
23		39	→ …
…	…	…	↘ …

↗ …

G

12	9		→ …
	15		→ …
		18	→ …
…	…	…	↘ …

↗ …

CALCUL MENTAL. Jeu de portraits sur les nombres.

Repérage sur quadrillage

Objectif : comprendre l'utilisation du repérage sur quadrillage pour la lecture de plans ou de cartes.

Les pays de l'Union européenne

Sur cette carte de l'Europe, les pays de l'Union européenne sont en couleur.

1 Combien de pays constituent l'Union européenne aujourd'hui ?

2 « Nous sommes les 6 pays qui se sont associés en 1957 pour créer la communauté européenne. Nos capitales actuelles se situent en K5, M8, J6, I6 et I8. Qui sommes nous ? »

3 Depuis 2004, les trois pays baltes, l'Estonie, la Lettonie et la Lituanie font partie de l'Union européenne.

a. Quel est le pays balte dont la capitale est en G10 ? Quelle est sa capitale ?

b. La capitale de l'Estonie est Tallinn. Dans quelle case se trouve-t-elle ?

c. « Je suis un pays balte. Le centre géographique du continent européen est chez moi. Ma capitale est en H11. Qui suis-je ? Quelle est ma capitale ? ».

4 Certains pays de l'Union européenne font partie de l'Europe du Nord. Leurs capitales sont en F9, E10 et H8. Écris leurs noms et le nom de leurs capitales.

5 Pythagore est un mathématicien qui a inventé la table de multiplication. La capitale de son pays est en O12. Quel est ce pays ?

Riga

Vilnius

Tallinn

Stockholm

LE SAIS-TU ?

Le **drapeau européen** est le symbole de l'Union européenne. Il y a 27 pays et seulement 12 étoiles sur le drapeau. Ainsi, le drapeau ne change pas, même si de nouveaux pays rejoignent l'Union européenne.

L'**hymne européen** est utilisé lors des cérémonies officielles en Europe. Il s'agit d'un extrait de la *Neuvième Symphonie* écrite en 1823 par Ludwig van Beethoven.

Ce que je suis capable de faire

1 Écris les nombres dans l'ordre croissant.

867 234 65 743 901 90 103

2 Écris les nombres en chiffres.

a. trois cent cinq **b.** cent dix-sept

c. huit cent quatre-vingt-seize

3 Écris les nombres en lettres.

a. 607 **b.** 495 **c.** 235

4 Recopie la file et place les nombres : 707 714 730 740 755 762

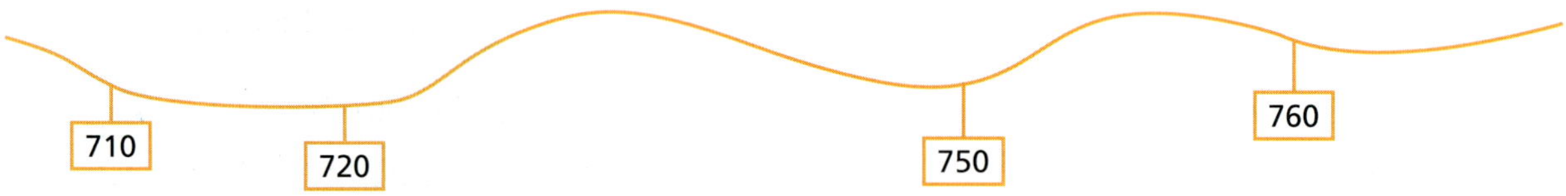

5 Encadre ces nombres entre deux dizaines consécutives :

a. … < 45 < … **b.** … < 127 < … **c.** … < 592 < …

6 Complète.

a. 8 cm = … mm **b.** 28 cm = … mm **c.** 125 mm = … cm … mm

7 Calcule.

a. 347 + 65 **b.** 84 + 213 **c.** 209 + 123 **d.** 565 + 48 + 317

8 Mesure la longueur des segments.

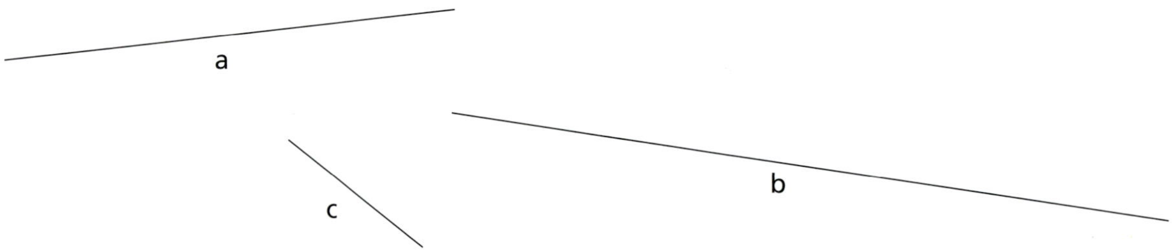

9 Trace un segment [AB] de longueur 45 mm et un segment [CD] de longueur 6 cm 3 mm.

10 Place un point A, trace le cercle de centre A et de rayon 3 cm.

Trace un diamètre de ce cercle.

Quelle est la longueur de ce diamètre ?

11 Le pâtissier a confectionné 68 éclairs. 40 sont au café, les autres sont au chocolat.

Combien y en a-t-il au chocolat ?

12 Émile est sur la case 57 de la suite numérique. Il avance de 14 cases, puis de 13 cases.

Sur quelle case arrive-t-il ?

13 Lola est sur la case 72 de la suite numérique.
Elle arrive sur la case 58.

De combien de cases a-t-elle reculé ?

Pour aller plus loin

1. Quelle distance parcourt la fourmi pour faire le tour de cette figure ?
Écris cette distance en millimètres.

2. Reproduis la figure sur le quadrillage Séyès de ton cahier.

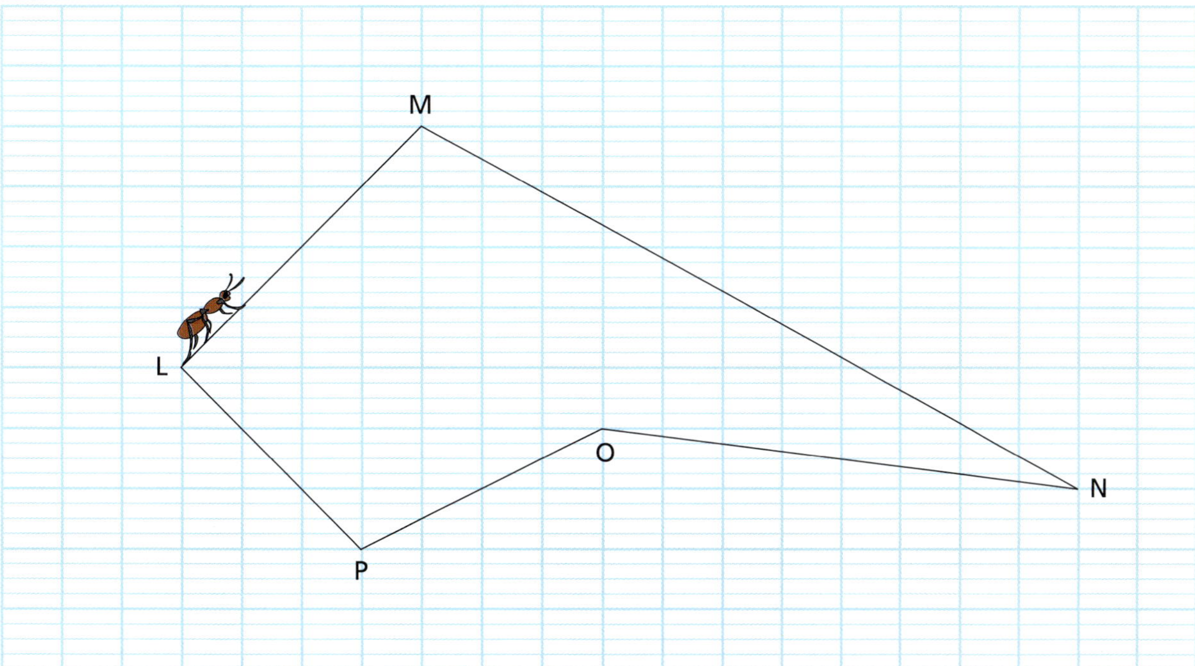

CALCUL MENTAL. Le professeur annonce un nombre inférieur à 100 ; à tour de rôle, des élèves proposent une écriture additive ou soustractive de ce nombre.

Numération écrite : les nombres jusqu'à 10 000

Objectifs : comprendre que la numération écrite de position s'appuie sur des groupements successifs de 10, 100, 1 000, etc. Reconnaître la valeur d'un chiffre selon sa position dans l'écriture d'un nombre.

DÉCOUVERTE

Alice, Qwang, Théo et Leïla veulent savoir combien de perles ils ont pour faire des colliers. Ils se répartissent le travail et les rangent dans des pochettes.

Quand ils ont fini, Alice dit qu'elle a 2 dizaines, 3 centaines et 5 unités, Théo 4 unités et 27 dizaines, Leïla 45 pochettes de 10 et Qwang 3 centaines et 8 dizaines.

1 Combien de perles chaque enfant a-t-il comptées ?

2 Qwang dit : « Si on les met ensemble, on aura 13 pochettes de 100, 12 pochettes de 10 et 9 unités. »
Alice dit : « Moi, je crois qu'on aura 1 429 perles. »

Ont-ils raison ?

EXERCICES

1 Pour chaque nombre, écris la décomposition additive qui donne la valeur de chaque chiffre.

Exemple : 7 324 = 7 000 + 300 + 20 + 4

a. 482 **b.** 4 820 **c.** 4 802 **d.** 4 082

2 À quel nombre correspond chaque décomposition ? Écris-le.

a. 7 000 + 300 + 80
b. 2 000 + 9 + 40 + 700
c. 70 + 5 000 + 2
d. 9 000 + 400 + 70 + 5
e. 4 + 700 + 3 000
f. 5 000 + 300 + 50 + 6
g. 1 000 + 40 + 5
h. 4 000 + 50 + 900
i. 8000 + 7

3 Complète.

a. 52 centaines, c'est … unités, c'est aussi … milliers et … dizaines.

b. 348 dizaines, c'est … unités, c'est aussi … milliers … centaines et … dizaines.

4 **a.** Quel est le plus petit nombre de quatre chiffres ? Écris-le en chiffres, puis en lettres.

b. Quel est le plus grand nombre de quatre chiffres ? Écris-le en chiffres, puis en lettres.

5 En juxtaposant tous les chiffres proposés dans chaque colonne, écris le plus petit nombre possible et le plus grand.

	8 ; 0 ; 2 ; 7	1 ; 0 ; 1 ; 0	0, 5 ; 1 ; 9	6 ; 4 ; 3 ; 1	7 ; 0 ; 0 ; 3
Le plus petit nombre	2 078				
Le plus grand nombre					

6 Trouve la règle pour passer d'un nombre au suivant et prolonge la suite.

a. 960 970 980 … … … … … …

b. 1 045 1 035 1 025 … … … … … …

c. 530 630 730 … … … … … …

7 Sur ce jeu vidéo, le compteur ajoute :

- 1 000 points si la bille touche la cible jaune ;
- 100 points si la bille touche la cible bleue ;
- 10 points si la bille touche la cible rouge ;
- 1 point si la bille touche la cible verte.

Si les lampes sont allumées, chaque score est doublé.

Lors d'une partie, Marine a touché 6 fois la cible jaune, 2 fois la bleue, 1 fois la rouge et 3 fois la verte. Les lampes sont restées éteintes.

Victor a touché 3 fois la cible jaune, 9 fois la rouge et 12 fois la verte. Les lampes étaient allumées.

À la fin de la partie, qui a obtenu le plus de points ?

Remue-méninges

À la fin d'une partie, le compteur du jeu vidéo de l'exercice 7 indique 3 500 points.

Propose trois façons différentes d'obtenir ce score.

CALCUL MENTAL. Le professeur donne oralement la décomposition additive (dans l'ordre ou le désordre) d'un nombre, les élèves écrivent le nombre correspondant.

Représenter les nombres sur la droite numérique

Objectif : enrichir la représentation de la suite des nombres en passant de la file numérique à la droite graduée.

DÉCOUVERTE

1

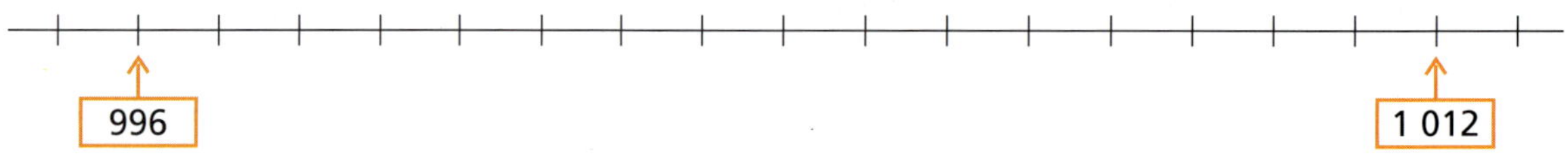

a. Complète : « Cette droite est graduée de … en … ».

Reproduis la droite graduée et place le nombre 1 000.

b.

Trouve le nombre de Théo, puis le nombre d'Alice et place-les sur la droite graduée.

c. Qwang dit qu'on ne peut pas placer le nombre 3 260 sur cette portion de droite. A-t-il raison ?

2

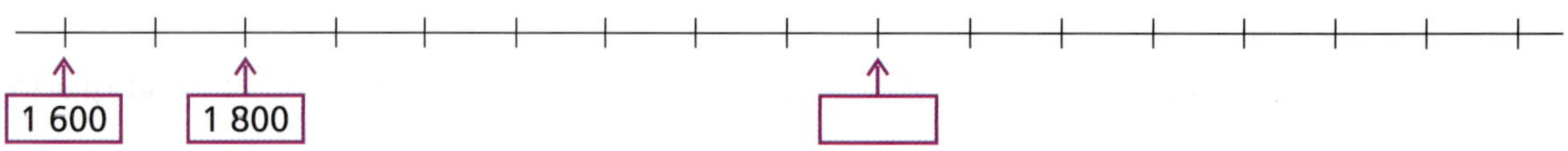

a. Reproduis cette droite graduée de 100 en 100 et inscris le nombre qui convient à la place du rectangle vide.

b. Place les nombres 2 000 et 3 000.

c. Le nombre 2 250 n'est pas sur un trait de graduation. Place-le approximativement sur la droite avec un point vert.

EXERCICE

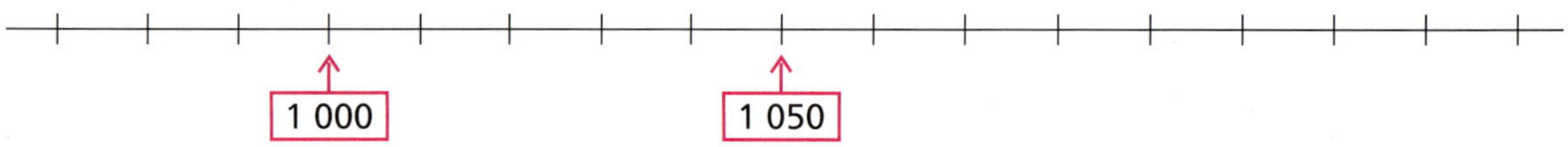

a. Complète : « Cette droite est graduée de … en … ».

b. Parmi les nombres : 980 1 030 1 128 1 015 1 073 1 110
quels sont ceux qui sont exactement sur un trait de graduation ?
Reproduis la droite et place ces nombres.

c. Place approximativement les autres nombres entre les graduations, avec un point vert.

20

CALCUL MENTAL. Jeu de mémoire : le professeur dit 4 nombres inférieurs à 100 ; après dix secondes, les élèves les écrivent en leur ajoutant ou en leur retranchant 10.

Soustraction : conservation des écarts

Objectif : prendre conscience que le résultat d'une soustraction est inchangé si on ajoute un même nombre aux deux termes.

DÉCOUVERTE

1

Quelle va être la réponse du grand-père de Théo ?

2

a. Leïla a-t-elle raison ?

b. Utilise la remarque de Leïla pour calculer l'écart d'âge entre Camille et sa grand-mère.

3 Alice dit que pour calculer facilement l'écart entre 2 612 et 480, il suffit d'ajouter 20 aux deux nombres.

a. Explique pourquoi Alice choisit d'ajouter 20.

b. Utilise sa remarque pour calculer 2 612 – 480.

EXERCICES

1 Utilise la conservation des écarts pour calculer rapidement.

a. 425 – 97 **b.** 1 748 – 360 **c.** 1 357 – 170

2 Calcule mentalement.

a. 728 – 500 **b.** 2 047 – 300 **c.** 738 – 40

Addition, soustraction : différentes méthodes de calcul

Objectif : analyser des procédures de soustraction et les mettre en œuvre.

DÉCOUVERTE

1 Calcule 1 257 – 1 163.

2 Voici comment Alice, Théo et Piotr, leur ami russe, ont effectué ce calcul. Étudie la proposition de chaque enfant, complète son calcul.

- **Alice** effectue une addition à trou.

Pour calculer 1 257 – 1 163, je cherche ce que je dois ajouter à 1 163 pour aller à 1 257 en faisant des sauts.

1 163 → (+ 7) → 1 170 → (...) → ... → (...) → ...

donc 1 163 + ... = 1 257

- **Théo** soustrait 1 163 pas à pas.

1 257 → (– 1 000) → ... → (– 100) → ... → (– 60) → ... → (– 3) → ...

donc 1 257 – 1 163 = ...

- **Piotr** emploie la soustraction « à la russe ».

J'utilise la conservation des écarts.

1 257 – 1 163
(...) ↓ ↓ (+ 7)
... – 1 170
(...) ↓ ↓ (+ 30)
... – 1 200

donc 1 257 – 1 163 = ...

3 Compare ta méthode et ton résultat à ceux des enfants.

EXERCICES

1 **a.** Que faut-il ajouter à 437 pour aller à 500 ? Complète : 500 – 437 = …
b. Que faut-il ajouter à 690 pour aller à 1 200 ? Complète : 1 200 – 690 = …
c. Que faut-il ajouter à 1 234 pour aller à 2 468 ? Complète : 2 468 – 1 234 = …
d. Que faut-il ajouter à 1 650 pour aller à 3 000 ? Complète : 3 000 – 1 650 = …

2 Utilise l'addition à trou pour calculer :
a. 372 – 185 **b.** 1 415 – 968

3 Utilise la méthode pas à pas pour calculer :
a. 737 – 512 **b.** 1 685 – 374

4 Utilise la soustraction « à la russe » pour calculer :
a. 536 – 258 **b.** 358 – 860

5 À quel âge ces hommes sont-ils morts ?
a. Tolstoï, poète et romancier, né en 1828, mort en 1910.
b. Prokofiev, compositeur de *Pierre et le Loup*, né en 1891, mort en 1953.
c. Mendeleïev, chimiste, né en 1834, mort en 1907.

Remue-méninges

Complète ces carrés pour qu'ils soient magiques.

				….
10	20		160	….
120	140	30		….
	70	100		….
	110			….
….	….	….	….	….

				….
70	50	100		….
	110		80	….
		150		….
140		30	10	….
….	….	….	….	….

CALCUL MENTAL. Recherche de compléments aux nombres inférieurs à 20.

Angles droits

Fiche LP

Objectifs : envisager l'angle droit à partir des angles du carré. Identifier des angles droits, utiliser l'équerre comme instrument de vérification et de construction.

ACTIVITÉ PRÉPARATOIRE : recouvrir exactement une face de cube.

DÉCOUVERTE

1 Qwang doit recouvrir exactement la face rouge de ce cube.
Pour l'aider, construis un carré en reproduisant le côté déjà tracé.

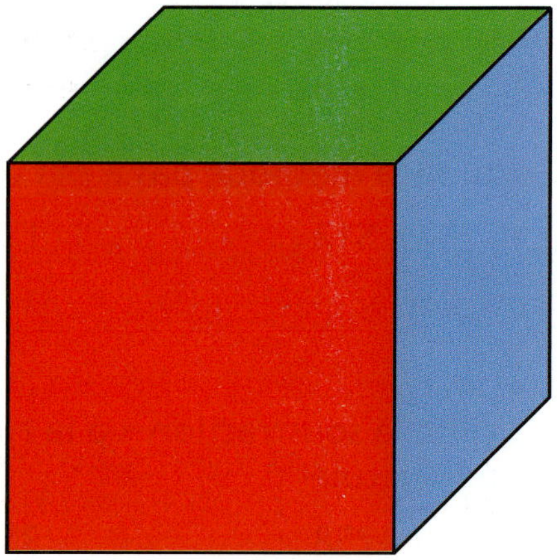

2 Voici les figures tracées par Leïla, Théo et Alice.

Leurs figures se superposeront-elles bien à la face rouge du cube ?
Explique ce que tu fais pour le vérifier.

EXERCICES

1 Décalque ces équerres. Sur chacune d'elles, repère l'angle droit et marque-le.

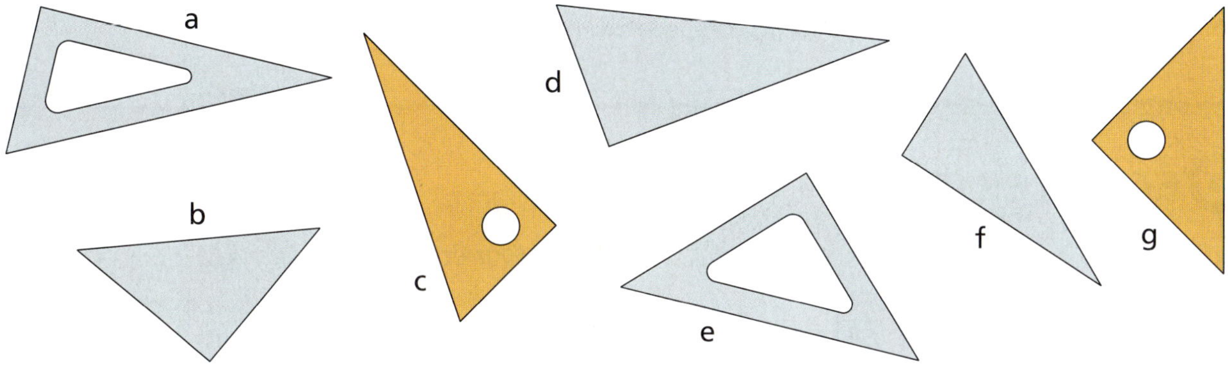

2 Trace un segment, puis utilise-le pour construire un angle droit.

3 Trace un segment, puis utilise-le pour construire un angle qui ne soit pas droit.

4 Victor a repéré les angles droits à l'intérieur de la figure.

Vérifie son travail.

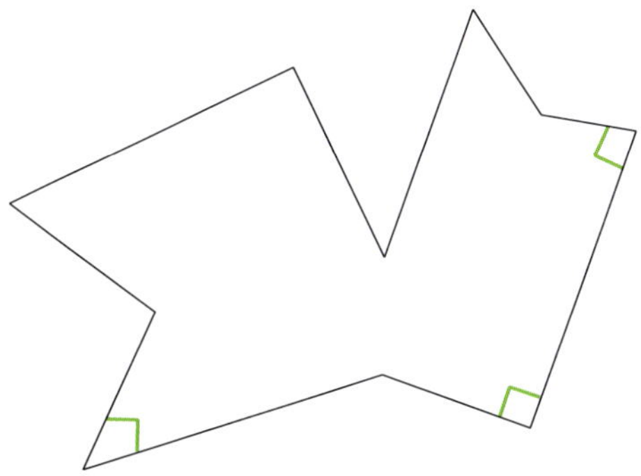

5 Décalque la figure et marque les angles droits à l'intérieur.

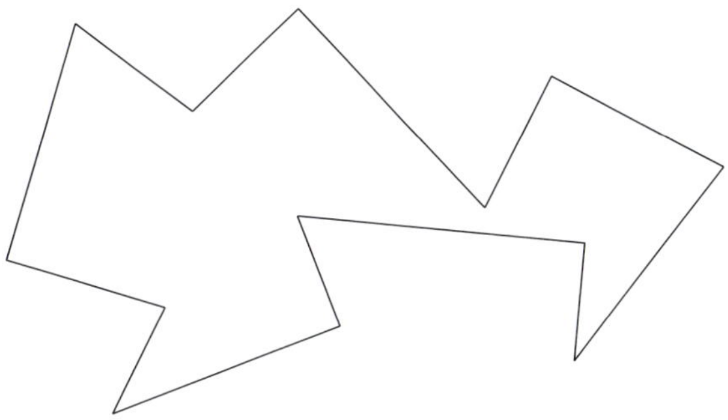

6 Décalque cette figure.

Il y a 8 angles droits, marque-les.

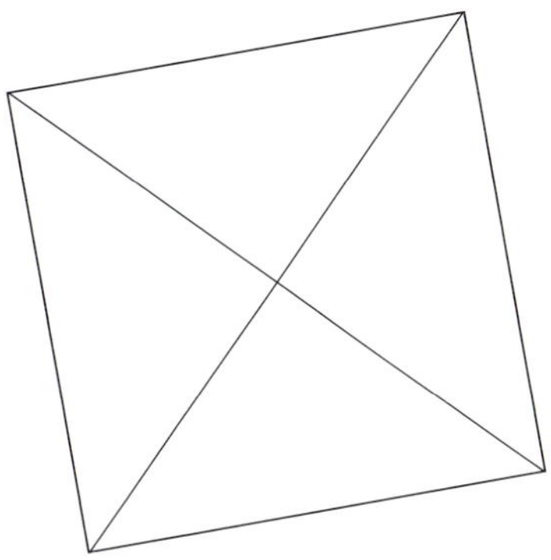

7 Décalque cette figure.

Il y a 8 angles droits, marque-les.

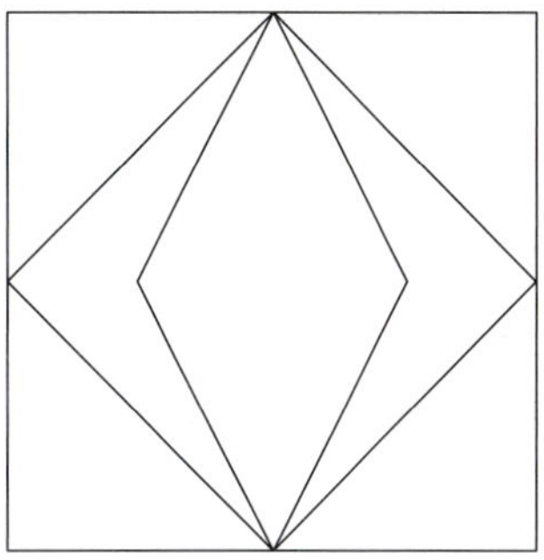

CALCUL MENTAL. Jeu de mémoire : le professeur dit 4 nombres inférieurs à 100 ; après dix secondes, les élèves les écrivent en leur ajoutant ou en leur retranchant un multiple de 10.

Comparer, ranger, encadrer

Objectifs : repérer dans un nombre la valeur des chiffres en fonction de leur position. Comparer des nombres.

ACTIVITÉ PRÉPARATOIRE : jeu « Encadré c'est gagné ! ».

DÉCOUVERTE

Encadré c'est gagné !

- Le professeur écrit un nombre cible.
- Le premier joueur lance 4 dés. Les chiffres obtenus permettent de former un nombre qu'il choisit d'écrire à droite ou à gauche du nombre cible.
- Il lance à nouveau 4 dés pour trouver le deuxième nombre. S'il parvient à encadrer le nombre cible, il marque 1 point.
- C'est alors au second joueur de lancer les dés.
- Le gagnant est celui qui obtient le plus de points à la fin du temps déterminé par le professeur.

1 Au premier lancer de dés, Théo a obtenu : 5 1 4 3
Aide-le à former un nombre et place ce nombre dans une case.

Au second lancer, il a obtenu : 2 1 5 3
Forme un nombre et place-le dans l'autre case pour marquer 1 point.

		Nombre cible		
	<	3 542	<	

2 Au premier lancer de dés, Alice a obtenu : 4 2 6 3
Elle a choisi de former le nombre 2 364 pour le placer dans la case de gauche.
Au second lancer de dés, elle a obtenu :
5 1 2 3

a. Peut-elle gagner un point ?

b. Avec les mêmes tirages, propose une solution gagnante.

		Nombre cible		
a. 2 364	<	5 416	<	
b.	<	5 416	<	

3 Les nombres cibles ont été mélangés, remets-les à leur place.
Attention : il n'y a qu'une solution.

4 116 3 645 4 452 4 125

		Nombre cible		
1 235	<		<	5 642
3 552	<		<	4 336
3 654	<		<	4 232
3 656	<		<	4 121

EXERCICES

1 Range ces nombres dans l'ordre croissant.

1 620 1 179 994 1 065 1 256 1 728 1 039 898

2 L'un de ces nombres est plus grand que 976 et plus petit que 1 091. Quel est ce nombre ?

967 949 1 093 972 1 059 1 175 866

3 Parmi ces nombres, lesquels sont compris entre 1 406 et 2 007 ?

1 367 1 064 1 510 1 915 2 001 2 135 2012 1 789

4

neuf cent soixante-quatre *mille un*

sept cent dix-huit *cent quatre-vingt-douze*

Quel est : **a.** le plus petit nombre ? **b.** le plus grand nombre ?

5 Reproduis la ligne et place les nombres : 1 162 1 058 1 381 978 1 257.

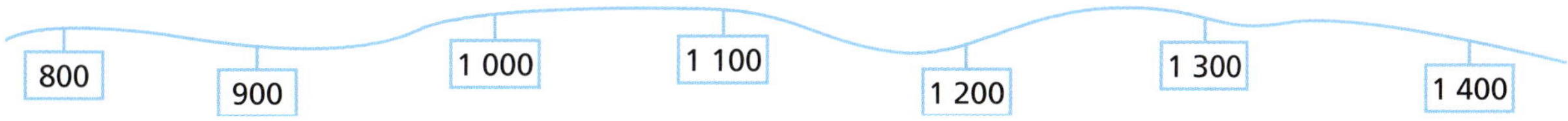

6

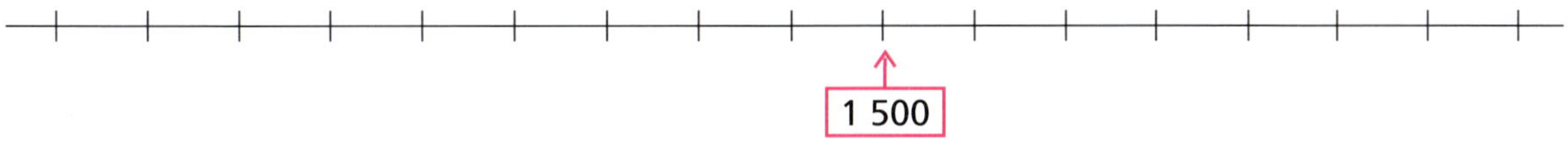

Cette droite est graduée de 100 en 100. Reproduis-la.

Parmi les nombres : 900 1 050 1 250 775 2 100 1 825
quels sont ceux qui sont exactement sur un trait de graduation ? Place-les sur la droite.
Place ensuite les autres entre les graduations, avec un point vert.

7 Quels nombres compris entre 1 050 et 1 500 peux-tu écrire en juxtaposant ces étiquettes ? Écris ces nombres dans l'ordre croissant.

3 0 5 1

8 Recopie le nombre compris entre 978 et 1 204.

dix dizaines et 9 centaines *dix dizaines et 9 dizaines*

quarante dizaines et 5 centaines

Remue-méninges

Complète avec des chiffres pour obtenir des nombres rangés dans l'ordre croissant.

908 < 9•8 < 972 < 9•7 < 98• < 1 000 < ••40 < 1 2•2

Calculatrice et numération

Objectif : repérer la valeur des chiffres selon leur position dans l'écriture d'un nombre pour calculer.

DÉCOUVERTE

1 Affiche 992 sur ta calculatrice. Que dois-tu faire pour afficher successivement, sans effacer l'écran, les nombres suivants ?

Reproduis et complète le schéma.

992 → … → 1 092 → … → 2 092 → … → 2 192 → … → 2 292 → … → 2 302 → … → 1 302

2 Affiche 1 623 sur ta calculatrice. Que dois-tu faire pour afficher successivement, sans effacer l'écran, les nombres suivants ?

Reproduis et complète le schéma.

1 623 → … → 2 623 → … → 2 523 → … → 2 513 → … → 2 503 → … → 1 503 → … → 1 513 → … → 1 613

EXERCICES

1 Utilise ta calculatrice pour vérifier les additions. Corrige les erreurs quand il y en a.

a. 289 + 754 = 933

b. 758 + 605 = 1 263

c. 805 + 796 = 1 601

d. 1 467 + 854 = 2 221

2 Que dois-tu taper sur ta calculatrice pour passer du nombre choisi au résultat ?

Nombre choisi	Je tape	Résultat
769		869
1 203		1 003
1 097		997
2 910		3 210
3 100		3 090

Remue-méninges

Sur ta calculatrice, affiche le nombre 3 333 sans taper sur la touche 3.

CALCUL MENTAL. Le professeur dit un nombre, les élèves écrivent les deux multiples de 10 (ou de 100) qui l'encadrent.

Calcul automatisé, calcul réfléchi : addition et soustraction

1 Reproduis et complète ces tables d'addition.

+	7	9	6	8
5				
8				
9				
7		16		

+	9			7
	18			
7		15		
6			11	
				15

+		6	9	
3				8
			15	
		13		
5	9			

2 Calcule.

Ajouter ou soustraire un nombre inférieur à 10

43 + 6 = … 57 + 4 = … 7 + 136 = … 5 + 109 = … 228 + 8 = …
39 – 7 = … 46 – 7 = … 158 – 6 = … 403 – 8 = … 323 – 5 = …

Ajouter ou soustraire un multiple de 10

238 + 20 = … 40 + 346 = … 60 + 143 = … 50 + 278 = … 467 + 30 = …
456 – 30 = … 305 – 20 = … 512 – 40 = … 274 – 60 = … 128 – 50 = …

Ajouter ou soustraire un nombre compris entre 10 et 20

45 + 17 = … 158 + 11 = … 12 + 387 = … 218 + 15 = … 17 + 192 = …
238 – 14 = … 482 – 18 = … 319 – 15 = … 325 – 13 = … 345 – 17 = …

Trouver un complément

30 + … = 100 40 + … = 100 63 + … = 100 78 + … = 100
150 + … = 200 280 + … = 300 310 + … = 400 450 + … = 500
400 + … = 1 000 3 500 + … = 4 000 4 200 + … = 5 000 2 500 + … = 4 000

CALCUL MENTAL. Jeu de mémoire : le professeur écrit 4 nombres inférieurs à 100 puis les cache ; après dix secondes, les élèves les écrivent en leur ajoutant 9.

Soustraction : technique usuelle

Objectif : étudier la technique, comprendre qu'elle utilise la propriété « la différence de deux nombres est inchangée si on ajoute un même nombre aux deux termes de l'opération ».

DÉCOUVERTE

1 Calcule : 845 – 683.

2 Voici une nouvelle technique de soustraction :

1

```
  8 4 5
– 6 8 3
-------
      2
```

5 u moins 3 u, c'est 2 u.

2

```
  8 4 5
– 6 8 3
-------
      2
```

4 d moins 8 d, ce n'est pas possible.

3

```
    8  10+4  5
– 1+6    8   3
--------------
         6   2
```

On ajoute 10 d à 845. 14 d moins 8 d égalent 6 d.

On ajoute 1 c à 683, pour garder le même écart.

À toi de terminer la soustraction.
Compare au résultat que tu as trouvé à la question 1.

3 Qwang dit que, pour vérifier, on peut faire une addition. Laquelle ?

4 Utilise cette nouvelle technique pour calculer.

a.
```
  3 4 2 6
–   9 1 4
```

b.
```
  1 8 4 7
–   4 6 2
```

c.
```
  4 5 3 4
–   8 1 7
```

d.
```
  4 2 3
– 2 7 8
```

EXERCICES

1 **a.** Jules mesure 125 cm et Rémi 131 cm.

Quelle est la différence de taille entre Jules et Rémi ?

b. Chacun monte sur des échasses de 50 cm.

Quelle est alors leur différence de taille ?

2 Calcule mentalement.

a. 89 – 40
b. 375 – 335
c. 185 – 39
d. 128 – 60
e. 2 418 – 1 300
f. 1 636 – 500
g. 465 – 199
h. 628 – 128

3 Calcule avec la nouvelle technique.

a.
```
   8 4 3
 – 6 5 9
```

b.
```
   1 5 2 0
 – 1 1 7 8
```

Vérifie en faisant les additions qui conviennent.

4 Calcule avec la nouvelle technique : 1 536 – 187.

Vérifie avec la méthode à la russe.

5 Calcule avec la nouvelle technique : 1 544 – 309.

Vérifie en soustrayant 309 pas à pas.

6 Vérifie que 1 236 – 1 147 = 89.

En utilisant ce résultat, calcule les soustractions sans les poser.

a. 2 236 – 2 147 **b.** 2 236 – 1 147 **c.** 1 436 – 1 147 **d.** 1 436 – 1 347

7 Calcule avec la nouvelle technique : 914 – 360.

Vérifie en cherchant ce que l'on doit ajouter à 360 pour aller à 914.

8 Calcule.

a.
```
   2 8 1 4
 –   6 2 3
```

b.
```
   3 0 4 6
 – 1 2 1 8
```

c.
```
   3 4 6 2
 – 2 5 3 8
```

d.
```
   4 4 1 7
 –   6 2 3
```

9 Pose et calcule.

a. trois cent soixante-seize plus quatre cent quarante-neuf

b. mille deux cent quinze moins deux cent vingt-huit

CALCUL MENTAL. Jeu de mémoire : le professeur écrit 4 nombres inférieurs à 100 puis les cache ; après dix secondes, les élèves les écrivent en leur enlevant 9.

Droites perpendiculaires, angles droits

Objectifs : se construire des images mentales de droites perpendiculaires quelles que soient leurs directions. Comprendre que deux droites perpendiculaires forment des angles droits.

Fiche LP

ACTIVITÉ PRÉPARATOIRE : jeu « 1, 2, 3, Soleil ! » dans la cour, puis par groupes sur une maquette.

DÉCOUVERTE

Les enfants jouent à « 1, 2, 3, Soleil ! ».

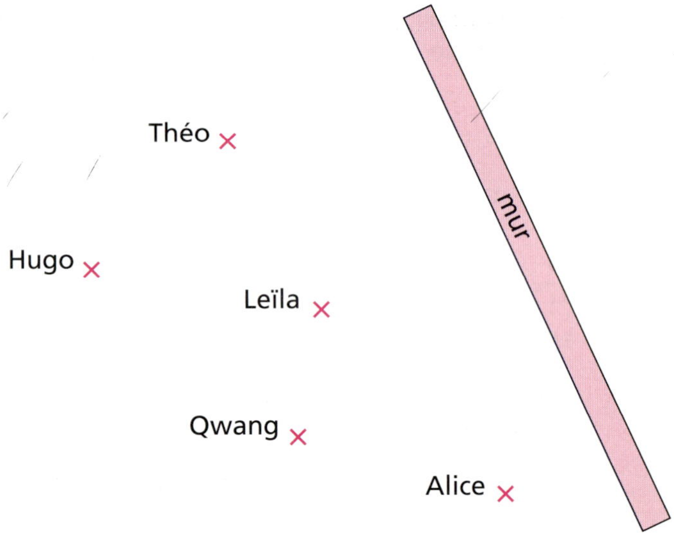

1 Décalque le schéma et trace à main levée les chemins que Théo et Hugo doivent parcourir pour atteindre le mur.

2 Trace avec les instruments de ton choix les chemins que doivent parcourir Leïla, Qwang et Alice.
Quels instruments as-tu utilisés ?

3 Comment sont les chemins des enfants par rapport à la ligne droite du mur ?

EXERCICES

1

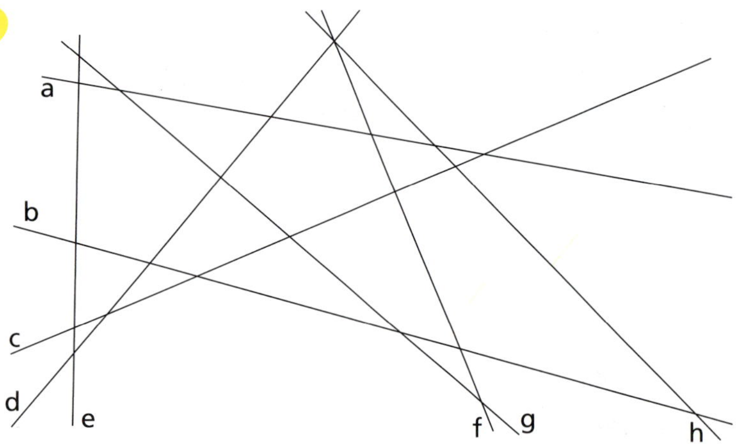

a. Trouve deux droites qui, à vue d'œil, sont perpendiculaires, puis vérifie avec ton équerre.

Ta prévision était-elle juste ?

b. Vois-tu d'autres droites qui sont perpendiculaires ?

Vérifie avec ton équerre.

relations et propriétés géométriques

4 10 16 22 26 56 61 63

2 Trace une droite a.

À main levée, trace une droite f, perpendiculaire à la droite a. Vérifie avec ton équerre.

3 Trace une droite c.

Avec ta règle et ton équerre, trace une droite d, perpendiculaire à la droite c.

4 En prolongeant certains des segments, on obtient des droites perpendiculaires. Lesquels ?

Vérifie tes prévisions avec ton équerre.

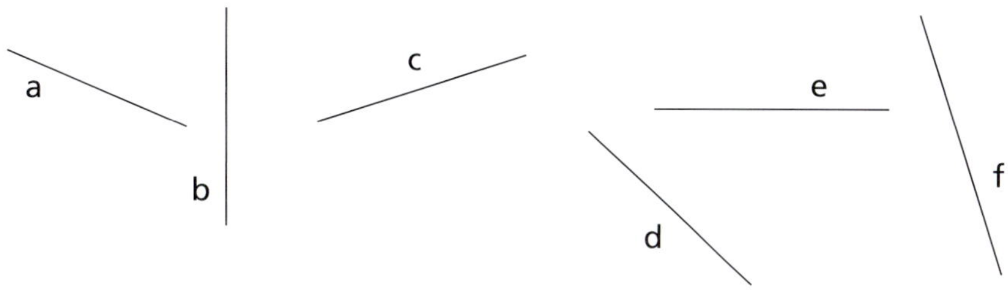

5 Deux droites perpendiculaires déterminent des angles droits. Combien ?

6 Utilise les carreaux de ton cahier pour tracer une droite b qui ne soit ni verticale, ni horizontale.
Puis trace une droite d, perpendiculaire à la droite b.

7 Reproduis le cercle de rayon 2 cm.
Trace les plis que l'on verra lorsque l'on dépliera le disque.

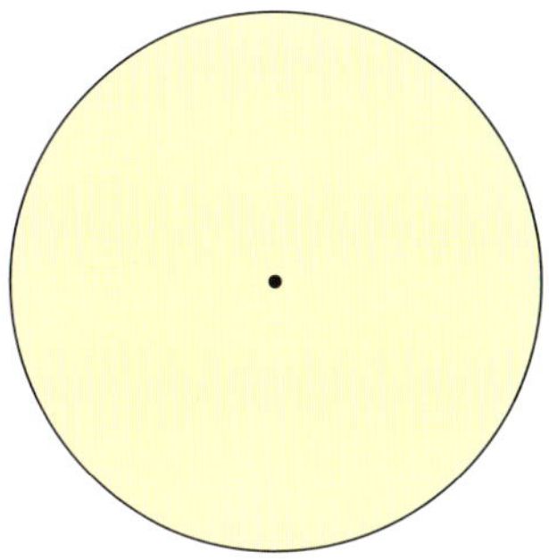

8

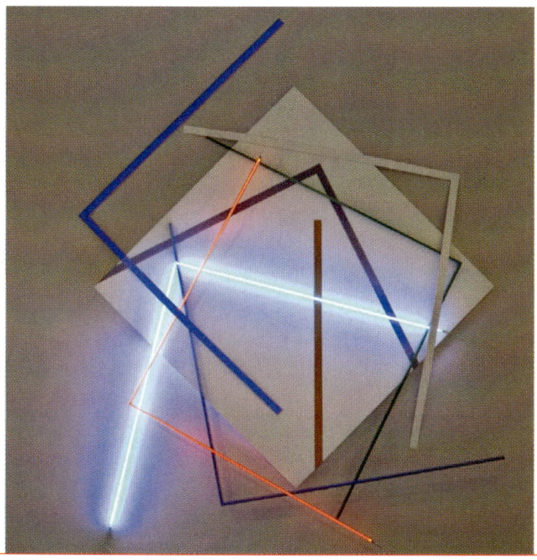

Observe cette œuvre de François Morellet.

À ton tour, réalise un tableau en traçant plusieurs angles droits.

François Morellet,
Relache n° 2,
1992.

Ce que je suis capable de faire

1 Calcule.

a. 2 000 + 400 + 50 + 1

b. 1 000 + 5 + 60

c. 1 + 300 + 4 000

d. 7 000 + 30 + 1

2 Écris les nombres en chiffres ou en lettres.

a. quatre mille trois cent douze

b. quatre mille quatre cent quatre

c. 1 070

d. 1 250

3 Complète.

a. 1 280 unités, c'est … dizaines.

b. 13 centaines, c'est … dizaines.

4 Calcule les soustractions suivantes.

N'utilise la soustraction en colonne que lorsque tu le penses nécessaire.

a. 3 916 – 916

b. 2 837 – 351

c. 4 535 – 835

5

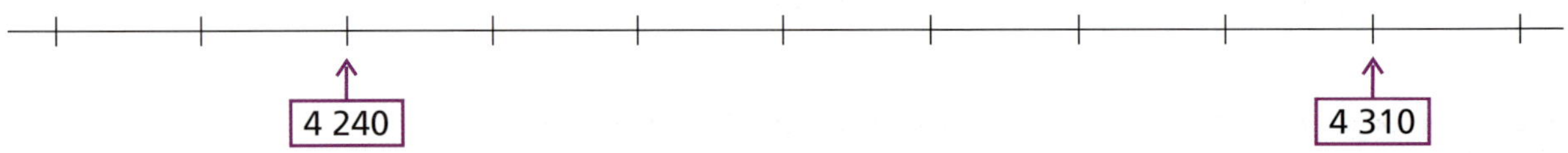

Reproduis la droite numérique. Complète : « Elle est graduée de … en … ».

Place les nombres 4 290 4 300 4 265 4 281 4 229
avec un point vert lorsqu'ils ne sont pas exactement sur une graduation.

6 Décalque la figure.

a. Repère les angles droits, puis repasse en rouge 2 segments perpendiculaires entre eux.

b. Place les milieux de chacun des segments [AB], [BC], [CD], [DA].
Utilise ta règle graduée ou une bande de papier.

Joins dans l'ordre les points obtenus.

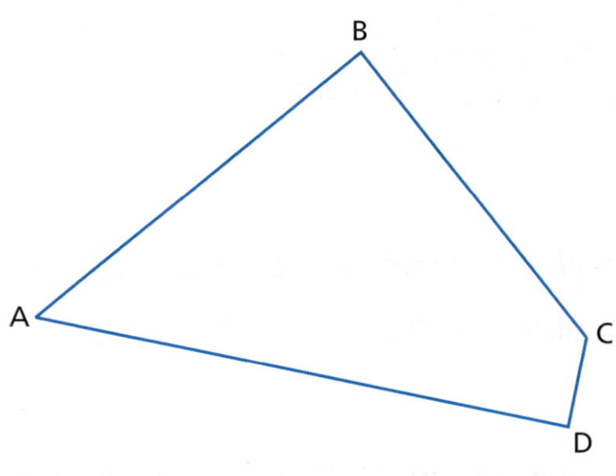

CALCUL MENTAL. Jeu de mémoire : le professeur écrit 4 nombres inférieurs à 100 puis les cache ; après dix secondes, les élèves les écrivent en leur ajoutant 11.

Multiplication et division : comprendre un énoncé de problème

Objectif : revoir le sens de certaines expressions langagières liées aux problèmes de multiplication et de division.

EXERCICE DIRIGÉ

1 Théo achète cinq roses. Combien paie-t-il ?

2 Alice achète trois cyclamens. Combien dépense-t-elle ?

3 Qwang choisit un bouquet d'anémones et trois roses. Combien la fleuriste lui demande-t-elle ?

4 Leïla achète des roses. Elle paie 20 €. Combien de roses achète-t-elle ?

EXERCICES

1 La fleuriste vient de préparer 4 bouquets de 7 arums. Quel dessin représente ce qu'elle a préparé ?

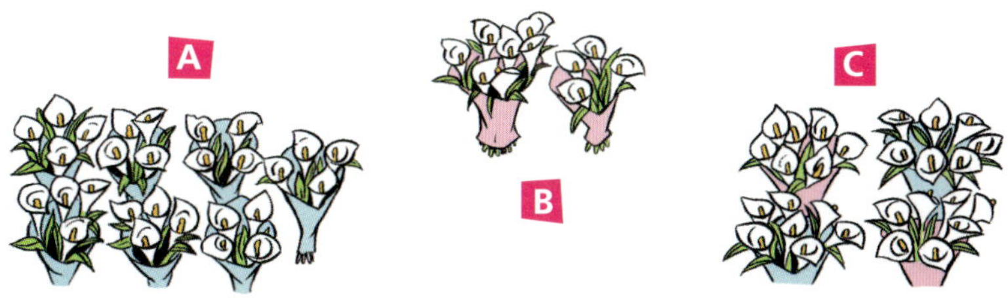

2 Un client demande 4 plateaux de cyclamens. Sur chaque plateau, il y a 12 cyclamens. Combien de cyclamens va-t-il emporter ? Combien va-t-il payer ?

3 Léa dispose de 13 €. Peut-elle acheter 4 cyclamens ? Explique ta réponse.

CALCUL MENTAL. Jeu de mémoire : le professeur écrit 4 nombres inférieurs à 100 puis les cache ; après dix secondes, les élèves les écrivent en leur enlevant 11.

Multiplication et division : problèmes

Objectif : faire le lien entre addition réitérée et multiplication.

EXERCICE DIRIGÉ

La directrice du centre aéré doit renouveler le matériel des ateliers d'arts plastiques.

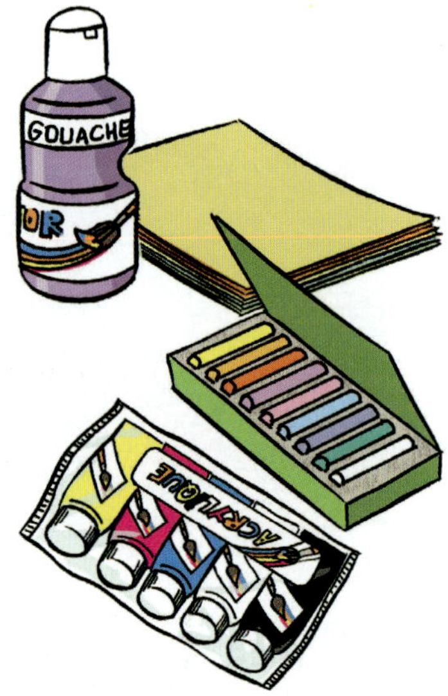

1 **a.** À l'aide de ce bon de commande, calcule ce que la directrice a dépensé.

Désignation	Prix unitaire	Quantité	Prix total
Peinture acrylique (pochette de 5)	7 €	12 pochettes	
Peinture gouache	3 €	10 pots	
Crayons pastel (coffret de 9)	8 €	10 coffrets	
Papier à dessin	4 €	15 blocs	
		TOTAL	

b. Vérifie avec la calculatrice le prix total pour la peinture acrylique, note les touches sur lesquelles tu appuies.

J'appuie sur					
Je vois					

2 La directrice a commandé en plus le même bloc de feuilles de dessin pour chacun des 8 enfants de l'atelier de Leïla.
Elle a payé 56 €.

En regardant les prix, trouve quel bloc elle a commandé.

EXERCICE

Parmi les trois réponses proposées, trouve le résultat correct le plus vite possible, avec ou sans la calculatrice.

a. 9 + 9 + 9 + 9 + 9 + 9 + 9 + 9 + 9 + 9 =	81	90	139
b. 134 + 134 + 134 + 134 =	536	404	426
c. 50 + 50 + 50 + 50 + 50 + 50 + 50 =	400	350	500
d. 23 + 23 + 23 + 23 + 23 + 23 + 23 + 23 + 23 + 23 =	207	243	230
e. 10 + 10 + 10 + 10 + 10 + 10 + 10 + 10 =	90	100	80

CALCUL MENTAL. Jeu de mémoire : le professeur écrit 4 nombres inférieurs à 100 puis les cache ; après dix secondes, les élèves écrivent les nombres suivants ou précédents.

Multiplication : calculs

Objectif : mettre en évidence la commutativité de la multiplication et l'utiliser pour calculer.

EXERCICE DIRIGÉ

1

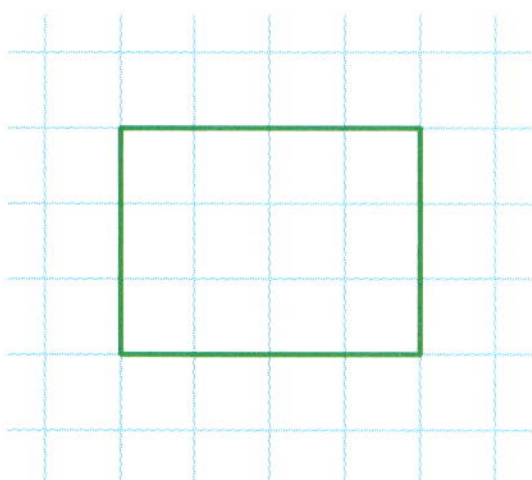

Ce rectangle vert a 3 lignes et 4 colonnes. Combien de carreaux a-t-il ?

2

Si tu penses que Qwang a raison, écris les produits correspondant aux rectangles que tu as trouvés. Tu peux dessiner ces rectangles sur une feuille de papier quadrillé ou sur ton cahier de brouillon.

3 Pour trouver le nombre de carreaux d'un rectangle qui a 3 lignes et 15 colonnes,

- **Théo** calcule 3 + 3 + 3 + 3 + 3 + 3 + 3 + 3 + 3 + 3 + 3 + 3 + 3 + 3 + 3.
- **Leïla** calcule 15 + 3.
- **Alice** calcule 15 + 15 + 15.
- **Qwang** tape 3 × 15 sur sa calculatrice.

Quels calculs sont corrects ? Effectue-les, souligne le plus rapide.

EXERCICES

1 Effectue l'addition la plus rapide pour calculer les produits.

a. 17 × 3 **b.** 3 × 17 **c.** 16 × 5 **d.** 5 × 16

2 Calcule.

a. 74 + 74 + 74	74 × 3	74 + 3	3 × 74	3 + 74
b. 36 + 36 + 36 + 36 + 36	36 × 5	36 + 5	5 × 36	5 + 36

CALCUL MENTAL. Calculs en chaîne : à partir d'un nombre quelconque, le professeur fait faire des calculs en chaîne consistant à ajouter ou retrancher un nombre inférieur à 12.

Numération orale

Objectif : prendre conscience de la manière dont les noms des nombres sont construits.

DÉCOUVERTE

Voici 6 étiquettes :

deux	cent(s)	quinze
soixante	mille	trois

En les juxtaposant toutes, nous pouvons dire « deux mille trois cent soixante-quinze ».

1 En juxtaposant plusieurs de ces étiquettes, trouve cinq nombres de quatre chiffres. Écris-les en chiffres.

2 Range-les du plus petit au plus grand.

EXERCICES

1 Voici des mots-nombres :

trois	cinq	quatre	vingt(s)	cent(s)

Parmi les nombres suivants, recopie ceux que tu peux dire en utilisant uniquement certains de ces mots-nombres.

3 100 403 583 425 4 005 385

2 Écris en chiffres les nombres suivants.

a. mille deux cent seize
b. neuf cent quatre-vingt-dix-sept
c. trois mille deux cent neuf
d. deux mille cinq
e. mille cinquante
f. mille cent neuf

3 Écris en lettres les nombres suivants.

a. 2 125 **b.** 1 789 **c.** 2 030 **d.** 978 **e.** 3 216 **f.** 572 **g.** 4 090 **h.** 1 100 **i.** 892 **j.** 1 070

4 Recopie l'écriture en lettres de chaque nombre écrit en chiffres.

a. 1 482
- quatorze quatre-vingt-deux
- mille quatre cent quatre-vingt-deux
- cent quarante-huit deux

b. 2 048
- deux cent quarante-huit
- deux mille quatre cent huit
- deux mille quarante-huit

5 Recopie l'écriture en chiffres de chaque nombre écrit en lettres.

a. mille deux cent cinq
- 1 250
- 1 205
- 1 000 205

b. deux mille quatre-vingts
- 2 080
- 200 420
- 2 800

6 Range les nombres suivants du plus petit au plus grand, écris-les en chiffres.

mille deux cent dix — mille cent treize — mille quatre cent soixante — mille quatre-vingt-dix-sept — deux mille deux — mille neuf cents

7 Voici des distances en kilomètres de Paris à certaines villes de l'Union européenne.

a. Écris-les en chiffres.

Paris-Madrid : mille deux cent quatre-vingt-six
Paris-Athènes : deux mille trois cent quatre-vingt-deux
Paris-Stockholm : mille neuf cent soixante-six
Paris-Copenhague : mille trois cent quarante
Paris-Helsinki : deux mille quatre cent cinquante et un

b. Complète la phrase suivante :
« La ville la plus proche de Paris est … ».

Petite Sirène à Copenhague (Danemark)

8 Recopie chaque nombre et sa décomposition additive.

deux mille trente-cinq — 30 + 2 + 5000 — 3 000 + 50 + 300 — mille cinq cent trente-deux — cinq mille trente-deux — 5 + 2 000 + 30 — trois mille trois cent cinquante — 30 + 500 + 2 + 1 000

CALCUL MENTAL. Jeu de mémoire : le professeur écrit en lettres 4 nombres inférieurs à 100 puis les cache ; après dix secondes, les élèves les écrivent en chiffres.

La numération romaine

Objectifs : comprendre les règles de groupements de la numération romaine, les comparer à celles de notre numération de position.

Les belles familles

Louis I
Louis II
Louis III
Louis IV
Louis V
Louis VI
Louis VII
Louis VIII
Louis IX
Louis X
(dit le Hutin)
Louis XI
Louis XII
Louis XIII
Louis XIV
Louis XV
Louis XVI
Louis XVIII
et plus personne plus rien...
qu'est-ce que c'est que ces gens-là
qui ne sont pas foutus
de compter jusqu'à vingt ?

Jacques Prévert, « Les belles familles »
in *Paroles*, © Gallimard.

DÉCOUVERTE

Lis ce poème de Jacques Prévert. Tu y trouveras certains chiffres de la numération romaine. Ce sont des lettres majuscules.

1 À l'aide du poème, complète cette grille de correspondance avec nos nombres.

I	II			
1	2	3	4	5

VI				
6	7	8	9	10

Quatre peut s'écrire IV ou IIII. Neuf peut s'écrire IX ou VIIII.

Explique ces deux sortes d'écritures.

2 Écris en chiffres romains les nombres de XV à XXX.

3 Louis XIV, dit le Roi-Soleil, est né en MDCXXXVIII. Il est mort à Versailles en MDCCXV.

Écris avec nos chiffres l'année de sa naissance et celle de sa mort.
Tu peux t'aider du tableau.

M	D	C	L
1 000	500	100	50

Louis XIV à cheval, René-Antoine Houasse

EXERCICE

Voici trois dates célèbres : MCDXCII MDCCLXXXIX DCCC

Utilise-les pour compléter les phrases suivantes (écris-les avec nos chiffres).

Charlemagne a vécu de 742 à 814, son couronnement a eu lieu en l'an … .

La Révolution française se situe à la fin du XVIIIe siècle, le 14 juillet … .

Christophe Colomb a découvert l'Amérique avant 1500, plus exactement en … .

écrire, nommer les nombres
1 C1 5 6 11 18 24 27 28 37 52 54 80

CALCUL MENTAL. Le professeur affiche 4 mots-nombres au tableau, les élèves cherchent des nombres qui peuvent être dits avec ces mots et les écrivent en chiffres.

La monnaie

Objectifs : consolider les connaissances sur la monnaie. Maîtriser la relation entre euro et centimes.

EXERCICE DIRIGÉ

1 Cherche différentes manières de réaliser 1 € avec des pièces de 1 c, 2 c, 5 c, 10 c, 20 c, 50 c.

2 Tu veux échanger une pièce de 2 € contre des pièces de 20 c. Dessine les pièces que tu obtiens.

3 Trouve différentes manières de réaliser 5 € avec des pièces de 20 c, 50 c, 1 €, 2 €.

Exemple : 5 € = 50 c + 50 c + 1 € + 1 € + 2 €

EXERCICES

1 Représente avec des pièces les sommes suivantes :

a. 1 € 35 c **b.** 2 € 50 c **c.** 1 € 05 c **d.** 90 c **e.** 3 € 80 c

2 Écris la somme d'argent contenue dans chaque porte-monnaie.

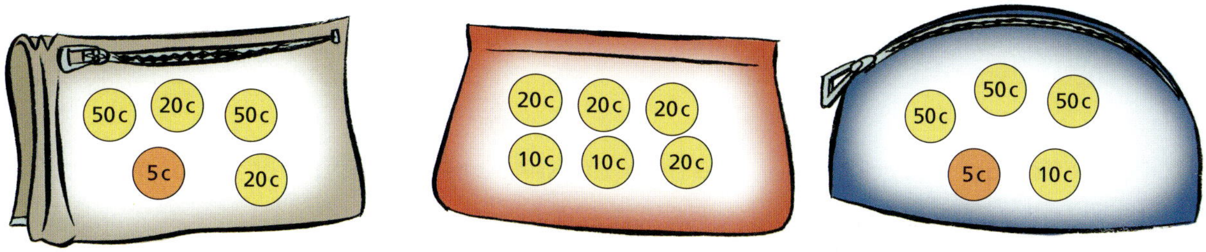

3 Écris ces sommes d'argent dans l'ordre croissant :

1 € 50 c 2 € 30 c 1 € 90 c 5 € 3 € 20 c 2 € 50 c 4 € 60 c.

CALCUL MENTAL. Le professeur donne une somme en centimes (par exemple 125 centimes), les élèves l'écrivent en euros et centimes et vice versa.

Évaluer et mesurer des longueurs

Objectif : se construire des références pour évaluer des mesures de longueur.

ACTIVITÉ PRÉPARATOIRE : évaluer à l'œil diverses longueurs, puis vérifier en utilisant les instruments usuels (mètre, double décimètre). Se familiariser avec les abréviations km, hm, dam.

DÉCOUVERTE

Autrefois, les hommes utilisaient des parties de leur corps pour mesurer des longueurs. Tu vas évaluer de la même manière des longueurs sans instrument.

1 Écris la mesure, en centimètres, de :

- la largeur de ton pouce

- la longueur de ton empan

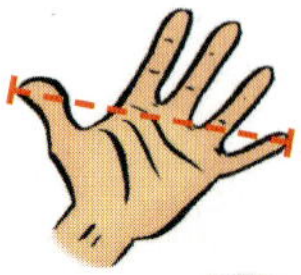

- la longueur de ton pied

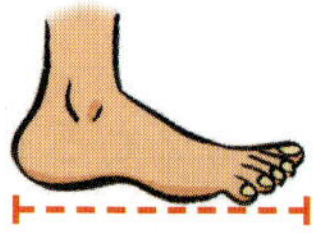

- la longueur de ta coudée

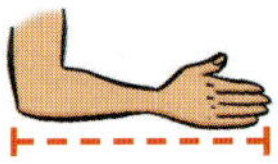

- la longueur de ton envergure

- la longueur de ton pas moyen

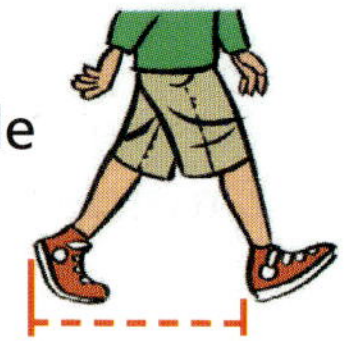

2 **a.** Utilise ton empan pour évaluer la longueur de ton bureau. Combien d'empans trouves-tu ? Donne une valeur approchée en centimètres de la longueur de ton bureau.

b. Quelle valeur trouves-tu en mesurant cette longueur avec ton double décimètre ? Les deux valeurs sont-elles proches ?

EXERCICES

1 Trouve la mesure qui te paraît convenir.

a. La hauteur de la classe — 4 m — 1 km — 10 m

b. La longueur d'un crayon neuf — 20 mm — 15 cm — 50 cm

c. La longueur d'un vélo d'homme — 80 cm — 3 m — 1 m 80 cm

2 Pour effectuer des conversions, tu peux utiliser ce tableau d'unités de longueurs.

km	hm	dam	m	dm	cm	mm
			1	0	0	
1	0	0	0			

1 m = 100 cm **1 km = 1 000 m**

Complète :

a. 2 m = … cm

b. 1 km = … m

c. 5 000 m = … km

d. 2 dm = 20 …

e. 3 hm = 300 …

f. 300 cm = 3 …

3 Trouve l'unité qui convient (cm, m, km) et complète chaque phrase.

a. La distance de Bordeaux à Marseille est de 647 … .

b. À pied, je peux faire 100 … en une minute.

c. En vélo, je peux faire 15 … en une heure.

4 Trouve l'unité qui convient (cm, m, km) et complète chaque phrase.

a. Le paquebot « Queen Mary 2 » est sorti des chantiers de Saint-Nazaire en 2004. Il mesure 345 … de long.

b. Le paquebot « France » mesurait 315 m. Le « Queen Mary 2 » mesure donc … de plus que le « France ».

c. La largeur du « Queen Mary 2 » est 41 … .

5 Complète :

a. 12 m 50 cm = … cm

b. 2 km 350 m = … m

c. 1 210 cm = … m … cm

d. 23 dm = … m … dm

e. 3 568 m = … km … m

f. 3 m 7 cm = … cm

g. 2 km 75 m = … m

h. 1 201 cm = … m … cm

i. 1 250 dm = … m

j. 8 050 m = … km … m

6 Dans les contes de fées, les bottes de sept lieues sont des bottes magiques qui s'adaptent à la taille de celui qui les chausse. Elles permettent de parcourir sept lieues en une seule enjambée.

a. Une lieue correspond à 2 km 250 m. Exprime cette longueur en mètres.

b. Quelle distance parcourt-on en faisant une enjambée avec les bottes de sept lieues ?

7 Une piste d'athlétisme mesure 400 m. Paul fait 5 tours de piste.

Quelle distance a-t-il parcourue ? Exprime cette distance en mètres puis en kilomètres.

8 Une piste d'athlétisme mesure 400 m. Pour courir un 5 000 m, doit-on faire un peu plus de 5 tours, de 10 tours ou de 12 tours ?

Explique ta réponse par un calcul.

Figures planes et polygones

Objectifs : analyser des figures planes. Identifier des polygones à partir de certaines de leurs propriétés.

DÉCOUVERTE

Voici un ensemble de figures planes.

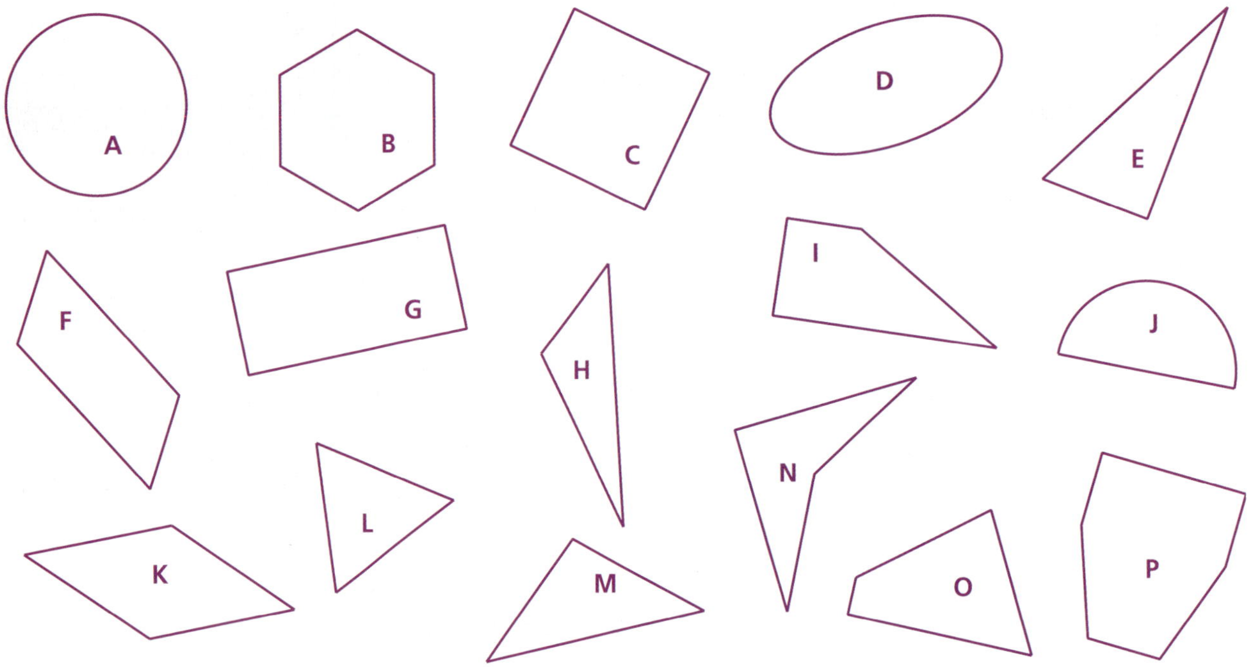

1 Un polygone est une figure fermée dont le contour est constitué de segments appelés côtés du polygone. Écris la liste des figures qui ne sont pas des polygones.

2 Les polygones qui ont exactement 3 côtés sont des triangles.
Écris la liste des triangles.

3 Alice a mis ensemble les polygones C, F, G, I, K, N, O car ils ont une propriété commune.
Laquelle ?

4 Trouve les figures qui correspondent à chaque portrait.

a. « Je suis un polygone. J'ai six côtés. Qui suis-je ? »

b. « Je suis un quadrilatère. Mes 4 côtés ont la même longueur.
Je n'ai pas d'angle droit. Qui suis-je ? »

5 Écris le portrait de la figure C, sans dire son nom.

figures planes
12
30
35
38
46
53
76
78
81

EXERCICES

1 Avec une équerre, repère les angles droits à l'intérieur des polygones de la découverte.

Polygones	B												
Nombre d'angles droits	0												

2 **a.** Qwang a mis ensemble les polygones B, C, K et L car ils ont une propriété commune. Laquelle ?

b. Leïla a mis ensemble les polygones C et G car ils ont une propriété commune. Laquelle ?

c. Théo a mis ensemble les polygones E, N et O car ils ont une propriété commune. Laquelle ?

3 Écris le nom des figures de la découverte que tu connais.

4 La figure N s'appelle un cerf-volant.
Écris un portrait de cette figure.

5 Quelle figure de la découverte correspond aux renseignements suivants ?

- La figure est-elle un polygone ? OUI
- La figure a-t-elle plus de 4 côtés ? NON
- La figure a-t-elle exactement 4 sommets ? OUI
- La figure a-t-elle exactement 2 angles droits ? OUI

6 Trouve les figures de la découverte qui correspondent à chacun des portraits suivants.

a. « Je suis un triangle. J'ai un angle droit. Qui suis-je ? »

b. « Je suis un quadrilatère. J'ai 4 angles droits. Mes côtés n'ont pas tous la même longueur. Qui suis-je ? »

Heures et durées

Objectifs : maîtriser la lecture de l'heure sur différents types de cadrans. S'entraîner à calculer des durées en faisant des sauts.

DÉCOUVERTE

Saison	Date	Lever du Soleil*	Coucher du Soleil*
Printemps	20/03	5 h 55	18 h 02
Été	21/06	3 h 49	19 h 56
Automne	23/09	5 h 40	17 h 46
Hiver	21/12	7 h 43	15 h 54

* heure universelle (du Soleil)

Le tableau indique la date du début de chaque saison au cours de l'année 2010, ainsi que les heures* de lever et de coucher du Soleil à ces dates, en France.

1 Qwang dit qu'il y a plus de jours en été que dans les autres saisons. A-t-il raison ?

2 Chaque pendule affiche l'heure du coucher du soleil le premier jour d'une saison. Continue d'écrire l'affichage digital correspondant.

A

17:46

B

C

D

3 Calcule la durée entre le lever et le coucher du Soleil le premier jour de chaque saison. *Exemple pour la durée du printemps :*

5 h 55 —(+ 5 min)→ 6 h —(+ 12 h)→ 18 h —(+ 2 min)→ 18 h 02

durée : 12 h 07 min

EXERCICES

1 Écris les deux affichages digitaux qui correspondent à chaque pendule.

Exemple

12 : 00
24 : 00

A

B

C

grandeurs et mesures
14 15 C6 29 31 42 43 50 59 64 72

2 Écris les deux affichages digitaux qui correspondent à chaque pendule.

3 Combien de minutes y a-t-il dans

a. une demi-heure ?

b. un quart d'heure ?

c. deux heures ?

d. trois heures et demie ?

4 Voici le programme de voyage pour la classe de découverte.

a. La durée prévue pour le voyage retour est-elle la même que celle pour le voyage aller ?

b. Calcule la durée du séjour, voyage compris, en jours et en heures.

SÉJOUR AU CENTRE « Le plein air »
DU 24 MAI AU 3 JUIN.
Le 24 mai : départ de l'école à 7 h 30 ;
arrivée prévue au centre à 9 h 45.
Le 3 juin : départ du centre à 13 h 15 ;
arrivée prévue à l'école à 15 h 30.

5 Blaise Pascal a inventé la première calculatrice en 1642.
Les calculatrices électroniques, comme celle dont tu te sers, ont été inventées en 1971.

Combien d'années se sont écoulées entre ces deux inventions ?

6 Le 20 juillet 1969, à 21 h 17 min (heure française), le module lunaire *Eagle* (l'Aigle) de la mission Apollo XI se pose sur la Lune. L'astronaute Neil Armstrong annonce : « Houston, ici la base de la Tranquillité. L'Aigle a atterri. »

Aujourd'hui, cela fait combien d'années, de mois et de jours que cet événement s'est produit ?

7 Voici une pendule vue dans un miroir.
Quelle heure est-il :

3 h ?   12 h 15 ?   9 h ?   11 h 45 ?

Remue-méninges

Le réveil de Zoé avance de trois minutes par heure. Elle le met à l'heure à 21 h.

À quelle heure doit-elle régler la sonnerie pour être réveillée à 7 h le lendemain matin ?

6 h 30   7 h   7 h 15   7 h 30   8 h

CALCUL MENTAL. Jeu de portraits sur les nombres.

Lecture de graphiques

Objectif : prendre des informations dans un graphique pour répondre à des questions.

L'ours brun

Il existe deux grandes familles d'ours : l'ours blanc, carnivore, qui vit dans les régions polaires, et l'ours brun, omnivore, que l'on trouve dans l'Union européenne.
En Europe, ils sont protégés parce qu'ils sont en voie de disparition.

Debout, l'ours brun peut atteindre une hauteur de 3 mètres.

Un bébé ours pèse environ 500 g à la naissance.
Il peut peser jusqu'à 280 kg à l'âge adulte.

Réponds aux questions à l'aide du graphique.

1 Quel est le pays dans lequel il y a le plus d'ours bruns ?

2 Quel est le pays dans lequel il y a le moins d'ours bruns ?

3 Cite les noms des pays dans lesquels il y a moins de 200 ours bruns.

4 Dans quel pays y a-t-il plus de 400 ours mais moins de 800 ours ?

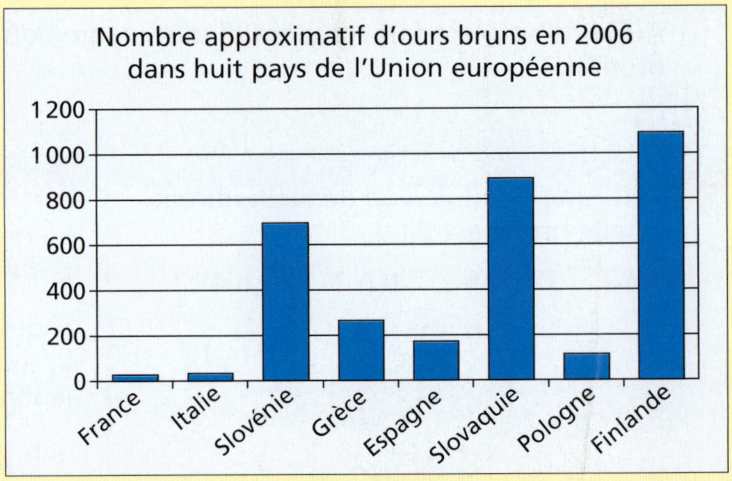

gestion de données
17
32
51
57
60
68
73
82

Le lynx eurasien

Il existe quatre espèces de lynx dans le monde. Dans l'Union européenne, les lynx ibériques ont quasiment disparu et les lynx eurasiens sont eux aussi menacés, on ne les trouve plus que dans certains pays. Voilà pourquoi cette espèce est maintenant protégée.
Un lynx mesure entre 70 cm et 130 cm. Il est très agile. Il peut faire des bonds de 7 m. Il pèse environ 300 g à la naissance et environ 25 kg à l'âge adulte.
Il y a plusieurs pays de l'Union européenne dans lesquels on a dénombré plus de cent lynx, dont la Roumanie où on en a dénombré 2 050.

Réponds aux questions à l'aide du graphique.

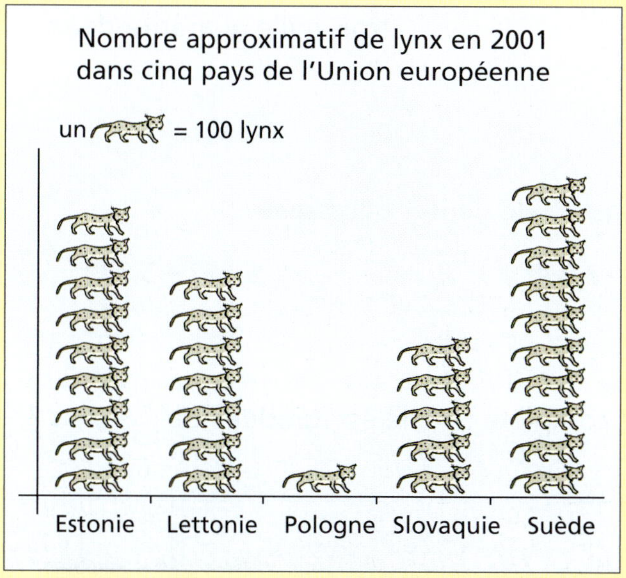

1 Combien de lynx y a-t-il en Pologne ? et en Estonie ?

2 a. Dans quel pays y a-t-il 2 centaines de lynx de moins qu'en Lettonie ?

b. Dans quel pays y a-t-il 2 centaines de lynx de plus qu'en Lettonie ?

4 Un lynx consomme 2 kg de viande environ par jour.
Calcule la quantité de viande consommée par jour par les lynx de Suède.

5 Trouve le nombre total de lynx vivant dans ces cinq pays.

LE SAIS-TU ?

Certains pays de l'Union européenne ont un **animal pour emblème** : en Allemagne, c'est l'aigle ; en Angleterre, le léopard ; en Espagne, le lion ; en France, le coq.

Certaines villes ont aussi leur propre emblème ; par exemple, pour la ville de Berlin, capitale de l'Allemagne, c'est un ours.

Ce que je suis capable de faire

1 Calcule.

a. 7 000 + 300 + 40 + 1
b. 6 000 + 30 + 400
c. 500 + 5 + 60
d. 500 + 1
e. 3 + 200 + 8 000
f. 4 + 40 + 9 000

2 Pour chaque nombre écrit en chiffres, recopie l'écriture en lettres correcte.

a. 3 202
- trois mille deux cent deux
- trois mille vingt
- trois mille deux

b. 3 042
- trois cent quarante-deux
- trois mille quatre cent deux
- trois mille quarante-deux

3 Effectue les soustractions suivantes.
N'utilise la soustraction en colonne que lorsque tu le penses nécessaire.

a. 7 654 – 154
b. 3 245 – 3 239
c. 6 587 – 5 839

4 Voici une droite numérique. Reproduis-la et complète : « Elle est graduée de … en … ».

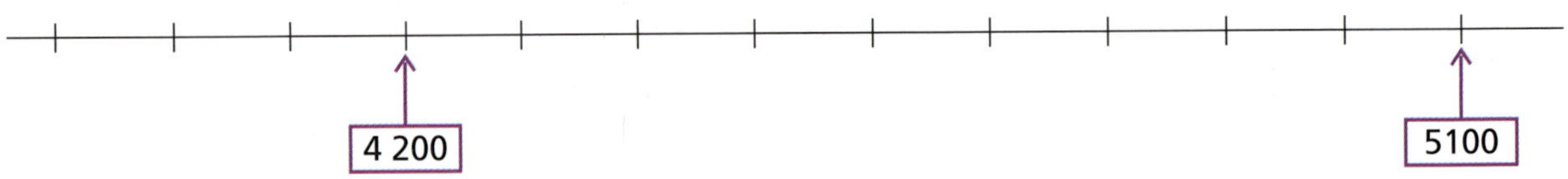

Place les nombres 3 995 4 850 5 050 4 630 4 400
avec un point vert lorsqu'ils ne sont pas exactement sur une graduation.

5 Reproduis les cadres et complète les sommes.

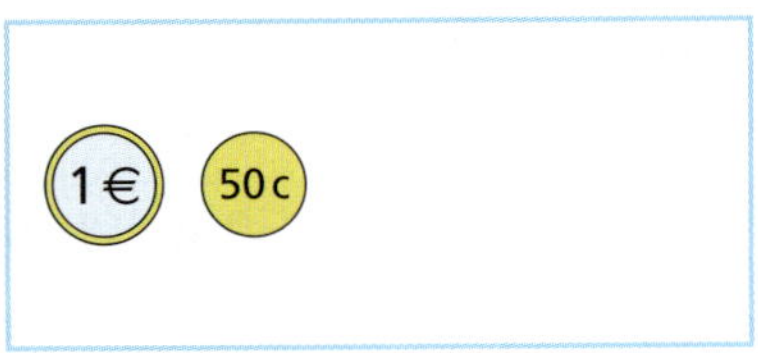

a. 4 € 50 c

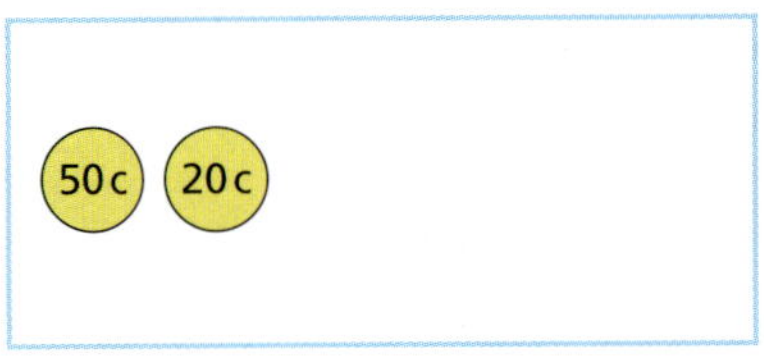

b. 6 € 80 c

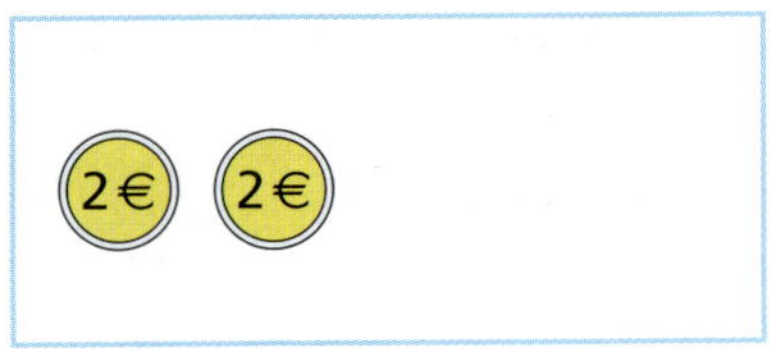

c. 10 €

6 Une émission de télévision commence à 20 h 45 et se termine à 21 h 37.
Quelle est sa durée ?

7 La hauteur de l'airbus A 380 est de 24 m.
La hauteur d'un étage d'un immeuble est de 3 m.

Combien un immeuble doit-il avoir d'étages pour être aussi haut que l'airbus A380 ?

8 Calcule le nombre de carreaux d'un rectangle ayant 15 lignes et 8 colonnes.

9 Calcule.

a. 63 + 63 + 63 + 63 + 63	63 × 5	63 + 5	5 × 63
b. 45 + 45 + 45 + 45	45 × 4	45 + 4	4 × 45

10 Quelle figure correspond au portrait suivant ?
« Je suis un polygone. J'ai 5 côtés et un seul angle droit. »

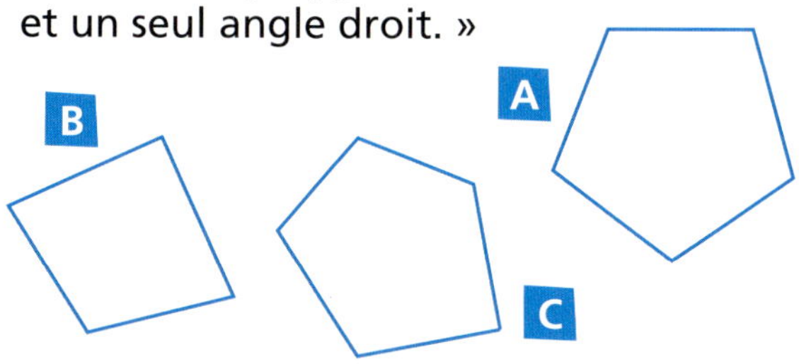

11 Pour la finale du tournoi de tennis de Lyon, la billeterie du Palais des sports a vendu :

- la première semaine, 1 900 places ;
- la seconde semaine, 2 200 places ;
- la troisième semaine, 2 400 places.

Le Palais des sports contient 6 500 places.

Sera-t-il plein ?

Pour aller plus loin

En France aujourd'hui, on parle d'« enfants », d'« adolescents », de « jeunes »…
À ton avis, à quels âges cela correspond-il ?
À Rome dans l'antiquité, avant 7 ans, on était *infans*.
Voici comment on désignait les autres personnes d'après leur âge.

Écris avec nos chiffres l'âge minimum et l'âge maximum de chaque catégorie.

Individus	Âge minimum (ans)	Âge maximum (ans)	Âge minimum avec nos chiffres	Âge maximum avec nos chiffres
Puer	VII	XVII		
Adolescens	XVII	XXX		
Juvenis	XXX	XLVI		
Senior	XLVI	LX		
Senex	LX	LXXX		

Les multiples

Objectif : approfondir la notion de multiples pour construire les tables de multiplication.

DÉCOUVERTE

1 **a.** Le robot jaune fait des sauts de **4.**
Écris les numéros des cases où il rebondit, sans dépasser 80 : 4 ; 8 …

b. Le robot vert fait des sauts de **6.**
Écris les numéros des cases où il rebondit, sans dépasser 80 : 6 ; 12 …

c. Le robot bleu fait des sauts de **9.**
Écris les numéros des cases où il rebondit, sans dépasser 80 : 9 ; 18 …

2 Quand ils ont tous fait 7 sauts, sur quelle case arrive :

a. le robot jaune ? **b.** le robot vert ? **c.** le robot bleu ?

Complète les égalités : 7 × 4 = … 7 × 6 = … 7 × 9 = …

3 Certaines cases sont atteintes par les trois robots.
Écris le numéro de la première de ces cases.

4 Vérifie que les trois robots rebondissent sur la case 72.
Quand ils arrivent sur cette case, combien de sauts a faits :

a. le robot jaune ? **b.** le robot vert ? **c.** le robot bleu ?

Complète les égalités : 72 = 4 × … 72 = 6 × … 72 = 9 × …

5 Écris la suite des multiples de 8 aussi loin que tu peux.

EXERCICES

1 Le robot rouge se déplace en faisant des sauts de 5.

a. Écris les numéros des cases où il passe.

36 120 40 105 75 95 78 117 83 98

b. Vérifie que le robot rouge passe par la case 100. Quand il est sur cette case, combien de sauts a-t-il faits ? Explique comment tu as trouvé.

2 Quels sont les robots qui passent par la case 48 ? Écris les numéros de leurs dossards.

Explique comment tu as trouvé.

3 Parmi ces nombres, fais la liste :

a. des nombres multiples de 2 ;

b. des nombres impairs.

57 86 120 43

105 50 100 75 1 236

4 Indique si chacune de ces affirmations est vraie (V) ou fausse (F).

a. 100 est un multiple de 4

b. 100 est un multiple de 5

c. 100 est un multiple de 6

d. 100 est un multiple de 7

e. 100 est un multiple de 8

f. 100 est un multiple de 9

5 Parmi ces nombres, fais la liste :

a. des multiples de 8

b. des multiples de 9.

1 17 5 18 8 21 9 24 12 26 16 27

6 Marie dit que 24 est un multiple de 2, de 3 et de 4.

Qu'en penses-tu ? Explique ta réponse.

7 Tristan range sa collection d'images. Il les groupe par 6.

Trouve combien de groupements il peut faire avec :

a. 18 images

b. 30 images

c. 54 images

8 Louis et Agnès échangent des timbres. Louis donne 1 timbre étranger contre 3 timbres français.

Trouve le nombre de timbres étrangers que Louis donne en échange de :

a. 21 timbres français

b. 33 timbres français

c. 45 timbres français

CALCUL MENTAL. Jeu du furet des multiples de 5 : compter de 5 en 5, en croissant à partir de 0, en décroissant à partir d'un multiple de 5. Demander de temps en temps de quel multiple il s'agit (ex. : 35 = 5 × ?).

La table de multiplication

Fiche LP

Objectif : mémoriser les tables de multiplication.

DÉCOUVERTE

Recopie la table de Pythagore.

×	0	1	2	3	4	5	6	7	8	9	10
0											
1											
2							12				
3											
4											
5											
6			12								
7											
8											
9											
10											

1 Le nombre 12 est placé dans deux cases différentes de la table.

a. Explique ces positions.

b. Trouve d'autres cases dans lesquelles tu peux placer 12 et remplis-les. À quels produits correspondent-elles ?

2 Place dans la table tous les résultats que tu connais par cœur. Écris-les en vert.

Bas relief représentant Pythagore, portail royal, cathédrale de Chartres.

3 **a.** Complète la ligne de 6, puis celle de 8 et celle de 9.

b. Complète la colonne de 7.

c. Complète maintenant toute la table de Pythagore.

4 **a.** Quels produits sont égaux à 18 ?

b. Quels produits sont égaux à 24 ?

EXERCICES

1 **a.** « Si l'on me multiplie par 5, on obtient 35. Qui suis-je ? »

b. « Si l'on me multiplie par 7, on obtient 56. Qui suis-je ? »

c. « Si l'on me multiplie par 6, on obtient 54. Qui suis-je ? »

d. « Si l'on me multiplie par 10, on obtient 100. Qui suis-je ? »

calcul automatisé, calcul réfléchi
E1 E2 E3 34 E4 36 E5 E6 E7 E10

2 **a.** Écris la liste des multiples de 3 compris entre 10 et 50.
b. Parmi eux, entoure les multiples de 5.

3 **a.** Écris la liste des multiples de 4 compris entre 10 et 50.
b. Parmi eux, entoure les multiples de 5.

4 Complète.

a. 8 × … = 24 … × 8 = 72 … × 8 = 80 8 × … = 40 8 × … = 56

b. 9 × … = 45 … × 9 = 54 … × 9 = 72 9 × … = 90 9 × … = 36

5 Reproduis et complète.

×	5	9	6	7
8				
2				
7				
4				

×			7	5
6	24			
8		24		
			35	
				45

×	8		9	
	24			
4				8
			81	
6		36		

6 2 × 2 × 6 = (2 × 2) × 6 = 4 × 6 = 24. À ton tour, calcule mentalement.

a. 2 × 2 × 3 **c.** 2 × 5 × 4 **e.** 5 × 2 × 6 **g.** 3 × 2 × 9 **i.** 3 × 3 × 2

b. 3 × 2 × 8 **d.** 4 × 2 × 9 **f.** 4 × 2 × 7 **h.** 3 × 3 × 3 **j.** 2 × 2 × 2

7 **a.** Écris le double des nombres :
5 7 10 15

b. Écris le triple des nombres :
4 8 10 13

c. Écris la moitié des nombres :
6 10 22 26

d. Écris le tiers des nombres :
9 15 24 30

Remue-méninges

Si les lignes et les colonnes de la table de Pythagore allaient jusqu'à 12, combien de fois trouverais-tu le nombre 36 ?

CALCUL MENTAL. Jeu du furet des multiples de 2, reprendre avec les multiples de 3

Reconnaître des triangles et des quadrilatères

Fiche LP

Objectif : reconnaître des figures usuelles à partir de leurs propriétés.

DÉCOUVERTE

1

a. Qui a raison ? Quelle figure Qwang a-t-il dessinée ?

b. Que vérifies-tu pour savoir qu'un quadrilatère est un carré ?

2 Parmi ces triangles, lequel est un triangle rectangle ?
Que vérifies-tu pour le savoir ?

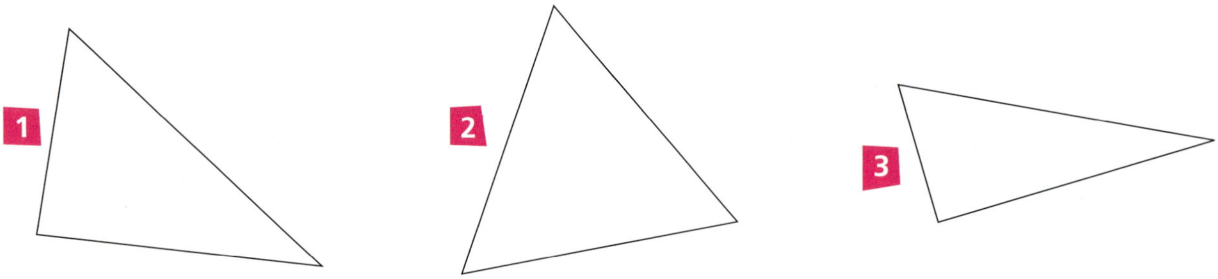

EXERCICES

1 Que vérifies-tu pour savoir si un polygone est un rectangle ?

2 Que vérifies-tu pour savoir si un quadrilatère est un losange ?

3 **a.** Dans la figure 1, il y a un carré. Décalque la figure, trouve le carré, vérifie avec les instruments de ton choix et repasse ses côtés en vert.

b. Dans la figure 2 ci-dessous, il y a un losange. Décalque la figure, trouve le losange, vérifie avec les instruments de ton choix et repasse ses côtés en bleu.

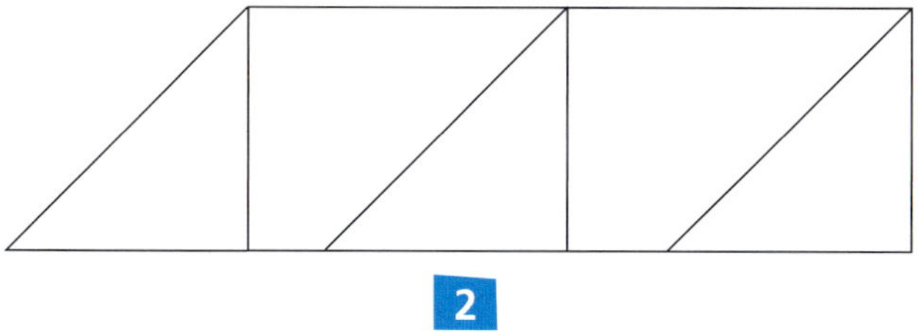

4 Pose un calque sur cette figure. Trouve :

a. 2 carrés, colorie-les en vert ;

b. 2 rectangles, colorie-les en bleu ;

c. 2 losanges, colorie-les en rose ;

d. 2 triangles rectangles, colorie-les en violet.

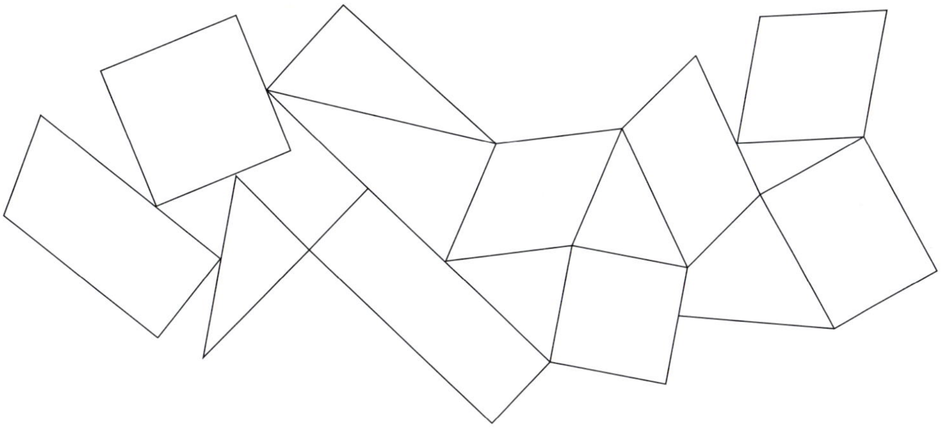

5 Pose un calque sur cette figure. Trouve :

a. un carré, colorie-le en vert ;

b. un rectangle, colorie-le en bleu ;

c. un losange, colorie-le en rose ;

d. un triangle rectangle, colorie-le en violet.

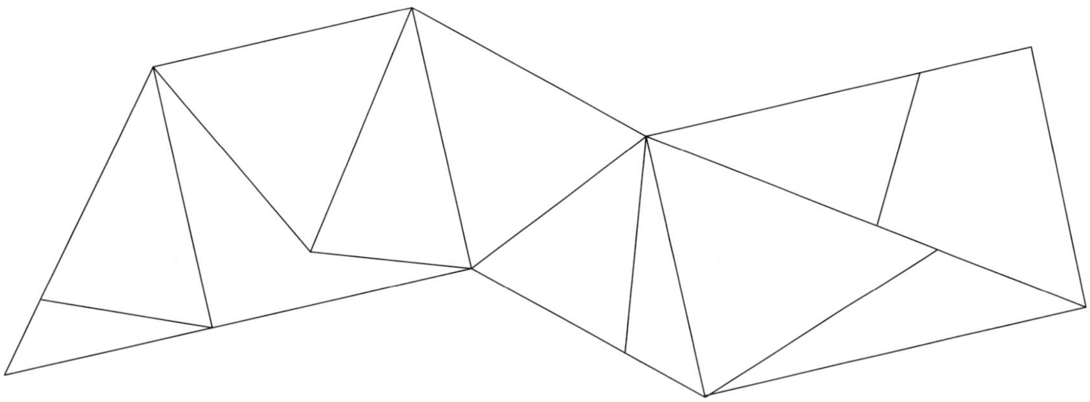

CALCUL MENTAL. Calculs en chaîne : le professeur fait faire des calculs en chaîne consistant à ajouter ou retrancher les nombres 10, 100, 5, 50, 25.

Calculer avec des nombres sympathiques

1 Alice et Leïla lancent des palets sur cette marelle.
Alice a lancé six palets verts et Leïla six palets jaunes.

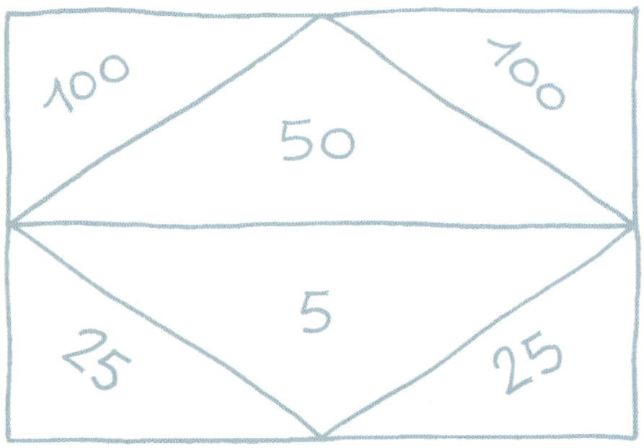

a. Imagine l'emplacement des palets d'Alice et de Leïla, puis dessine la marelle et les palets.

b. Note les écritures qui permettent de calculer le score d'Alice et celui de Leïla.

2 Au cours du jeu, chaque enfant a lancé huit palets.
Théo a réalisé 550 points et Qwang 600 points.

a. Imagine l'emplacement des palets.

b. Note les écritures qui permettent de calculer le score de Théo et celui de Qwang.

3 Pour gagner 275 points en lançant huit palets, il y a plusieurs solutions possibles.
Trouve trois manières différentes d'atteindre ce score.

4 Calcule.

a. 25 + 25 + 50 + 100

b. 50 + 50 + 50 + 100

c. 5 + 15 + 25 + 75

d. 25 + 5 + 50 + 50 + 100

e. 5 + 5 + 15 + 15 + 50

f. 75 + 75 + 25 + 25 + 50

5 Calcule.

a. 25 + 25 + 25 + 25 + 50

b. 5 + 5 + 5 + 15 + 20

c. 20 + 20 + 10 + 50 + 75

d. 75 + 25 + 50 + 100

e. 15 + 15 + 20 + 75

f. 25 + 75 + 15 + 5 + 5 + 5

Calcul : le rôle des parenthèses

Objectif : comprendre le rôle des parenthèses lorsqu'on effectue un calcul.

DÉCOUVERTE

1

Trouve comment Alice et Qwang ont fait pour obtenir deux résultats différents à partir de la même écriture.
Recopie leurs calculs et place les parenthèses pour qu'ils soient corrects.

2

Recopie les calculs de Théo et Leïla et place les parenthèses pour qu'ils soient corrects.

EXERCICES

1 Associe chaque calcul à son résultat.

6 × (8 + 2)	22
(6 × 8) + 2	28
6 + (8 × 2)	50
(6 + 8) × 2	60

2 Calcule.

a. 5 × (6 – 2)
b. (5 × 6) – 2
c. (4 × 10) + (5 × 3)
d. (3 × 5) – (2 × 4)
e. 3 + (10 × 4)
f. (3 + 10) × 4

3 Recopie et complète avec des parenthèses pour que les égalités soient justes.

a. 4 × 7 + 3 = 40
b. 4 × 5 – 2 = 18
c. 3 + 6 × 5 = 45
d. 9 × 5 – 3 = 18
e. 4 × 2 + 3 × 2 = 40
f. 12 – 4 × 3 = 24

Numération écrite : les nombres au-delà de 10 000

Objectifs : comprendre le rôle de la position des chiffres dans l'écriture des nombres.
Se familiariser avec la décomposition canonique des nombres.

DÉCOUVERTE

1 Sur cette marelle, Théo a lancé 8 palets verts.
Quel est son score ?

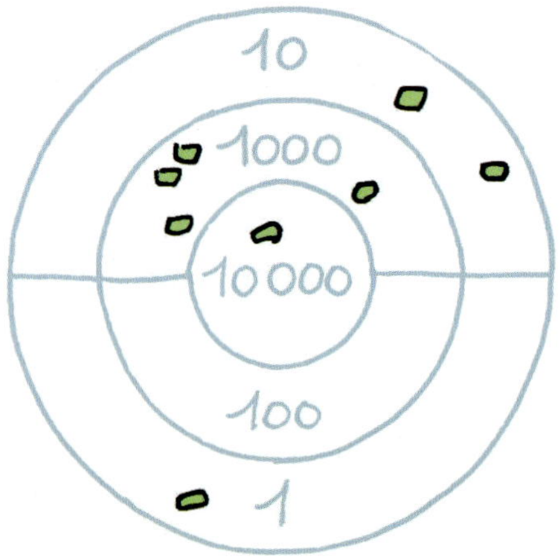

2 Qwang a envoyé 3 palets dans la case 10 000, 4 palets dans la case 1 000 et 1 palet dans la case 1.
Quel est son score ?

Reproduis la marelle et place les palets de Qwang.

3 Leïla a lancé 8 palets bleus et Alice 8 palets rouges.
Le score de Leïla est : 21 122 ; celui d'Alice : 32 201.

Place leurs palets sur la marelle (respecte les couleurs).
Puis écris la décomposition canonique de chaque score.

EXERCICES

1 Trouve le nombre correspondant à chaque décomposition canonique.

a. (2 × 10 000) + (5 × 1 000) + (8 × 10) + 9

b. (4 × 1 000) + (2 × 10 000) + 5 + (3 × 100)

c. (1 × 10 000) + (9 × 100) + (7 × 10)

d. (7 × 100) + 9 + (5 × 10 000)

e. (6 × 10 000) + 2

f. (3 × 10 000) + (4 × 1 000) + (8 × 10) + 4

2 **a.** Combien y a-t-il de dizaines dans 10 000 ?

b. Combien y a-t-il de centaines dans 10 000 ?

3 Écris la décomposition canonique de chaque nombre.

a. 53 807 **c.** 80 912 **e.** 51 730

b. 64 008 **d.** 2 071 **f.** 9 837

Construire des carrés, des rectangles

Fiche LP

Objectif : construire des carrés et des rectangles en utilisant les instruments de géométrie.

DÉCOUVERTE

1 Décalque et complète cette figure pour obtenir un carré de côté 3 cm.

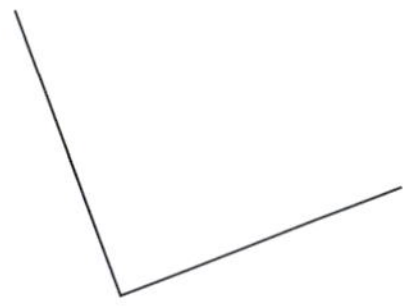

2

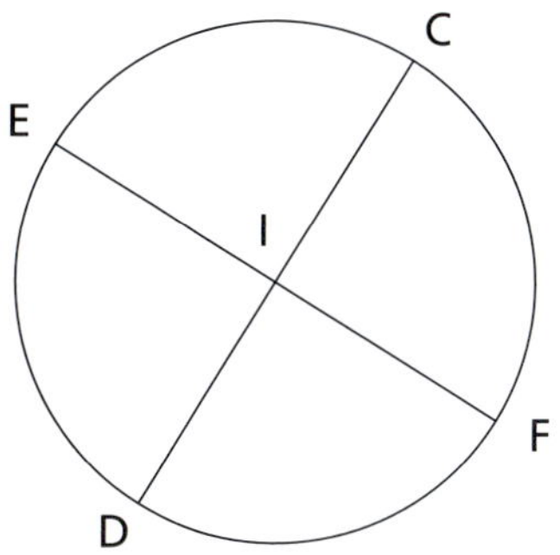

a. [CD] et [EF] sont des diamètres du cercle. Vérifie qu'ils sont perpendiculaires.

b. Trace le quadrilatère CFDE (utilise un calque). Vérifie que c'est un carré.

3 Construis un rectangle dont les côtés de l'angle droit mesurent 3 cm et 5 cm.

4 [MP] et [NR] sont des diamètres du cercle 1. [SU] et [TV] des diamètres du cercle 2.

a. Trace les quadrilatères MNPR, et STUV (utilise un calque). Quelles figures obtiens-tu ?

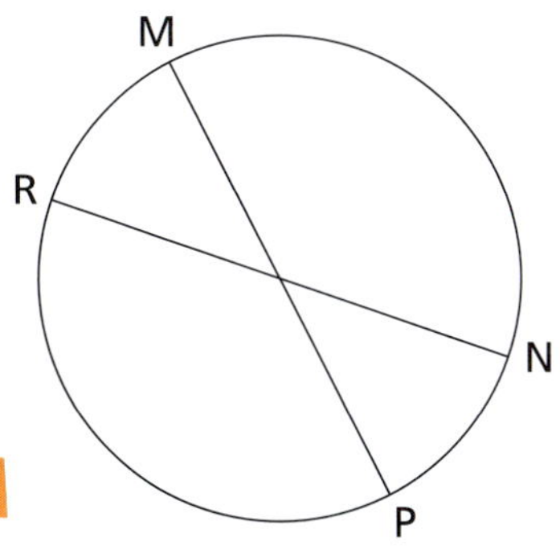

1

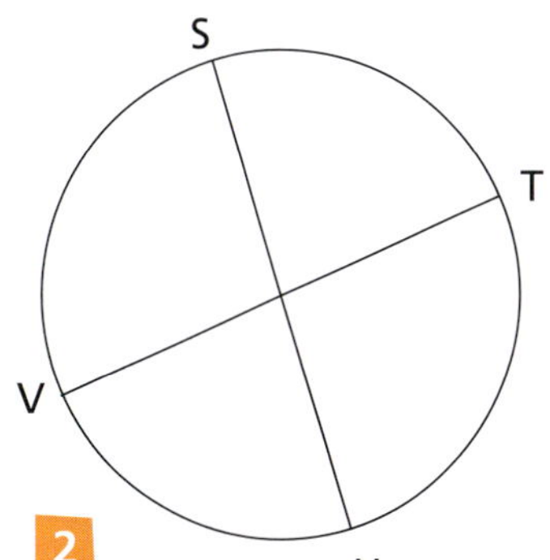

2

b. Comment sont les triangles MNP et STU ?

EXERCICE

Trace 3 cercles de rayon 5 cm. Dans le premier, construis un carré ; dans le second, un rectangle ; dans le troisième, un triangle rectangle.

CALCUL MENTAL. Jeu du furet des multiples de 8.

Comparer, ranger, encadrer

Objectif : maîtriser les règles de comparaison des nombres écrits en chiffres.

DÉCOUVERTE

Voici des cartes nombres : 4 7 3 0 9

Alice, Théo, Leïla et Qwang ont trouvé chacun 4 nombres de 5 chiffres en utilisant chaque carte une seule fois.

Voici leurs nombres.

• Alice :	73 049	70 394	79 403	74 390
• Théo :	79 430	49 730	79 304	49 370
• Leïla :	90 734	30 947	37 490	37 409
• Qwang :	43 790	47 390	43 970	47 930

1 Range les nombres de chacun du plus petit au plus grand.

2 En utilisant ces cartes nombres, écris tous les nombres compris entre 30 000 et 31 000. Range ces nombres du plus grand au plus petit.

3 Utilise ces cartes nombres pour écrire :

a. un nombre pair inférieur à 50 000 ; **b.** un nombre impair supérieur à 90 000.

EXERCICES

1 Compare les nombres et mets le signe < ou >.

a. 637 ... 619
b. 1 987 ... 10 001
c. 32 384 ... 32 483
d. 41 382 ... 9 785
e. 7 438 ... 8 003
f. 50 308 ... 50 304

2 Recopie : **a.** le nombre le plus petit **b.** le nombre le plus grand

cinquante-neuf mille deux cent soixante-quatre

soixante mille un

soixante-dix mille cinq cent vingt et un

soixante-treize mille

soixante mille treize

comparer les nombres
9
13
19
23
39
66
E8

3 Encadre les nombres suivants entre deux dizaines consécutives.

a. … < 13 258 < …

b. … < 11 993 < …

c. … < 30 006 < …

4 Encadre les nombres suivants entre deux centaines consécutives.

a. … < 43 473 < …

b. … < 18 057 < …

c. … < 29 937 < …

5 Encadre les nombres suivants entre deux unités de mille consécutives.

a. … < 49 362 < …

b. … < 25 048 < …

c. … < 30 001 < …

d. … < 7 840 < …

6 Recopie les nombres compris entre 27 306 et 30 017.

27 362 30 064 28 510

19 915 20 990 31 357

42 135 9 999 23 012

7 Je pense à l'un de ces nombres. Il est plus grand que 54 376 et plus petit que 72 204. Recopie-le.

79 670 53 974 72 402 77 183 61 759 81 001 80 154

8 Voici 5 cartes nombres : 3 4 1 2 6

a. Utilise toutes ces cartes nombres une fois et une seule pour écrire un nombre pair supérieur à 64 000.

b. Utilise toutes ces cartes nombres une fois et une seule pour écrire un nombre impair inférieur à 14 000.

9 **a.** « Je suis un nombre pair compris entre 25 100 et 25 200.
Mon chiffre des unités est supérieur à 7.
Mon chiffre des dizaines est la moitié de celui des unités.
Qui suis-je ? »

b. « Je suis un nombre impair compris entre 40 000 et 50 000.
Mes quatre derniers chiffres sont identiques et inférieurs à 3.
Qui suis-je ? »

Remue-méninges

Complète chaque nombre avec deux des chiffres : 3 0 8
pour que les inégalités soient correctes.
Chaque chiffre doit être utilisé une seule fois dans un nombre.

2 • 1 • 5 > 2 • 1 • 5 > 2 • 1 • 5 > 2 • 1 • 5 > 2 • 1 • 5

Multiplier par 10, 100, 1 000

Objectifs : comprendre les règles de multiplication par 10, 100, 1 000. S'entraîner à les utiliser.

DÉCOUVERTE

Les robots se déplacent sur la piste des nombres en faisant des bonds réguliers.

1 **a.** Sur quelle case le robot qui fait des bonds de 10 arrive-t-il lorsqu'il a fait 15 bonds depuis le départ ?

b. Parmi les cases suivantes, écris celles sur lesquelles il rebondira.

10 15 90 70 63

40 100 135 250 300

Pour multiplier un nombre par 10, on écrit un zéro à la droite du nombre comme chiffre des unités.
Exemple : 15 × 10 = 150.

2 **a.** Sur quelle case le robot qui fait des bonds de 100 arrive-t-il lorsqu'il a fait 12 bonds depuis le départ ?

b. Parmi les cases suivantes, écris celles sur lesquelles il rebondira.

10 80 800 100 165 200 350 1 000 1 300 1 050

3 Parmi ces nombres, quels sont les multiples de 1 000 ? Écris-les.

3 000 500 8 000 60 100 4 300 6 007 1 000

EXERCICES

1 Calcule.

a. 3 × 10
b. 100 × 3
c. 16 × 10
d. 16 × 100
e. 10 × 100
f. 1 000 × 10
g. 100 × 8
h. 8 × 1 000

2 Complète.

a. … × 5 = 50
b. 5 × … = 5 000
c. 14 × … = 1 400
d. 10 × … = 140
e. 100 × … = 1 100
f. … × 12 = 12 000
g. 100 × … = 500
h. 1 000 × … = 9 000

3 Complète.

a. 10 × …= 1 000
b. … × 100 = 1 000
c. 100 = … × 10
d. … × 10 = 100
e. 1 000 = 100 × …
f. 1 000 = … × 100
g. 10 000 = 1 000 × …
h. 100 × … = 10 000

41

CALCUL MENTAL. Jeu de mémoire : le professeur écrit 4 nombres puis les cache ; après dix secondes, les élèves les écrivent en les multipliant par 10 (ou 100, ou 1 000).

Multiplier par des multiples de 10, de 100, de 1 000

Objectifs : comprendre les règles de multiplication par des multiples de 10, de 100, de 1 000. S'entraîner à les utiliser.

DÉCOUVERTE

1 Calcule : 8 × 40 puis 60 × 30.

2 Voici comment Leïla calcule 8 × 40 et 60 ×30 :

8 × 40

8 × 40 = 8 × 4 × 10
8 × 40 = 32 × 10
8 × 40 = 320

60 × 30

60 × 30 = 6 × 10 × 3 × 10
60 × 30 = 6 × 3 × 10 × 10
60 × 30 = 18 × 100
60 × 30 = 1 800

Compare avec ton calcul.

3 Calcule : 7 × 50 et 30 × 20 avec la méthode de Leïla.

EXERCICES

1 Calcule.

a. 50 × 6 **b.** 3 × 70 **c.** 400 × 5
d. 3 × 600 **e.** 8 × 2 000 **f.** 9 000 × 2
g. 40 × 20 **h.** 300 × 60 **i.** 90 × 30

2 Complète.

a. … × 50 = 200
b. 20 × … = 1 000
c. 25 × … = 1 000
d. … × 75 = 1 500
e. … × 60 = 180
f. 50 × … = 3 000

3 Recopie la bonne réponse.

a. Un CD coûte 12 €, 10 CD coûtent :
1 200 € 22 € 120 € 1 210 €

b. Un vélo coûte 100 €, 5 vélos coûtent :
150 € 500 € 105 € 5 000 €

4 Recopie et complète la table.

×	5	10	20	40
			180	
20				
		300		
60				

CALCUL MENTAL. Jeu de mémoire : le professeur écrit 4 nombres puis les cache ; après dix secondes, les élèves les écrivent en les multipliant par un multiple de 10 (ou 100, ou 1 000).

La monnaie

Objectif : calculer dans le contexte familier de la monnaie.

DÉCOUVERTE

1

Quelle est la valeur totale des pièces et des billets représentés sur ce document ?

2 Réalise chaque somme en utilisant le moins de pièces et de billets possible.

a. 182 € 72 c **b.** 360 € 55 c **c.** 238 € 63 c

EXERCICES

1 À la poste, tu peux utiliser un « distributeur de monnaie ». Si tu introduis dans la machine une pièce ou un billet, elle « distribue » de la monnaie.
Cette distribution n'est pas fixe, elle dépend des pièces contenues dans le distributeur.

Quelles pièces pourrais-tu obtenir après avoir introduit un billet de 20 € ? Trouve deux distributions possibles.

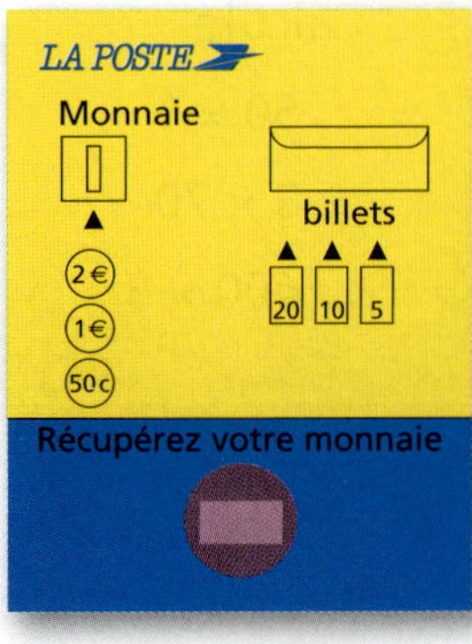

2 Réalise les sommes suivantes avec le moins de pièces et de billets possible.

a. 40 € 65 c **b.** 127 € **c.** 86 € 75 c **d.** 108 €

3 Complète chaque somme pour que cela fasse 60 €.

a. [5 €] [5 €] [20 €] **b.** [20 €] [20 €] [5 €] [5 €] **c.** [10 €] [5 €] [5 €] [5 €]

4

Chaque enfant peut-il faire ce qu'il a prévu ? Explique ta réponse.

5 **a.** Calcule : 1.20 € + 0.80 € 2.50 € + 3.50 € 5.40 € + 0.60 €

b. Complète : 2.00 € + … = 3.50 € 10.80 € + … = 12.00 € 8.50 € + … = 10.00 €

6 Voici une planche de billets de 10 euros.

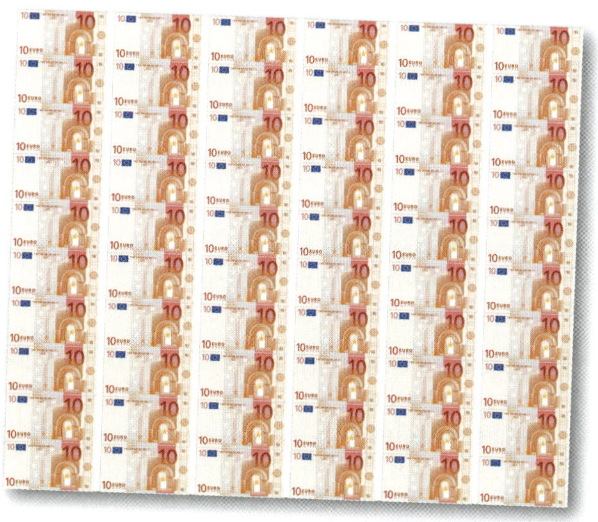

a. À quelle somme d'argent cette planche correspond-elle ?
Recopie la bonne réponse.

6 × 10 €

(6 × 10) × 10 €

10 × 10 €

b. Réalise la même somme d'argent avec le moins de billets possible.

7 Pour payer ses achats, madame Martin donne 8 billets de 20 €, le caissier lui rend 7 €.

Quel est le montant de ses achats ?

8 Pour payer 92 € 50, monsieur Michel donne 6 billets de 10 € et 7 billets de 5 €.

Combien la caissière lui rend-elle ?

Ce que je suis capable de faire

1 Trouve les nombres qui ne sont pas multiples de 2.

56 65 102 205 1 024 1 253 1 429

2 Voici des nombres : 12 57 70 75 77

a. Quels sont ceux qui sont multiples de 5 ?

b. Quels sont ceux qui sont multiples de 7 ?

3 Calcule.

a. (3 × 6) + 5

b. 3 × (6 + 5)

c. 45 – (5 × 7)

d. (45 – 5) × 7

4 Encadre ces nombres entre deux dizaines consécutives.

a. … < 123 < … **b.** … < 6 491 < … **c.** … < 8 995 < …

5 Encadre ces nombres entre deux centaines consécutives.

a. … < 5 902 < … **b.** … < 7 095 < … **c.** … < 25 408 < …

6 Calcule.

a. 5 × 4 **b.** 5 × 10 **c.** 5 × 100 **d.** 300 × 5 **e.** 5 × 300 **f.** 5 × 3 000

7 Une place de spectacle scolaire coûte 2 €.

Combien l'école doit elle payer pour que la classe de CE2 de 30 élèves puisse aller voir le spectacle ?

8 Trace un cercle de centre I et de rayon 2 cm 5 mm.

Trace un carré dont les sommets A, B, C, D sont sur le cercle.

Pour aller plus loin

Vérifie que le quadrilatère bleu est un losange.

Reproduis cette figure en commençant par les cercles.

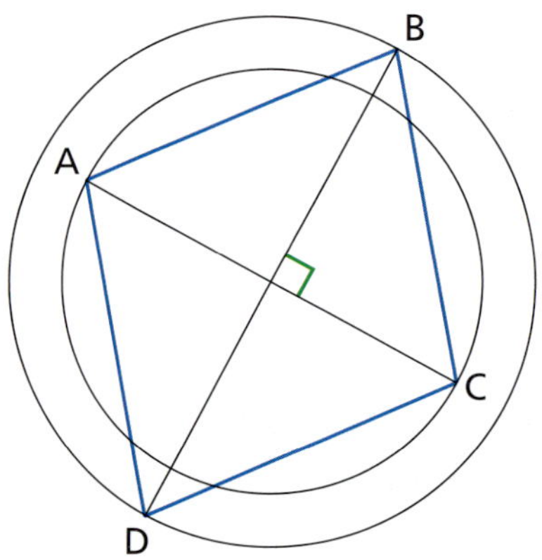

Mesures de longueurs, de distances

Objectif : réfléchir au choix des unités et à l'ordre de grandeur, en respectant la logique d'un énoncé.

DÉCOUVERTE

1 Recopie le texte de Qwang en le complétant avec les nombres ou les unités qui conviennent.

2 15 78
cm m

La maîtresse a organisé une rencontre sportive avec la classe de nos correspondants. À la course de 60 ..., j'ai réalisé un temps de 11 secondes. Au saut en hauteur j'ai sauté 82 ... et Théo a sauté ... centimètres. Mais au saut en longueur, Théo a pris sa revanche, il a été meilleur que moi, il a sauté 2 mètres et ... centimètres et moi je n'ai sauté que ... mètres et 3 centimètres.

2 À l'aide du texte que tu viens de compléter, note dans un tableau comme celui-ci les résultats des épreuves de saut de Qwang et de Théo.

Qui a été le meilleur en saut en hauteur ?

	Saut en hauteur	Saut en longueur
Qwang		
Théo		

EXERCICE

La tour Eiffel, haute de ... m est entièrement métallique et repose sur quatre pieds espacés de 100 m. Son premier étage est à ... m du sol, le deuxième à ... m. Une plate-forme intermédiaire est située à 195 m. (Les visiteurs ne l'utilisent que pour changer d'ascenseur.) Le troisième étage est à ... m.

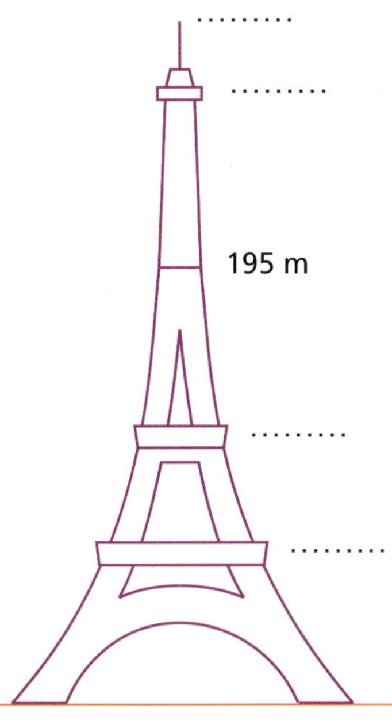

Recopie le texte et complète-le avec les nombres :

320 276 115 57

Pour vérifier ton texte, aide-toi du schéma de la tour Eiffel.

Multiplication : vers la technique usuelle

Objectif : étudier différentes méthodes de calcul de produits et les mettre en œuvre.

DÉCOUVERTE

1 Calcule 27 × 8.

2

27 × 8 = …
J'ai essayé de calculer
27 + 27 + 27…
mais c'est trop long.

Qwang, Alice et Leïla ont trouvé des méthodes plus rapides que celle de Théo.

Recopie leurs calculs, vérifie-les et complète-les.

• **Qwang**

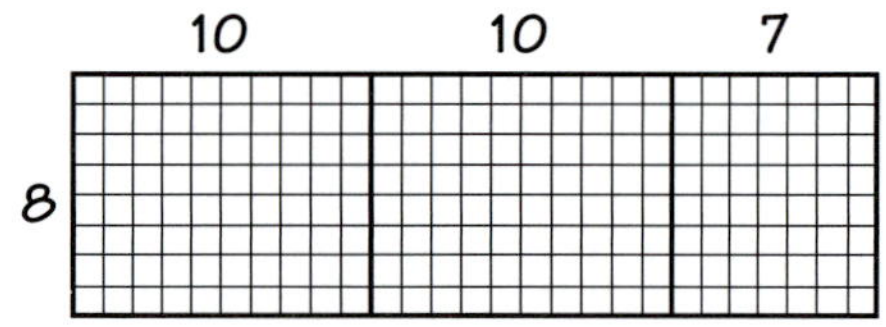

J'imagine qu'il s'agit d'un rectangle de 27 × 8 carreaux et je le découpe comme ceci.

27 × 8 = (10 × 8) + (10 × 8) + (7 × 8)

27 × 8 = … + … + … = …

• **Alice**

Je fais comme Qwang mais, pour aller plus vite, je ne dessine pas tout.

	20	7
8	20 × 8 = …	… × 8 = …

27 × 8 = … + … = …

• **Leïla**

Moi, je préfère écrire la multiplication en colonne.

```
   27
 ×  8
 ______
 ......  ⟵ 8 × 7
 ......  ⟵ 8 × 20
 ______
 ......  ⟵ (8 × 7) + (8 × 20)
```

3 Compare avec ton calcul.

EXERCICES

1 En utilisant la méthode de ton choix, calcule :

a. 48 × 5 **b.** 8 × 29 **c.** 65 × 7 **d.** 9 × 17

2 Calcule 35 × 6.

En t'aidant de ce résultat, calcule 6 × 35 puis :

a. 60 × 35
b. 35 × 60
c. 6 × 350
d. 350 × 6
e. 60 × 350
f. 350 × 60

3 Calcule avec la méthode de Leïla.

a.
```
   5 8
 ×   6
 ------
 ......  ← 6 × 8
 ......  ← 6 × 50
 ------
 ......
```

b.
```
   3 6
 ×   4
 ------
```

c.
```
   4 3
 ×   5
 ------
```

d.
```
   6 2
 ×   7
 ------
```

4 Recopie et complète ce bon de commande.

Désignation	Prix unitaire	Quantité	Prix total
Shorts	9 €		45 €
Tee-shirts		25	250 €
Baskets	15 €		60 €
Paires de chaussettes		20	60 €
		TOTAL	

5 Pose et calcule avec la méthode de Leïla.

a. 37 × 8
b. 81 × 6
c. 95 × 3
d. 28 × 7
e. 43 × 4
f. 59 × 9

Remue-méninges

Place les nombres

2 4 5 8 9

pour que les produits des nombres de chaque ligne et de chaque colonne correspondent aux valeurs indiquées.

7		3	→ 42
1			→ 32
6			→ 270
↓ 42	↓ 80	↓ 108	

CALCUL MENTAL. Jeu de cartes « recto verso » : tables de multiplication.

Multiplication : vers la technique usuelle

Objectif : adapter les méthodes de calcul mises en œuvre à l'étape précédente à un champ numérique plus grand.

DÉCOUVERTE

1 Calcule 36 × 27.

2 Voici comment Alice et Leïla calculent.
Vérifie leurs propositions. Recopie et complète chaque calcul.

• **Alice**

	20	7
30	30 × 20 = …	30 × 7 = …
6	… × … = …	… × … = …

30 × 27 = …

6 × 27 = …

36 × 27 = (30 × 27) + (6 × 27) = … + … = …

• **Leïla**

```
   3 6
 × 2 7
   4 2  ←  7 × 6
   …    ←  7 × 30
   …    ←  20 × 6
   …    ←  20 × 30
   …    ←  (7 × 6) + (7 × 30) + (20 × 6) + (20 × 30)
```

3 Dans le découpage d'Alice, retrouve les rectangles qui correspondent à chacun des produits de l'opération de Leïla. Colorie :
- en jaune le rectangle qui correspond à 7 × 6 ;
- en bleu le rectangle qui correspond à 7 × 30 ;
- en vert le rectangle qui correspond à 20 × 6 ;
- en rouge le rectangle qui correspond à 20 × 30.

4 Compare avec ton calcul.

EXERCICES

1 Calcule 48 × 24 avec la méthode d'Alice, puis avec celle de Leïla.

2 En utilisant la méthode de ton choix, calcule : **a.** 53 × 16 **b.** 17 × 29

3 Dans un champ, on voit 17 rangées de 12 pieds de vigne.

Combien de pieds de vigne y a-t-il ?

4 Dans un verger, on voit 17 pommiers et 12 cerisiers.

Combien d'arbres fruitiers y a-t-il ?

5

Pour confectionner une queue de cerf-volant, il faut 56 cm de ruban.

Combien de ruban faut-il pour confectionner 24 queues de cerf-volant ?

6 Pierre a 96 images, il veut les ranger sur les pages d'un album.

Il dit que :
– s'il les groupe par 12, il lui faut 8 pages ;
– s'il les groupe par 24, il lui faut 4 pages ;
– s'il les groupe par 16, il lui faut 6 pages.

Pierre a-t-il raison ?

7 Pose et calcule avec la méthode de Leïla.

a. 54 × 82 **c.** 72 × 61 **b.** 163 × 4 **d.** 39 × 50

8 Complète la table.

×	10	15	20	25
	200			
30				
			800	
50				

Remue-méninges

Combien y a-t-il de croix ?

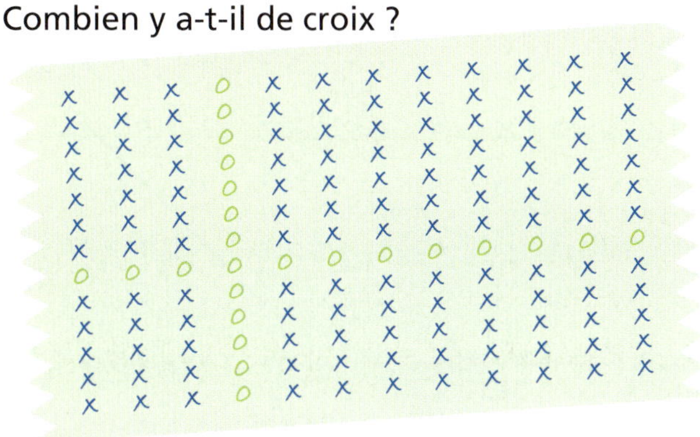

CALCUL MENTAL. Jeu de cartes « recto verso » : tables de multiplication.

Construire les figures usuelles sur divers supports

Fiche LP

Objectif : utiliser les nœuds d'un réseau pointé ou les carreaux d'un quadrillage pour construire des angles droits et des segments de même longueur.

DÉCOUVERTE

1 Sans utiliser ton équerre mais en utilisant les points d'un réseau identique à celui-ci et ta règle, construis : un carré rouge, un carré bleu et un carré vert. Reproduis d'abord le côté déjà tracé.

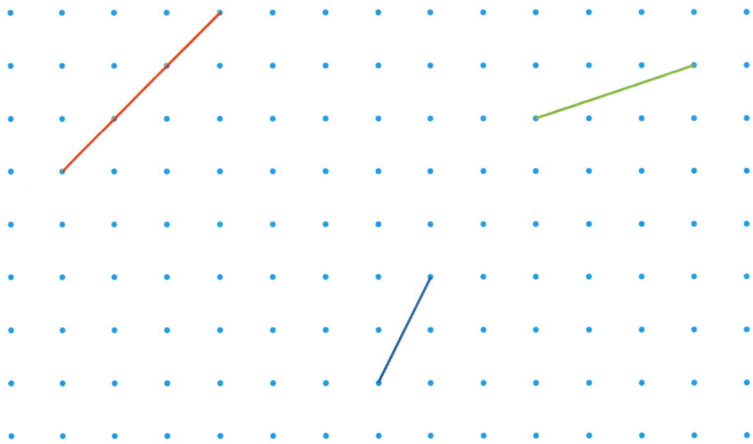

2 Sans utiliser ton équerre, mais en utilisant les carreaux de ton cahier, construis : un carré rouge, un carré bleu et un carré vert. Reproduis d'abord le côté déjà tracé.

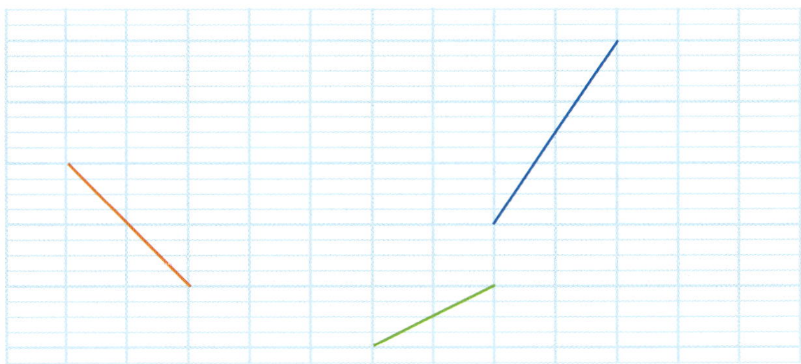

EXERCICES

1 Sans utiliser ton équerre mais en utilisant les points d'un réseau identique à celui-ci et ta règle, construis un rectangle rouge, un rectangle bleu, un rectangle vert. Reproduis d'abord le (ou les) côté(s) déjà tracés.

2 Sans utiliser ton équerre mais en utilisant les carreaux de ton cahier et ta règle, construis un rectangle rouge, un rectangle bleu, un rectangle vert.
Reproduis d'abord le (ou les) côté(s) déjà tracés.

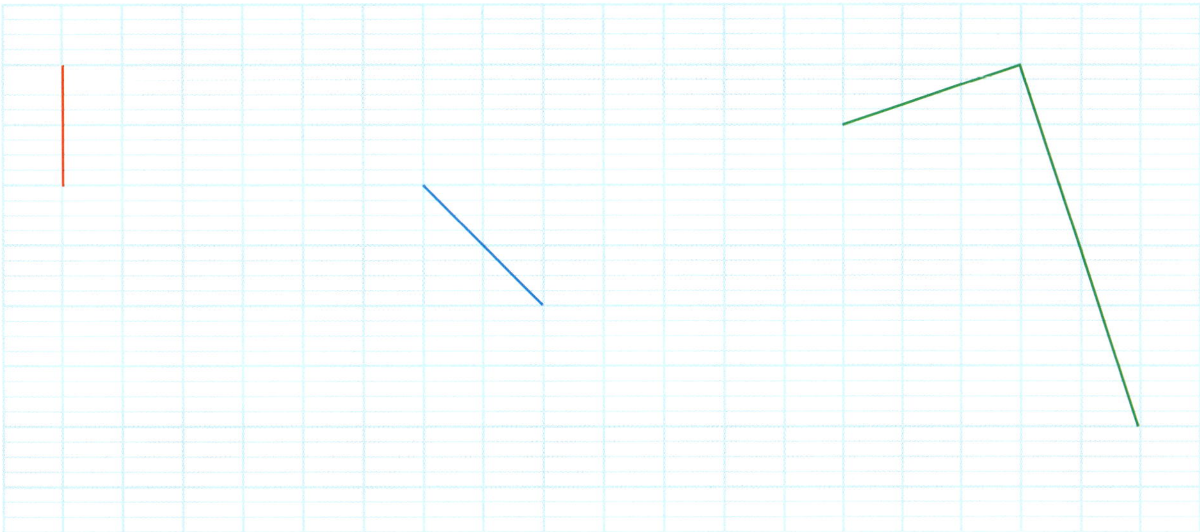

3 Sans utiliser ton équerre mais en utilisant les carreaux de ton cahier et ta règle, construis un losange rouge et un losange bleu. Reproduis d'abord les côtés déjà tracés.

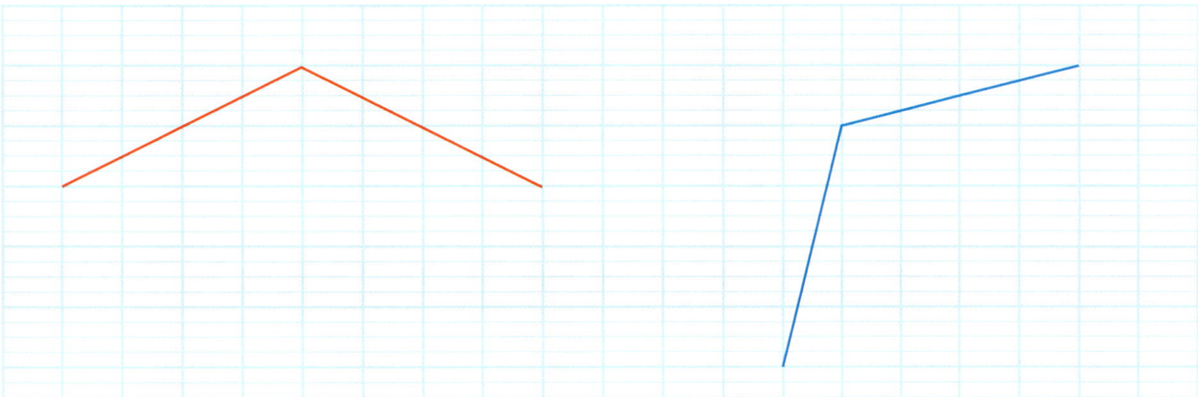

4 Sans utiliser ton équerre mais en utilisant les carreaux de ton cahier et ta règle, construis un triangle rectangle rouge, un triangle rectangle bleu, un triangle rectangle vert.
Reproduis d'abord le côté de l'angle droit déjà tracé.

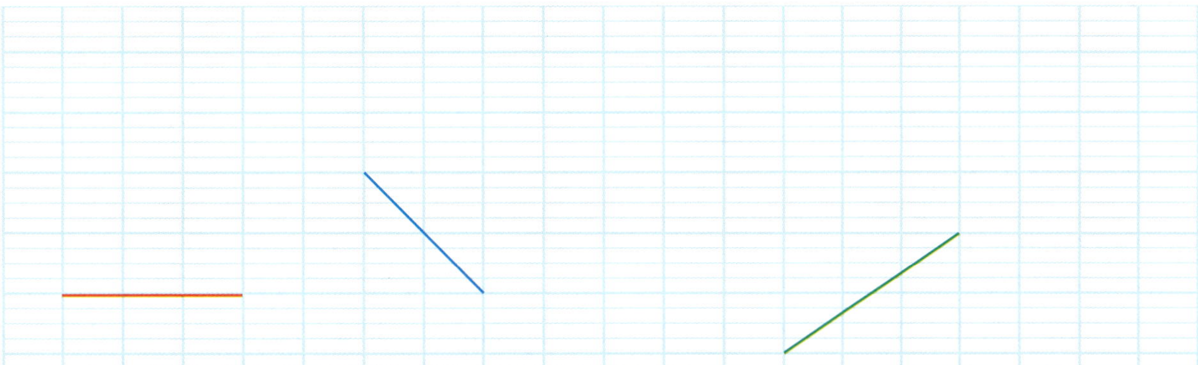

CALCUL MENTAL. Le professeur donne oralement la décomposition canonique d'un nombre (dans l'ordre ou le désordre), les élèves écrivent le nombre correspondant et vice versa.

Problèmes numériques : aide à la résolution

Objectifs : s'entraîner à résoudre des problèmes. Apprendre à s'aider, quand c'est nécessaire, en les résolvant dans un champ numérique plus petit.

DÉCOUVERTE

Cherche à résoudre le premier problème.
Si tu ne le comprends pas bien, résous le deuxième problème, puis recommence à réfléchir au premier.

1er problème

Ce matin, il y a 453 élèves à l'école primaire Auguste Rodin. 180 élèves sont dans la cour, les autres sont sous le préau.

Combien d'élèves y a-t-il sous le préau ?

2e problème

Ce matin, il y a 70 élèves à l'école maternelle Camille Claudel. 40 élèves sont dans la cour, les autres sont sous le préau.

Combien d'élèves y a-t-il sous le préau ?

EXERCICES

Procède comme dans la découverte.

1 **1er problème**

Maxime va chez sa tante en voiture avec sa mère. Au départ, le compteur de la voiture indique 5 463 km. À l'arrivée, il marque 5 536 km.

Combien de kilomètres ont-ils parcourus ?

2e problème

Alicia va se promener en vélo. Au départ, le compteur de son vélo indique 48 km. À l'arrivée, il marque 60 km.

Combien de kilomètres a-t-elle parcourus ?

2 **1er problème**

À la gare de départ, des voyageurs montent dans le train. Au premier arrêt, 126 personnes descendent. Lorsque le train repart, il y a 385 personnes dans le train.

Combien de personnes y avait-il au moment du départ ?

2e problème

À la station de départ, des voyageurs montent dans l'autobus. Au premier arrêt, 20 personnes descendent. Lorsque l'autobus repart, il y a 34 personnes dans l'autobus.

Combien de personnes y avait-il au moment du départ ?

problèmes
47
55
58
77
E9
79

CALCUL MENTAL. Jeu de mémoire : le professeur écrit 4 nombres puis les cache ; après dix secondes, les élèves écrivent les doubles (les triples) des nombres cachés.

Multiplication : la technique usuelle

Objectif : calculer le produit d'un nombre à deux ou trois chiffres par un nombre à un chiffre sans poser les résultats intermédiaires.

DÉCOUVERTE

1 Calcule le produit 54 × 3 en utilisant la méthode de **Leïla**.

Je pose la multiplication en colonne.

```
   5 4
×    3
........ ⟵ 3 × 4
........ ⟵ 3 × 50
........
```

2 Pour calculer ce produit, **Théo** ne pose pas tous les calculs.

3 × 4 unités, c'est 12 unités, je pose 2 unités et je retiens 1 dizaine. 3 × 5 dizaines, c'est 15 dizaines, donc en tout 16 dizaines.

Calcule comme Théo.

```
   3 8        1 6 0        2 4 9
×    4     ×      5     ×      7
```

3 **Alice**

Je fais comme Théo mais j'écris le calcul en ligne.

Calcule comme Alice.

a. 30 × 6 **b.** 45 × 4 **c.** 85 × 3 **d.** 317 × 5 **e.** 140 × 7 **f.** 206 × 8

EXERCICES

1 Recopie et complète cet extrait de la table de Pythagore.

×	6	9	7	8
9				
8				
7				
6				

2 Calcule.

a. 46 × 7 **b.** 69 × 5

Utilise ces résultats pour calculer :

7 × 46 5 × 69

46 × 70 69 × 500

700 × 46 50 × 69

CALCUL MENTAL. Jeu de mémoire : le professeur écrit 4 nombres pairs puis les cache ; après dix secondes, les élèves écrivent les moitiés des nombres cachés.

Multiplication : la technique usuelle

Objectif : comprendre la technique de la multiplication et s'entraîner à la mettre en œuvre.

DÉCOUVERTE

1 Calcule 256 × 34.

2 Voici comment Qwang, Leïla et Théo calculent 256 × 34.

a. Vérifie la proposition de chaque enfant. Recopie et complète chaque calcul.

- **Qwang**

J'imagine qu'il s'agit d'un rectangle de 256 × 34 carreaux et je le découpe comme ceci.

	200	50	6
30	30 × 200 = …	30 × 50 = …	30 × 6 = …
4	4 × 200 = …	4 × 50 = …	4 × 6 = …

30 × 256 = … + … + … = …

4 × 256 = …

256 × 34 = (30 × 256) + (4 × 256) = … + … = …

- **Leïla**

Moi, je préfère écrire la multiplication en colonne, pas à pas.

```
    2 5 6
×     3 4
---------
      …    ⟵  4 × 6
      …    ⟵  4 × …
      …    ⟵  4 × …
      …    ⟵  30 × 6
      …    ⟵  30 × …
      …    ⟵  30 × …
---------
      …    ⟵  256 × 34
```

- **Théo**

Je calcule en colonne, mais je n'écris pas tout car je garde les retenues dans ma tête. C'est la technique usuelle.

```
    2 5 6
×     3 4
---------
  1 0 2 4  ⟵  4 × 256
  7 6 8 0  ⟵  30 × 256
---------
      …    ⟵  256 × 34
```

b. Dans le découpage de Qwang, colorie en jaune les rectangles qui se rapportent à 4 × 256, en bleu les rectangles qui se rapportent à 30 × 256.

3 Compare avec ton calcul.

EXERCICES

1 Effectue ces multiplications.

a. $\begin{array}{r} 364 \\ \times \quad 5 \\ \hline \end{array}$ **b.** $\begin{array}{r} 364 \\ \times \quad 70 \\ \hline \end{array}$ **c.** $\begin{array}{r} 364 \\ \times 200 \\ \hline \end{array}$ **d.** $\begin{array}{r} 364 \\ \times 275 \\ \hline \end{array}$

2 En utilisant ces deux résultats 6 × 183 = 1 098 et 4 × 183 = 732, calcule :

a. 183 × 64 **b.** 183 × 46 **c.** 64 × 183 **d.** 460 × 183

3 En utilisant la technique usuelle de la multiplication, calcule :

a. $\begin{array}{r} 409 \\ \times \quad 63 \\ \hline \end{array}$ **b.** $\begin{array}{r} 420 \\ \times \quad 55 \\ \hline \end{array}$ **c.** $\begin{array}{r} 68 \\ \times 27 \\ \hline \end{array}$ **d.** $\begin{array}{r} 623 \\ \times 120 \\ \hline \end{array}$

4 Ces multiplications sont fausses. Corrige les erreurs.

a. $\begin{array}{r} 145 \\ \times \quad 3 \\ \hline 31215 \end{array}$ **b.** $\begin{array}{r} 485 \\ \times \quad 28 \\ \hline 3880 \\ 970 \\ \hline 4850 \end{array}$ **c.** $\begin{array}{r} 357 \\ \times \quad 4 \\ \hline 1208 \end{array}$ **d.** $\begin{array}{r} 108 \\ \times \quad 35 \\ \hline 90 \\ 54 \\ \hline 144 \end{array}$ **e.** $\begin{array}{r} 87 \\ \times \quad 19 \\ \hline 773 \\ 870 \\ \hline 1643 \end{array}$

5 Un de ces trois nombres est égal à 148 × 12.
Trouve lequel sans effectuer le produit.

1 480 1 776 17 076

6 Un de ces trois nombres est égal à 315 × 24.
Trouve lequel sans effectuer le produit.

75 600 7 564 7 560

7 Pour son entraînement, un sportif parcourt environ 120 km par semaine.

Combien de kilomètres aura-t-il parcourus en 12 semaines ?

8 Pour assister à une rencontre de rugby, 650 supporters ont loué 12 cars. Chaque car contient 55 places.

Ont-ils prévu assez de cars ?
Y aura-t-il des places vides ? Combien ?

CALCUL MENTAL. Jeu de mémoire : le professeur écrit 4 nombres multiples de trois puis les cache ; après dix secondes, les élèves écrivent les tiers des nombres cachés.

Périmètre des figures planes

Fiche LP

Objectifs : mesurer le périmètre de diverses figures planes. Construire des rectangles ou des carrés de périmètre donné.

ACTIVITÉ PRÉPARATOIRE : mesurer le périmètre de plusieurs figures en utilisant divers procédés. Partager un polygone pour obtenir deux polygones de même périmètre.

DÉCOUVERTE

1 Leïla a commencé à tracer un rectangle. Son périmètre doit être égal à 24 cm.

Décalque la figure et termine la construction de ce rectangle.

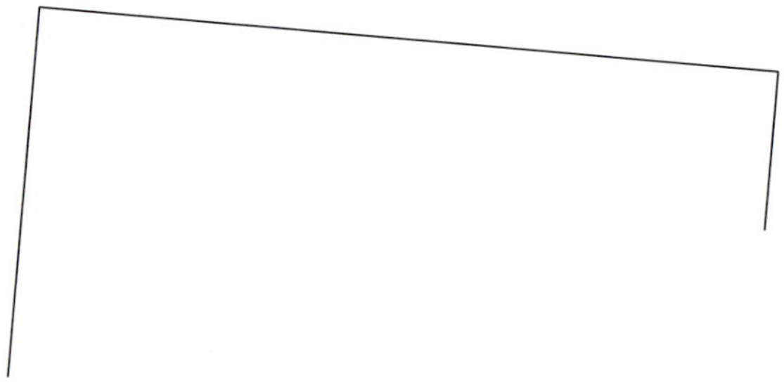

2 Trace deux autres rectangles de périmètre 24 cm, les trois rectangles tracés doivent être différents (non superposables).

EXERCICES

1 Quelles figures ont le même périmètre ?

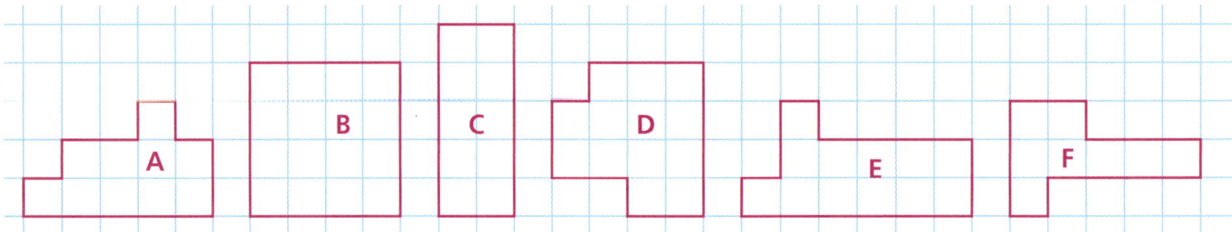

• Comment as-tu procédé pour les trouver ?

2 Voici plusieurs polygones. Trouve ceux qui ont le même périmètre.

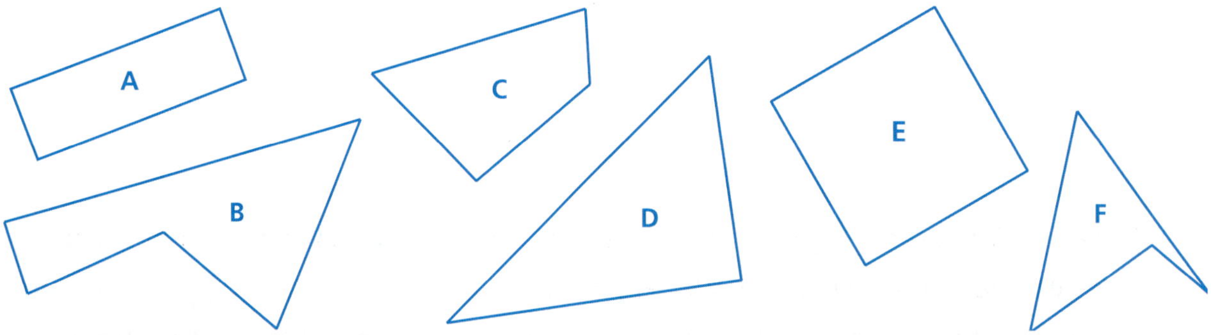

• Comment as-tu procédé pour les trouver ?

3 Décalque ce polygone et partage-le pour obtenir deux polygones de même périmètre.

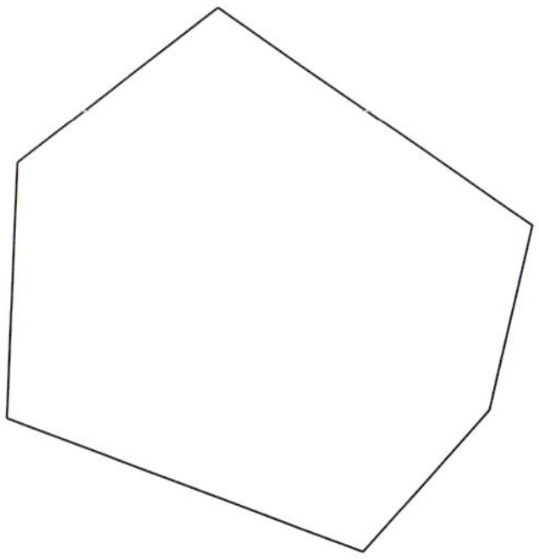

4 Décalque ce polygone et partage-le pour obtenir deux polygones de même périmètre.

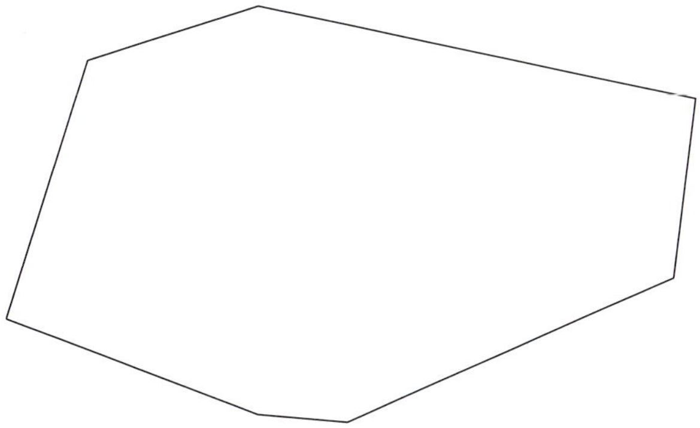

5 Sur du papier uni, construis un rectangle de périmètre 12 cm.

6 Sur du papier uni, construis un carré de périmètre 16 cm.

7 Les grands-parents de Léo ont un terrain rectangulaire dont les dimensions sont 125 m sur 40 m.

Quelle longueur de grillage faut-il acheter pour l'entourer d'une clôture ?

8 Mesure le périmètre de chaque figure.

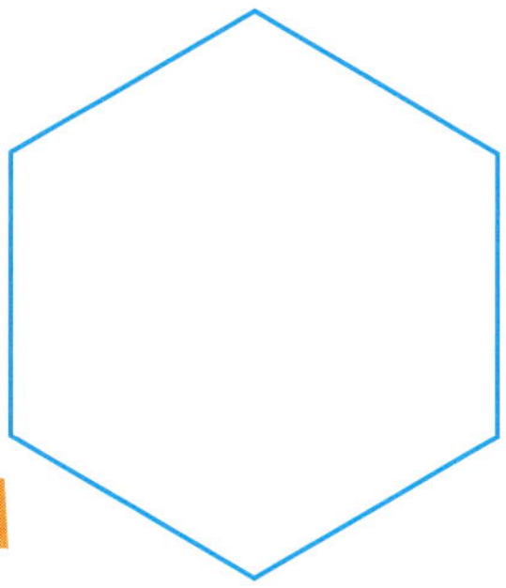

A

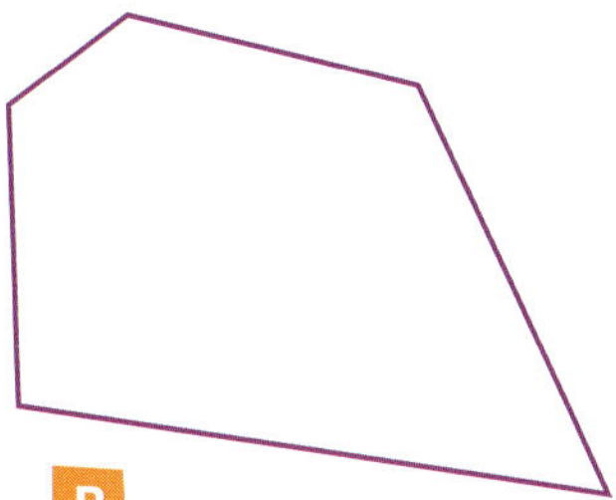

B

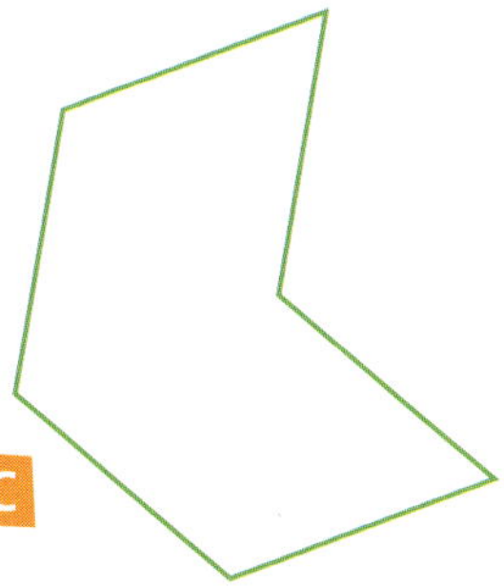

C

9 Trace un triangle rectangle dont les côtés de l'angle droit mesurent 3 cm et 4 cm.

Mesure le périmètre de ce triangle rectangle.

Sur une droite, reporte, en les mettant bout à bout, les longueurs des trois côtés. Sans mesurer, donne la longueur du segment obtenu.

Distances

Objectif : lire des informations dans un tableau, comparer et calculer des distances.

Voyages en Europe

Paris

Helsinki

Bruxelles

Athènes

Dans ce tableau, tu peux lire la longueur des itinéraires qui permettent de relier certaines capitales en voiture.

Bruxelles					
307	Paris				
2 146	2 451	Helsinki			
966	1 062	3 111	Dublin		
2 475	2 382	4 201	3 388	Athènes	
2 063	1 756	4 188	2 802	3 597	Lisbonne

1 Laquelle de ces villes est la plus éloignée de Bruxelles ?

2 Laquelle de ces villes est la moins éloignée de Bruxelles ?

3 Laquelle de ces villes est la plus éloignée de Paris ?

4 Quelle est la distance à parcourir, en voiture :

a. entre Dublin et Athènes ?

b. entre Lisbonne et Helsinki ?

Lisbonne

5 Un voyageur partant de Paris a visité Helsinki et Dublin en passant par Bruxelles. Voici le schéma de son itinéraire.

Calcule, à l'aide du tableau page 106, la distance parcourue aller-retour.

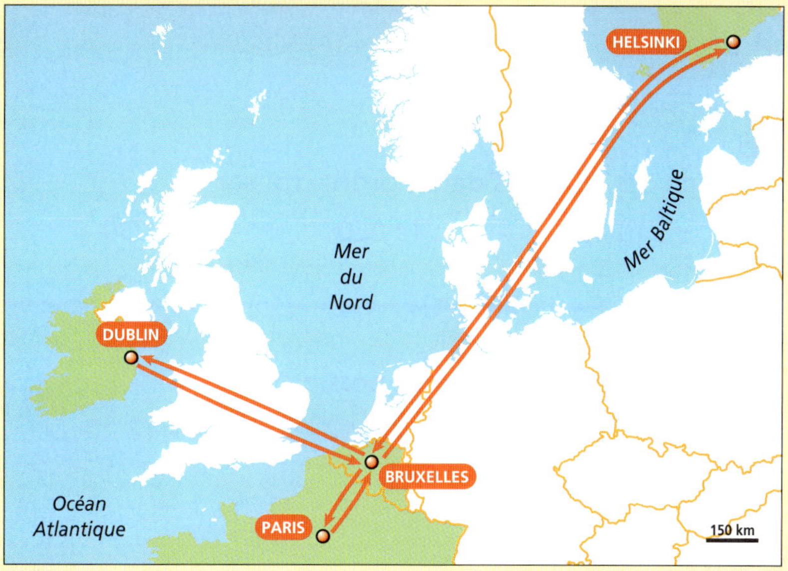

Paris

Dublin

LE SAIS-TU ?

Pour passer d'un pays de l'Union européenne à un autre, on emprunte parfois un pont ou un tunnel. Le **tunnel sous la Manche** relie la France et le Royaume-Uni. Sa longueur est de 49 km 700 m. En train, il faut 35 minutes pour le traverser.

Le pont de l'Øresund relie la Suède et le Danemark, **au-dessus de la mer Baltique**. Sa longueur est de 7 845 m.

Le **tunnel du Mont-Blanc** relie la France à l'Italie. Sa longueur est de 11 km 600. Il s'agit d'un tunnel routier.

Ce que je suis capable de faire

1 Range ces nombres dans l'ordre croissant.

10 023 13 020 12 030 12 003 10 203

2 Calcule le plus simplement possible.

12 + 12 + 12 + 12 + 12 + 12 + 12 + 12 + 12 + 12

3 Calcule. **a.** 100 × 4 **b.** 15 × 10 **c.** 8 × 1 000

4 Calcule.

a. 127 – 27
b. 1 365 – 365
c. 300 × 4
d. 23 × 10

5 Calcule.

a. 4 + (10 × 5)
b. (4 + 10) × 5
c. (4 × 10) + 5
d. 4 × (10 + 5)

6 Décalque et complète la figure pour que ce soit un rectangle dont la largeur mesure 3 cm.

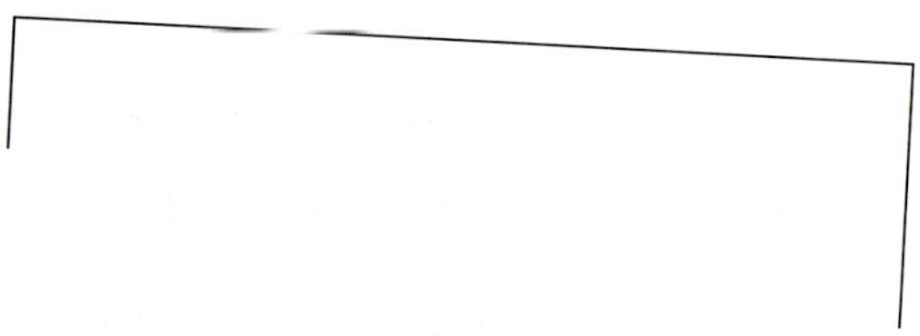

7 Décalque et complète la figure pour que ce soit un carré.

8 Calcule.

a. $\begin{array}{r} 38 \\ \times\ 46 \\ \hline \end{array}$ **b.** $\begin{array}{r} 163 \\ \times\ 52 \\ \hline \end{array}$ **c.** $\begin{array}{r} 205 \\ \times\ 83 \\ \hline \end{array}$ **d.** $\begin{array}{r} 47 \\ \times\ 71 \\ \hline \end{array}$

9 À la piscine, Lucie a nagé pendant 45 minutes. Douna s'est arrêtée au bout de 25 minutes.

Combien de temps de plus que Douna Lucie a-t-elle nagé ?

10 Jules a dépensé 72 € pour acheter 9 m de tissu.

Quel est le prix du mètre de tissu ?

11 Décalque la figure et complète-la pour que ce soit un rectangle.
Son périmètre doit être égal à 14 cm.

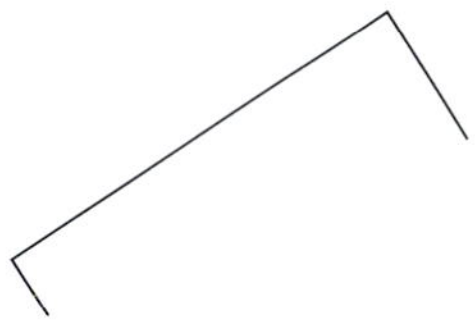

12 Reproduis ces figures sur du papier pointé et complète-les pour obtenir :

a. un carré **b.** un rectangle **c.** un losange

Utilise une règle non graduée.

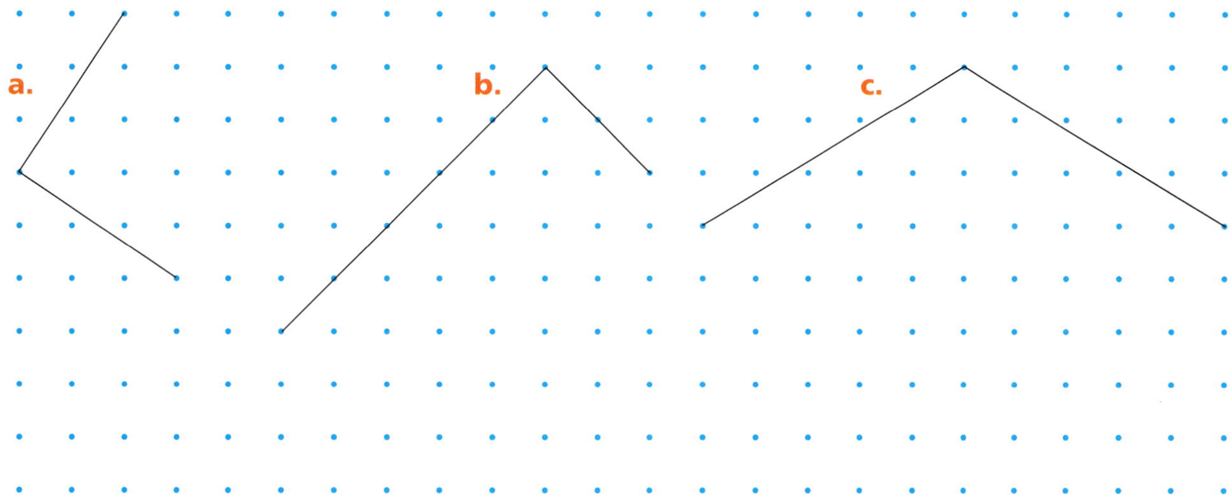

13 Dans un verger, il y a : 17 rangées de 25 pommiers, 7 pruniers et 12 rangées de 10 pêchers.

a. Quelle est l'écriture qui correspond au calcul à effectuer pour savoir combien il y a d'arbres en tout dans ce verger ?

(12 × 10) + (17 × 25) + 7   (17 × 25) + (7 × 12) + 10   (17 + 25) + 7 + (12 + 10)

b. Effectue le calcul et écris la réponse.

Pour aller plus loin

Toutes ces figures ont le même périmètre sauf une. Laquelle ?

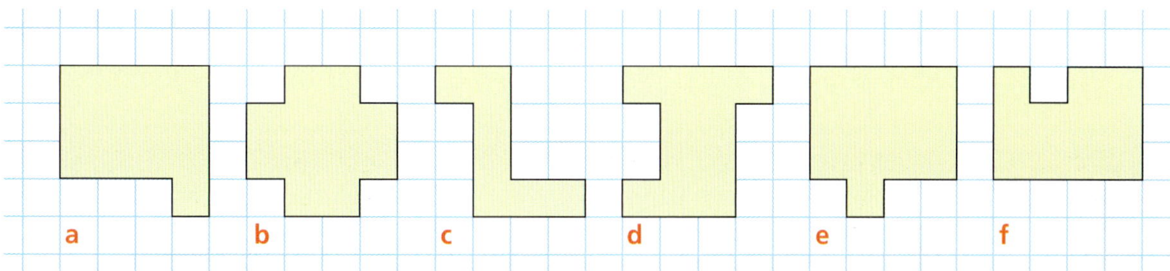

CALCUL MENTAL. Le professeur donne oralement la décomposition additive d'un nombre (dans l'ordre ou le désordre), les élèves écrivent le nombre correspondant et vice versa.

La suite des nombres au-delà de 10 000

Objectifs : envisager diverses descriptions d'un même nombre, comparer des nombres.

DÉCOUVERTE

Reproduis la grille et utilise les définitions pour la remplir. Écris un chiffre par case.

	I	II	III	IV	V	VI	VII	VIII
A								
B								
C								
D								
E								
F								
G								
H								

HORIZONTALEMENT

A • Le double de 4. • Juste avant 71 100.

B • Un nombre pair entre 6 650 et 6 660.
• Entre 82 dizaines et 83 dizaines, le chiffre des unités est le quart du chiffre des centaines.

C • 26 unités et 424 centaines.
• Le plus petit nombre impair à un chiffre.

D • Le triple de 107.
• Si on lui ajoute 10, il devient 6 centaines.

E • Le plus grand nombre impair entre 40 et 50.
• 24 unités de mille, 6 centaines et 2 unités.

F • Le tiers de 21. • Juste après 9 999.

G • Entre 900 et 1 000. • 32 unités et 40 centaines.

H • Juste avant 8 180. • Si on ajoute 5, on obtient 23 dizaines.

VERTICALEMENT

I • Entre 86 dizaines et 87 dizaines, le chiffre des centaines est le double du chiffres des unités.
• Le plus grand nombre pair entre 47 centaines et 48 centaines.

II • Juste avant 6 240. • 8 dizaines et 1 unité.

III • 4 dizaines, 5 centaines, 7 unités de mille et 2 unités.
• Entre 170 et 180, le chiffre des unités est le même que celui des dizaines.

IV • Cent vingt-deux mille cent vingt. • Le triple de 3.

V • 100 × 0. • La moitié de 12. • Nombre pair entre 400 et 410.

VI • Le double de 49.
• Le plus petit nombre pair entre 56 000 et 56 010.

VII • 2 unités et 9 dizaines. • Entre 90 030 et 90 040.

VIII • Si on enlève 2, on obtient 21 centaines. • La moitié de 50.

EXERCICES

1 Recherche dans la grille de la découverte et recopie les nombres compris :

a. entre 5 000 et 9 000

b. entre 9 999 et 70 000

écrire, nommer les nombres
1 C1 5 6 11 18 24 27 28 37 52 54 80

2 Pour chaque suite de nombres, trouve la règle qui permet de passer d'un nombre à l'autre, puis écris les quatre nombres suivants.

a. 11 600 → (…) → 11 100 → (…) → 10 600

b. 10 200 → (…) → 10 150 → (…) → 10 100

c. 10 020 → (…) → 10 015 → (…) → 10 010

3 Écris la décomposition canonique des nombres.

a. 35 042

b. 40 287

c. 9 804

4 Recopie le nombre qui correspond à la décomposition.

a. (20 × 1 000) + 3	20 1003	20 000 3	20 003
b. (4 × 10 000) + (26 × 100) + (7 × 10)	40 2670	42 670	40 267
c. (12 × 1 000) + (5 × 100) + 8	12 508	12 058	12 580
d. (24 × 1 000) + (9 × 10)	2 490	2 409	24 090

5 Retrouve les nombres qui manquent.

a. 57 260 = (… × 100) + (… × 10)

b. 4 700 = (… × 100)

c. 23 000 = (… × 10 000) + (… × 100)

d. 80 400 = (… × 10 000) + (… × 10)

6 Trouve le nombre qui correspond au portrait.

« Je suis un nombre impair plus petit que 35 000.
Mon chiffre des unités de mille est la moitié du chiffre des centaines.
Mon chiffre des dizaines est le double du chiffre des centaines.
Qui suis-je ? »

34 852 34 685 32 483 36 321 38 427 34 847

Remue-méninges

3 5 9 1 0

Utilise une seule fois chacun des chiffres pour écrire :

a. un nombre pair inférieur à 15 000 ;

b. un nombre impair supérieur à 35 000 ;

c. un nombre pair supérieur à 39 000 ;

d. un nombre impair inférieur à 13 000.

CALCUL MENTAL. Jeu de cartes « recto verso » : tables d'addition et de multiplication.

Calcul automatisé, calcul réfléchi : addition, soustraction, multiplication

1 Calcule.

a. 25 + 25 + 25 + 25 + 100
b. 100 + 100 + 25 + 25 + 50
c. 50 + 50 + 100 + 100 + 100
d. 25 + 75 + 75 + 25 + 50
e. 100 + 20 + 20 + 25 + 25
f. 100 + 50 + 50 + 25 + 25 + 50

2 Calcule comment on passe, à chaque fois, d'un nombre au suivant.

a. 1 274 →(…) 1 280 →(…) 1 300 →(…) 2 000
b. 876 →(…) 880 →(…) 900 →(…) 1 000
c. 1 450 →(…) 1 500 →(…) 2 000
d. 325 →(…) 400 →(…) 1 000

3 Reproduis et complète ces tables.

a.

+	8		
9			
7		13	
	16		
6			15

b.

×	7			8
				64
6			36	
9		81		
	49			

c.

×	15	20	25
	45		
			100
		100	
2			

4 Complète avec les mots : le double, la moitié, le triple, le tiers, le quart.

a. 50 est … de 100
b. 50 est … de 25
c. 45 est … de 15
d. 25 est … de 100
e. 20 est … de 60
f. 100 est … de 50

5 Pose les opérations et calcule.

a. 2 709 + 418 **b.** 3 615 – 432 **c.** 425 × 7

6 Calcule 46 × 5.
En t'aidant de ce résultat, calcule :

a. 460 × 5 **b.** 46 × 50 **c.** 5 × 46 **d.** 50 × 460

Polygones usuels et figures complexes

Fiche LP

Objectifs : identifier des figures simples dans des figures complexes. Apprendre à utiliser des lettres pour les désigner.

DÉCOUVERTE

1 De nombreux artistes utilisent des figures géométriques dans la composition de leurs tableaux.

Écris le nom de quelques figures employées par Max Bill dans son œuvre *Noyaux blancs stabilisateurs*.

Max Bill, *Noyaux blancs stabilisateurs*.

2 Décalque la figure ci-contre et désigne les points par des lettres.

a. Vérifie que le quadrilatère BCDF est un carré. Repasse son contour en vert.

b. CGE est un triangle, repasse son contour en rouge.

c. Cherche un triangle rectangle et nomme-le.

d. Cherche un rectangle et nomme-le.

e. Cherche un quadrilatère qui ne soit ni un carré ni un rectangle et nomme-le.

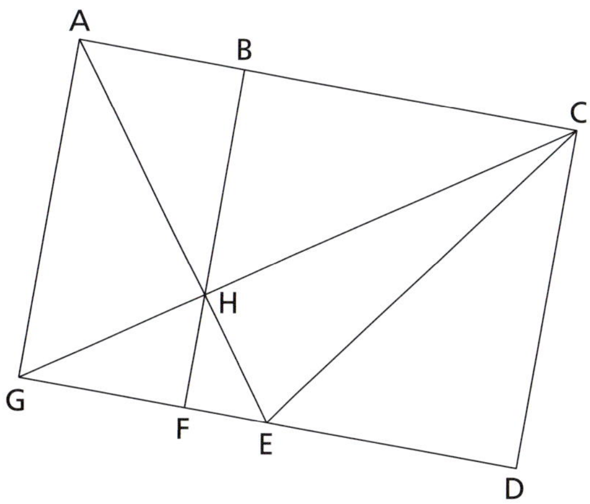

EXERCICE

Sur cette figure, on a désigné les points par des lettres. Décalque-la.

a. Vérifie que AEGD est un carré. Repasse son contour en violet.

b. Complète : « Le quadrilatère ABCD est un … ». Vérifie-le.

c. Trouve un losange dans la figure. Repasse son contour en jaune.

d. Cite plusieurs triangles.

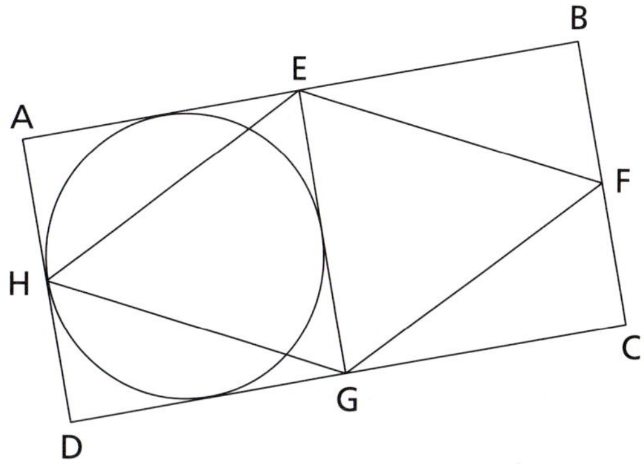

CALCUL MENTAL. Le professeur annonce dans le désordre le nombre de centaines, dizaines et unités d'un nombre, les élèves écrivent le nombre.

Numération orale : décompositions auditives

Objectif : comprendre que les règles de la numération orale ne sont pas les mêmes que celles de la numération écrite.

DÉCOUVERTE

Voici quatre mots-nombres : **soixante** **cent(s)** **mille** **huit**

1 **a.** Écris en lettres et en chiffres le nombre de Qwang.

b. Écris en lettres et en chiffres le nombre d'Alice.

2 En utilisant exactement les quatre mots-nombres, trouve deux autres nombres. Écris-les en lettres et en chiffres. Donne leur décomposition auditive.

3 Reproduis le tableau de numération et inscris les nombres de Qwang, ceux d'Alice et les tiens.

mille					
c	d	u	c	d	u

EXERCICES

1 **a.** Écris en chiffres et en lettres les nombres inscrits dans le tableau de numération.

b. Reproduis le tableau de numération et inscris le nombre « cent mille », puis écris-le en chiffres à côté du tableau.

mille					
c	d	u	c	d	u
		1	0	0	0
	1	0	0	0	0

2 Trouve les nombres correspondant à chaque décomposition auditive.

a. 60 + 3   60 + 10 + 9   60 + 14

b. (4 × 20) + 7   (4 × 20) + 10 + 8   (4 × 20) + 15

écrire, nommer les nombres
1 C1 5 6 11 18 24 27 28 37 52 54 80

3 Trouve les décompositions auditives des nombres.

a. 65 **b.** 73 **c.** 77 **d.** 86 **e.** 94 **f.** 97

4 Retrouve la décomposition auditive de chaque nombre.

3 658	(2 × 100) + (4 × 20) + 13
2 246	(5 × 1 000) + 100 + 60 + 16
5 176	(3 × 1 000) + (6 × 100) + 50 + 8
293	(2 × 1 000) + (2 × 100) + 40 + 6

5 Voici la décomposition auditive d'un nombre :

(30 × 1 000) + (6 × 100) + 50 + 8

Écris ce nombre en lettres et en chiffres.

6 Associe le nom du nombre et son écriture chiffrée.

a. seize mille trois cents
- 16000 300
- 16 1300
- 16 300

b. 20 113
- deux cent un mille treize
- deux mille onze trois
- vingt mille cent treize

7 Trouve l'intrus parmi ces écritures d'un même nombre.

quinze mille deux cent soixante-quinze (15 × 1 000) + (2 × 100) + 60 + 15

15 000 + 200 + 70 + 5 15 275 15 200 75

8 Quelle écriture chiffrée permet de lire le plus facilement le nombre cinquante-deux mille cent quarante-sept ? 52147 521 47 52 147

9 Recopie les nombres inscrits dans le tableau en chiffres et en lettres.

mille					
c	d	u	c	d	u
	3	0	7	2	5
1	4	9	0	6	7
	1	0	0	3	8
3	2	8	4	1	5
	9	0	6	8	0

Remue-méninges

quatre mille cent(s) vingt(s)

En utilisant une seule fois chaque mot-nombre, trouve tous les nombres compris entre 1 000 et 100 000. Écris-les en chiffres.
Range-les du plus petit au plus grand.

CALCUL MENTAL. Le professeur écrit la décomposition auditive d'un nombre, les élèves écrivent le nombre en lettres et en chiffres.

Problèmes relevant des quatre opérations

Objectifs : résoudre des problèmes, présenter sa recherche, les opérations et la réponse.

DÉCOUVERTE

Le prix d'un téléviseur a augmenté de 50 €. Maintenant il coûte 725 €.

1 Quel était son prix avant l'augmentation ?

2 Voici les solutions d'Alice, Qwang et Théo.

Alice

? + 50 = 725
725 – 50 = 675
Le téléviseur coûtait 675 €.

Qwang

725 + 50 = 775
Le téléviseur coûtait 775 €.

Théo

+ 50
? → 725
725 – 50 = 675

a. Quelles sont les réponses correctes ?

b. Certaines solutions comportent une phrase de conclusion. Lesquelles ?

EXERCICES

Pour chaque question, cherche une solution. Explique ta réponse.

1 Pour décorer la table, Samira a pris une guirlande. Elle a découpé 24 morceaux de 12 cm chacun et il lui reste 5 cm de guirlande.

Quelle était la longueur de la guirlande ?

2 Pour la fête du sport, il y a 20 équipes de 15 joueurs qui jouent au rugby et 18 équipes de 11 joueurs qui jouent au football.

Combien y a-t-il de joueurs en tout ?

3 À l'école primaire Édouard Manet, il y a 246 filles.
Il y a 19 garçons de moins que de filles.

Combien y a-t-il de garçons dans l'école ?

4 Maxime va se promener en vélo.
Au départ, le compteur de son vélo indique 1 315 km. Lorsqu'il rentre, le compteur marque 1 368 km.

Combien de kilomètres a-t-il parcourus ?

problèmes
47
55
58
77
E9
79

5 Le parking de l'hôtel de ville comprend 3 étages.

Au premier étage, il y a 5 rangées de 20 places.

Au deuxième étage et au troisième étage, il y a 4 rangées de 15 places.

a. Combien y a-t-il de places en tout ?

b. Voici comment les enfants ont calculé le nombre de places du parking :

Alice (5 × 20) + (4 × 15) = 100 + 60 = 160

Qwang (5 × 20) + (4 × 15) + (4 × 15) = 100 + 60 + 60 = 220

Théo (5 + 20) + (4 + 15) + (4 + 15) = 63

Leïla 5 × 20 = 100 4 × 15 = 60 60 × 2 = 120 100 + 120 = 220

Quelles sont les réponses qui conviennent ? Explique les erreurs que tu as rencontrées.

6 Monsieur Slovic range 120 bouteilles de jus de fruit dans 3 casiers. Il place le même nombre de bouteilles dans chaque casier.

Combien de bouteilles a-t-il mises dans chaque casier ?

7 Un fermier élève 240 lapins. Il fabrique de nouveaux clapiers pour loger ses lapins. Dans chaque clapier, il veut mettre 10 lapins.

Combien de clapiers doit-il fabriquer ?

8 Au départ, il y a 37 passagers dans l'autobus. Au premier arrêt, 13 personnes descendent et 5 personnes montent. Puis, à l'arrêt suivant, 9 personnes descendent.

Combien de passagers y a-t-il dans l'autobus quand il repart ?

9 Le directeur de l'école organise une sortie pour 300 élèves. Le transporteur lui envoie son tarif.

Type de cars	Prix par jour
Car de 55 places	650 €

Le directeur a écrit : 5 × 55 6 × 55 6 × 650

Indique pour chaque calcul ce qu'il cherche à savoir.

Remue-méninges

Cléo a 214 perles : 64 sont dorées, les autres sont de couleur verte, bleue ou rouge. Elle a le même nombre de perles vertes, bleues et rouges. Quel est ce nombre ?

CALCUL MENTAL. Le professeur affiche quatre mots-nombres et dit un nombre constitué de ces mots, les élèves écrivent sa décomposition auditive.

Axes de symétrie d'une figure

Fiche LP

Objectif : anticiper l'effet d'un découpage sur du papier plié.

ACTIVITÉ PRÉPARATOIRE : pliages et découpages.

DÉCOUVERTE

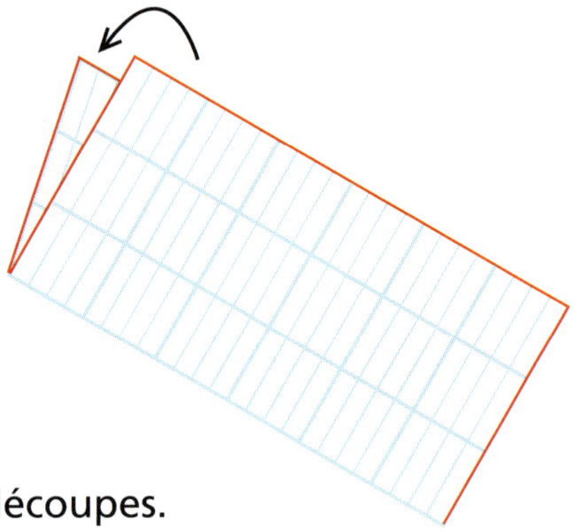

1 Dans un carré de papier plié en deux, Alice a fait des découpes pour réaliser des napperons.
Les côtés du carré de papier sont bordés de rouge.

Quel napperon, une fois ouvert, sera identique au modèle ?
Note ta prévision, puis vérifie en réalisant les pliages et les découpes.

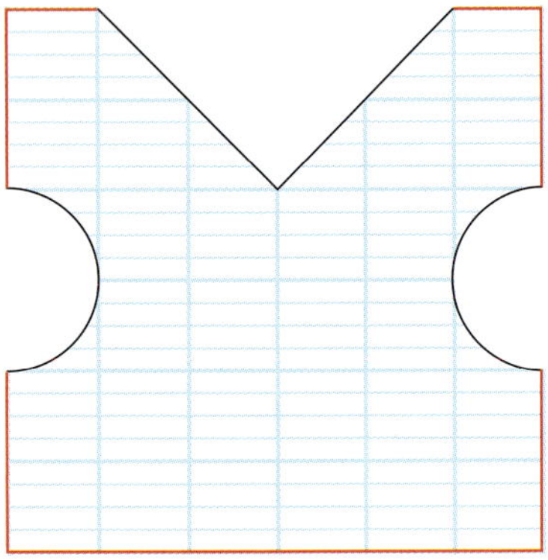

Modèle

A

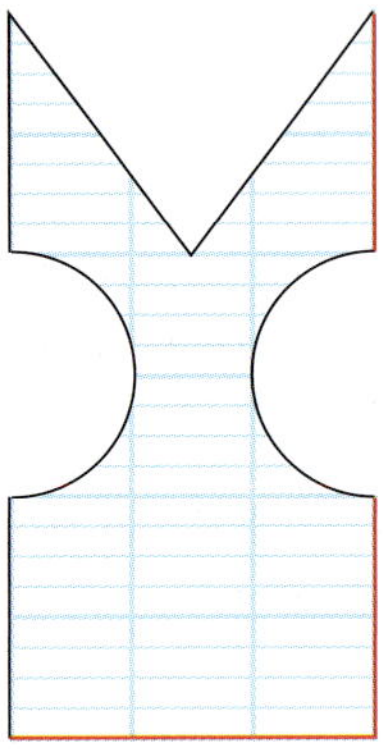

B

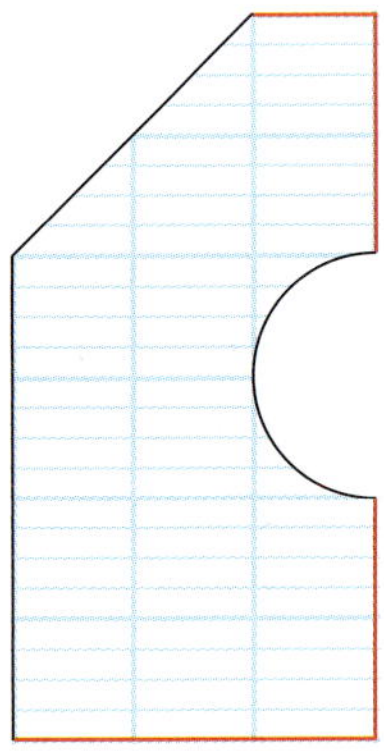

C

2 Prends un carré de papier de côté 12 cm.
Par pliage et découpage, réalise un napperon qui ressemble au napperon D.
Pour vérifier regarde le nombre de découpes, leurs formes et leurs positions respectives.
Tu peux faire plusieurs essais.

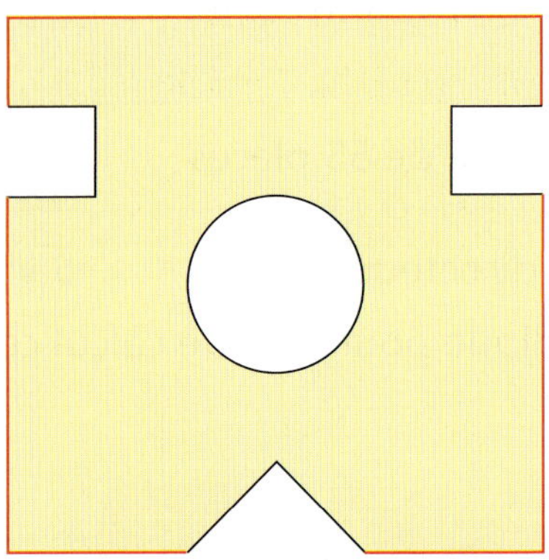

D

3 Trace les axes de symétrie de tous les napperons que tu as réalisés.

EXERCICES

1 Dans un carré de papier plié en deux dont les côtés sont bordés de rouge, Leïla a effectué les découpes que tu vois sur la figure E.
Parmi les napperons F, G et H, quel est celui qu'elle obtient quand elle déplie le sien ?

Vérifie en faisant les mêmes découpes que Leïla dans un carré de papier plié en deux.

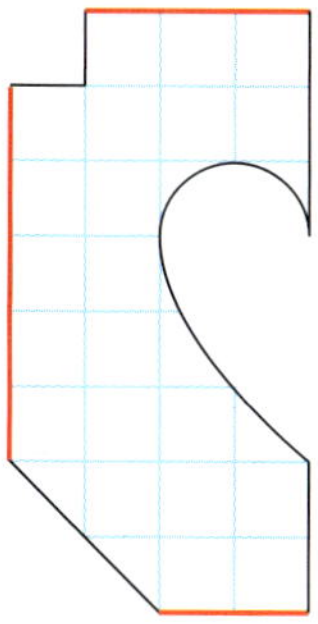
E

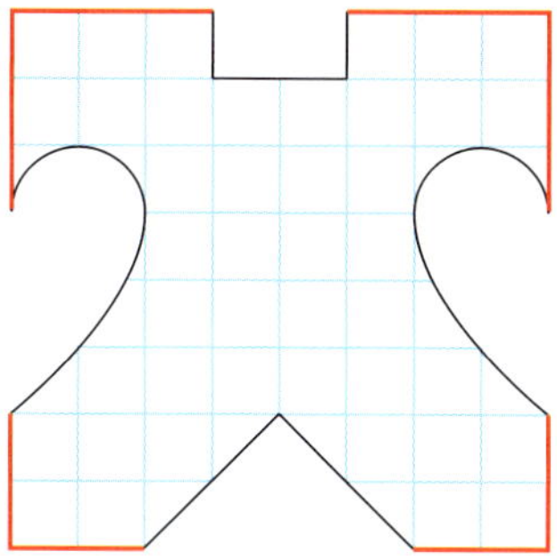
F

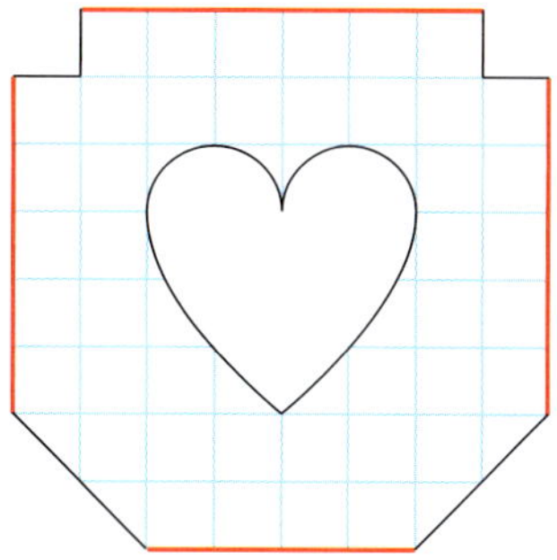
G

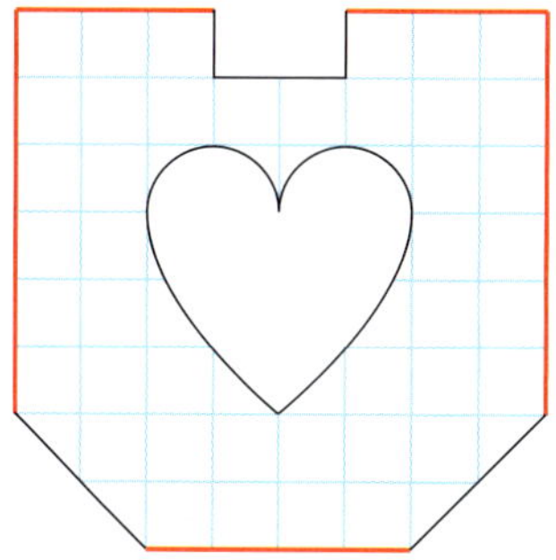
H

2 Dans un carré de papier plié en 4, Adrien a effectué des découpes pour réaliser des napperons.
Les côtés du carré de papier sont bordés de rouge.

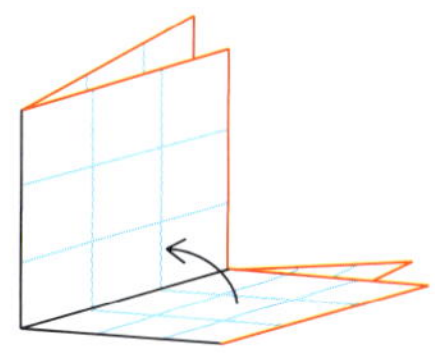

Quel napperon, une fois ouvert sera identique au modèle ?
Note ta prévision, puis vérifie en réalisant les pliages et les découpages

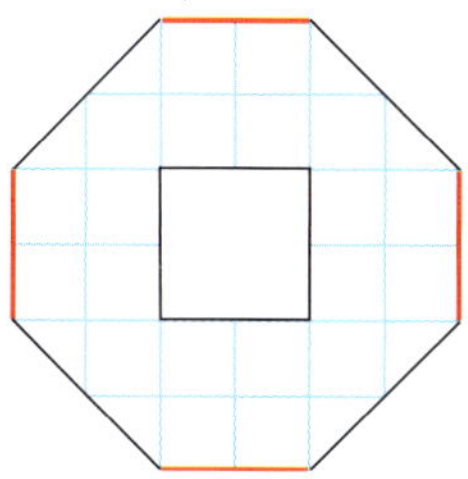
Modèle

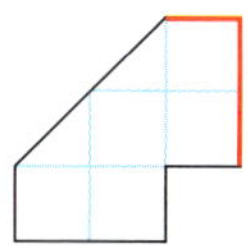
I

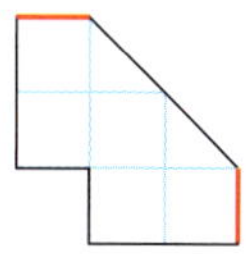
J

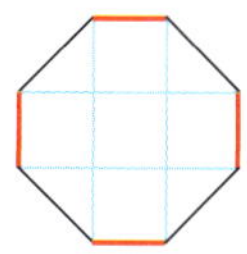
K

3 Ces napperons ont un ou deux axes de symétrie.
À vue d'œil, trouve-les et trace-les à main levée.

Vérifie en décalquant puis en pliant le calque.

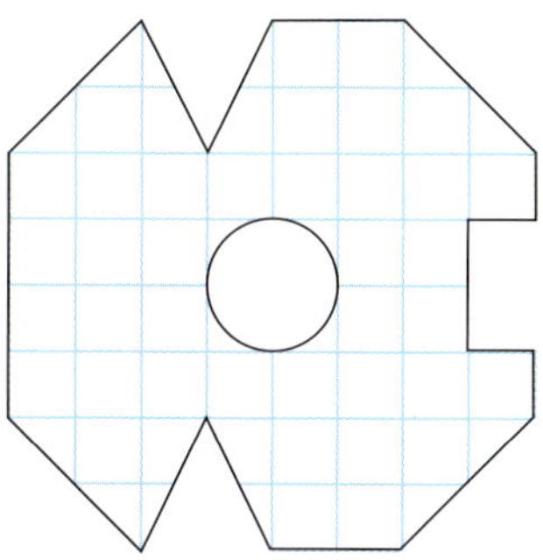
L

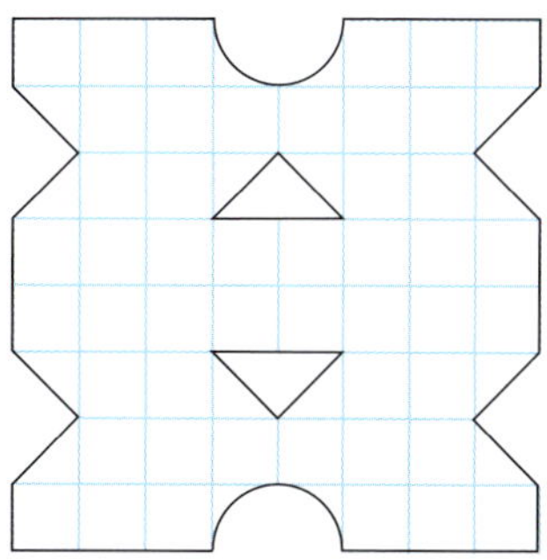
M

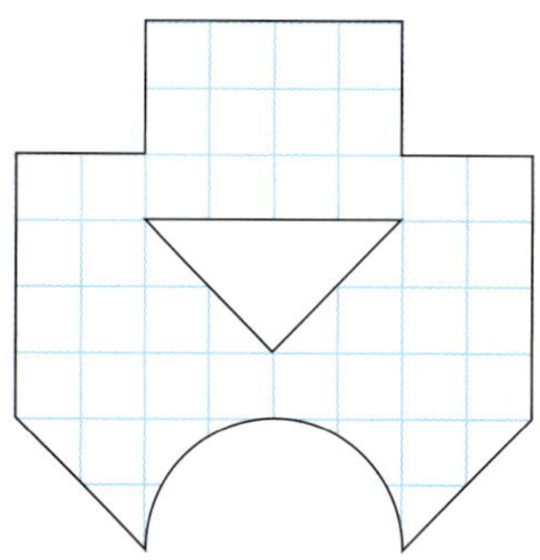
N

CALCUL MENTAL. Petits problèmes oraux additifs, soustractifs et multiplicatifs (champ numérique inférieur à 50).

Lire un graphique

Objectif : lire un graphique pour répondre à des questions.

DÉCOUVERTE

Voici les températures maximales mensuelles relevées à Paris pendant une année.

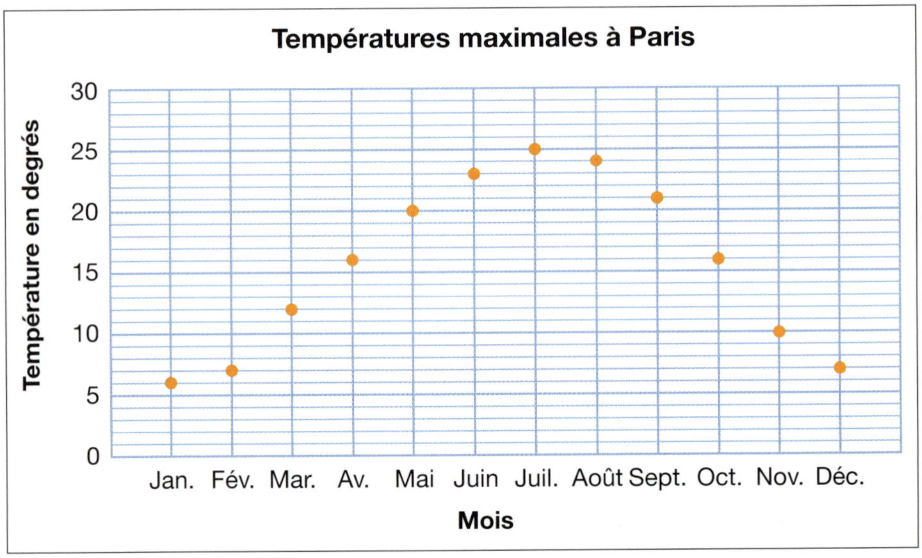

À l'aide du graphique, réponds aux questions.

1 À Paris, quel est le mois le plus froid de l'année ?

2 Calcule la différence de température entre le mois de juillet et le mois de janvier.

3 En quels mois la température est-elle de 16 degrés ?

4 Pour économiser l'énergie, on ne met pas le chauffage en marche si la température est supérieure à 19 degrés.
Écris les mois de l'année pendant lesquels on n'a pas eu besoin de chauffage à Paris.

EXERCICE

Lis ce graphique puis, pour chacune des affirmations, indique si elle est vraie (V) ou fausse (F).

Dans cette classe :

a. Les élèves les plus jeunes sont nés en 2001.

b. 10 élèves sont nés la même année.

c. Il y a 25 élèves.

d. Les élèves nés en 2004 sont 3 fois moins nombreux que ceux nés en 2003.

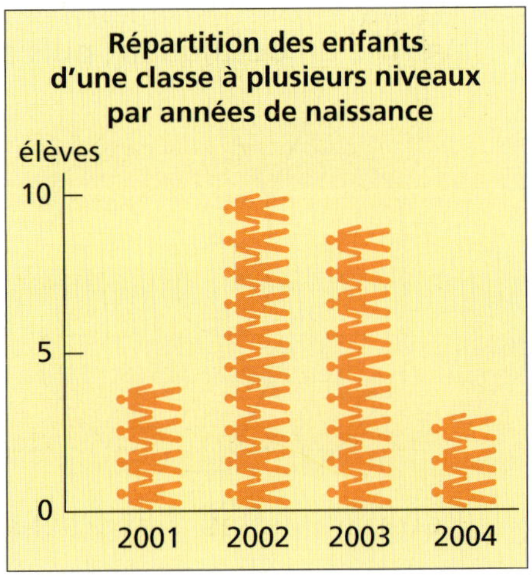

gestion de données
17
32
51
57
60
68
73
82

CALCUL MENTAL. Jeu de mémoire : le professeur dit 4 nombres inférieurs à 1 000 ; après dix secondes, les élèves les écrivent en chiffres dans l'ordre croissant ou décroissant.

Problèmes pour apprendre à chercher

Objectif : s'entraîner à résoudre des problèmes en respectant plusieurs contraintes.

DÉCOUVERTE

Les yaourts sont vendus en paquets de 6, de 10 ou de 12.

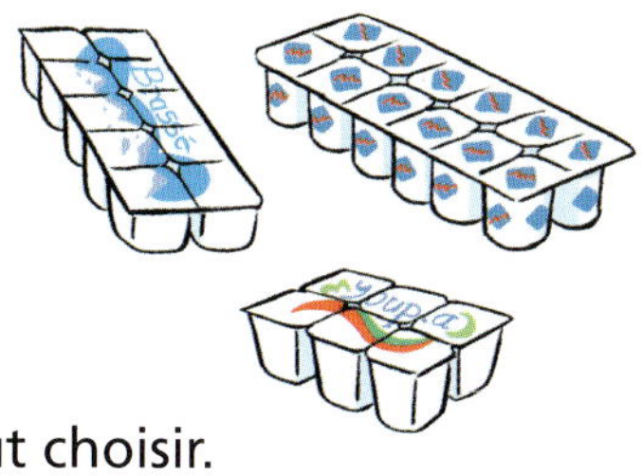

1 Sophie veut acheter 48 yaourts. Indique les paquets qu'elle peut choisir. Trouve au moins trois solutions.

2 Paul veut acheter 60 yaourts. Indique les paquets qu'il peut choisir. Trouve au moins quatre solutions.

3 Anaïs veut acheter 80 yaourts en prenant le plus possible de paquets de 12 yaourts. Indique les paquets qu'elle doit choisir.

4 Claude veut acheter 100 yaourts en prenant le moins de paquets possible. Indique les paquets qu'il doit choisir.

EXERCICES

1 Des groupes de touristes vont faire un tour en bateau sur la Seine. Les personnes d'un même groupe ne veulent pas se séparer. Chacun des trois bateaux de la compagnie peut transporter au maximum 150 personnes.

a. Sept groupes arrivent. Voici le nombre de personnes dans chaque groupe :

30 45 50 65 70 80 100

Comment faut-il s'organiser pour faire monter tous les touristes dans les trois bateaux ?

b. Plus tard, huit groupes arrivent. Voici le nombre de personnes dans chaque groupe :

20 35 50 55 60 65 75 85

Comment faut-il s'organiser pour faire monter tous les touristes dans les trois bateaux ?

2 Comment faire 50 € avec des billets de 20 €, 10 €, 5 € ?
Trouve au moins quatre solutions.

3 Comment faire 2 € avec des pièces de 50 c, 20 c, 10 c, 5 c en n'utilisant qu'une sorte de pièces ?

CALCUL MENTAL. Jeu de mémoire : le professeur dit 4 nombres inférieurs à 1 000 ; après dix secondes, les élèves écrivent les nombres qui les précèdent (ou qui les suivent).

Mesures de masses

Objectifs : se familiariser avec les pesées et les unités de mesure de masses. Comprendre le fonctionnement des balances à plateaux.

ACTIVITÉ PRÉPARATOIRE : décrire et comparer différents types de balance. Comparer des masses avec diverses balances. Estimer la masse de divers objets.

DÉCOUVERTE

1

A

B

C
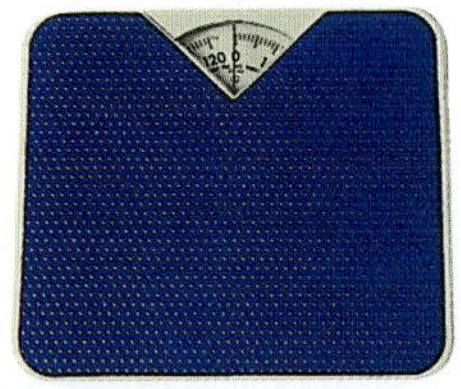

D

a. Quelles balances indiquent directement la masse ?

b. Pour quelle balance doit-on utiliser des masses marquées ?

c. Ce dessin représente différentes masses marquées. Fais le total des masses de la boîte.

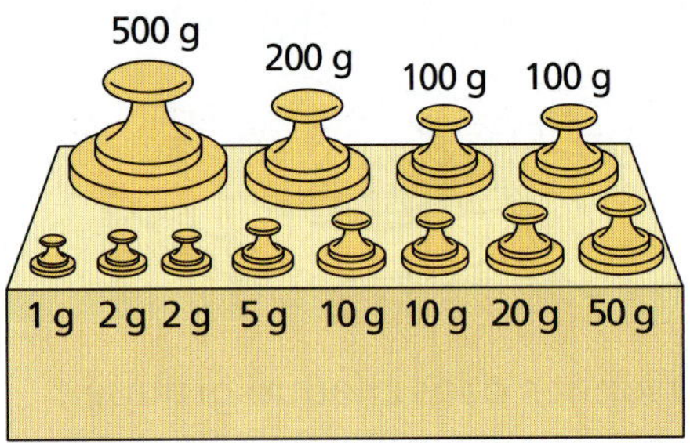

2 Pour faire cette confiture de mûres, la mamie de Théo pèse les ingrédients dans un récipient avec sa balance à plateaux.

CONFITURES DE MÛRES
- Peser 1 kg 500 g de mûres préparées.
- Peser 1 kg 200 g de sucre.
- Mélanger et faire cuire.

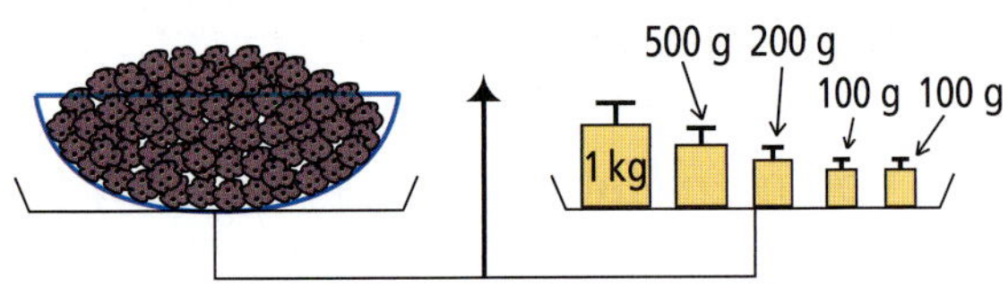

Pour peser le sucre dans le même récipient, quelles masses marquées la mamie de Théo va-t-elle mettre sur le plateau de la balance ?

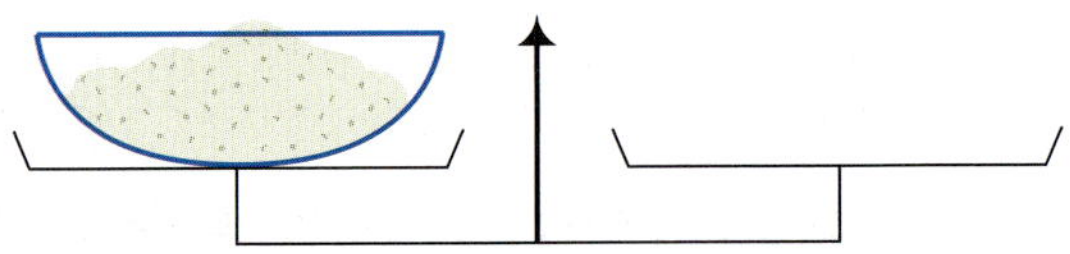

EXERCICES

1 Indique la masse de chaque sac de fruits.

A

B

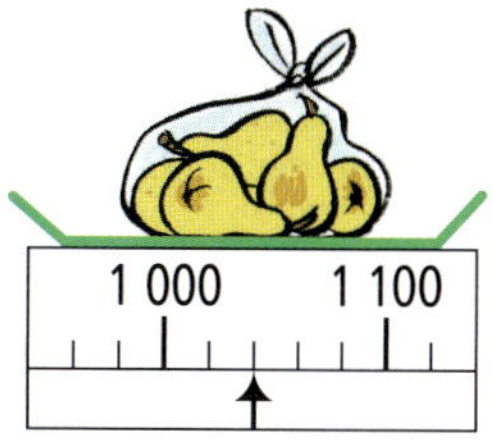

C

D

2 **a.** Exprime en grammes (g) : 1 kg 237 g 5 kg 3 kg 500 g

b. Exprime en kilogrammes (kg) et grammes (g) : 1 750 g 1 020 g 2 500 g

3 La livre est une unité de mesure de masse qui correspond à 500 g.

a. Combien y a-t-il de livres dans un kilo ?

b. Quelle est la masse, en grammes, d'une livre et demie de fraises ?

4 Pour peser son chien, Léon se pèse avec lui. Il lit 43 kg. Il se pèse seul et lit 28 kg. Combien pèse le chien de Léon ?

5 Trouve la masse de chaque paquet de friandises.

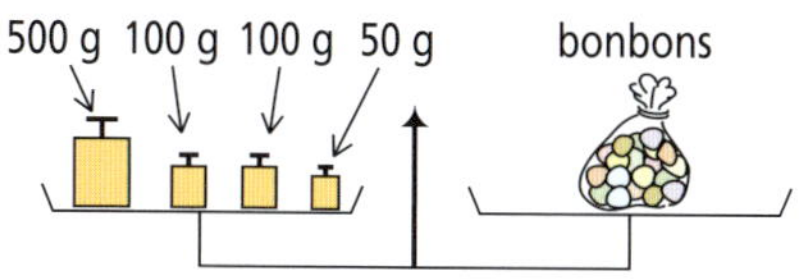

E

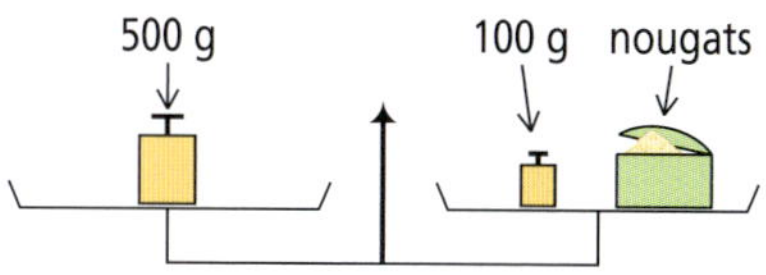

F

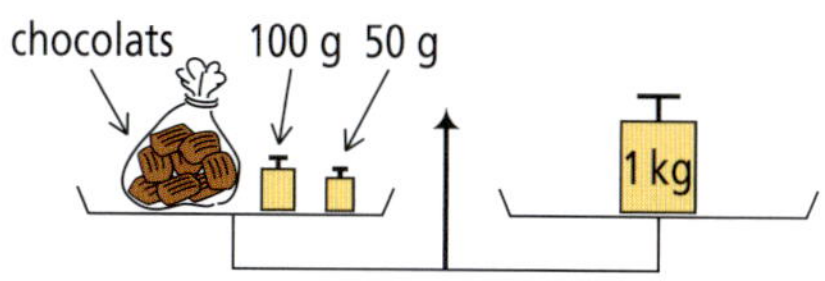

G

6 Pour vérifier si son sac de bonbons pèse bien 350 g, Karl dispose d'une balance à plateaux et de ces masses marquées.
Que doit mettre Karl sur chaque plateau de la balance ?

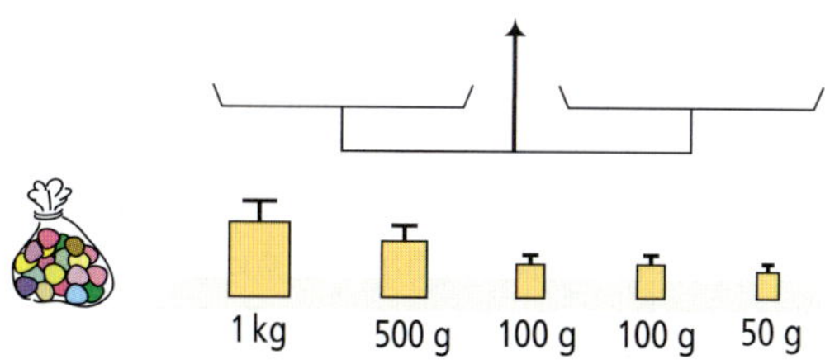

Remue-méninges

Charlotte a acheté 3 ballons identiques.
Mais en fait l'un d'eux est un peu plus lourd que les autres.
Comment le trouver en une seule pesée avec une balance à plateaux ?

Gestion de données

Objectifs : rechercher des informations dans un texte ou dans un tableau et les traiter.
Résoudre des problèmes de durées et de distance.

DÉCOUVERTE

a. Quel jour Leïla écrit-elle cette lettre ?

b. Quel jour Leïla et ses parents sont-ils partis de Toulouse ?

c. À quelle heure sont-ils arrivés à Paris ?

d. Quelle est la durée du voyage en Thalys entre Paris et Amsterdam ?

e. Quel jour iront-ils visiter le musée Van Gogh ?

f. Quel jour reviendront-ils à Toulouse ?

Amsterdam, vendredi 2 avril 2010

Cher Théo,

Me voici à Amsterdam. Hier matin à 8 h 10, je suis partie de Toulouse en train avec mes parents et nous sommes arrivés à Paris après 6 h 10 de voyage. Après une bonne nuit à Paris chez mes cousins, nouveau départ par le Thalys de 12 h 25 à la gare du Nord et arrivée à Amsterdam à 15 h 43. Demain, nous allons visiter le musée Van Gogh et le jour suivant nous irons faire une promenade en bateau sur les canaux.

Je reviens à Toulouse dans 4 jours.

Je te raconterai.

Bisous.

Leïla

Vincent Van Gogh, *La Maison jaune*, 1888, Musée Van Gogh, Amsterdam.

EXERCICE

Calcule les informations qui manquent : l'heure d'arrivée à Paris, la durée du voyage ou l'heure du départ d'Amsterdam.

Mardi 06/04/2011						
Départ d'Amsterdam	06 h 11		08 h 54	09 h 54	10 h 16	
Durée du voyage	3 h 19	3 h 19	4 h 41			5 h 05
Arrivée à Paris		11 h 35		14 h 35	13 h 35	15 h 59

gestion de données
17
32
51
57
60
68
73
82

CALCUL MENTAL. Le nombre pensé : le professeur pense à un nombre, il dit qu'il le multiplie par 10 (par 100) et donne le résultat ; les élèves écrivent le nombre pensé.

Axes de symétrie de figures usuelles

Fiche LP

Objectif : identifier les éventuels axes de symétrie de figures usuelles.

ACTIVITÉ PRÉPARATOIRE : jeu de mariage de figures symétriques.

DÉCOUVERTE

1 Parmi ces figures, certaines ont un ou plusieurs axes de symétrie, d'autres n'en ont pas. Décalque-les, trace les axes quand ils existent, puis vérifie par pliage.

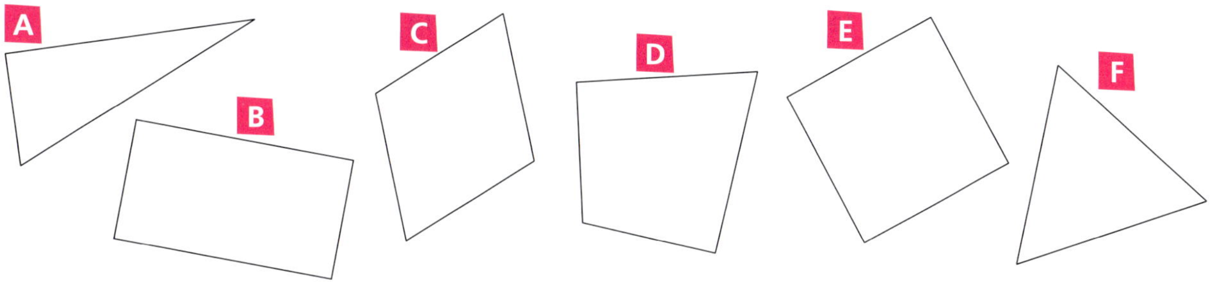

2 Leïla dit que pour un cercle, tous les diamètres sont des axes de symétrie. A-t-elle raison ?

EXERCICES

1 Décalque ces figures. Si elles ont des axes de symétrie, trace ces axes. Vérifie par pliage.

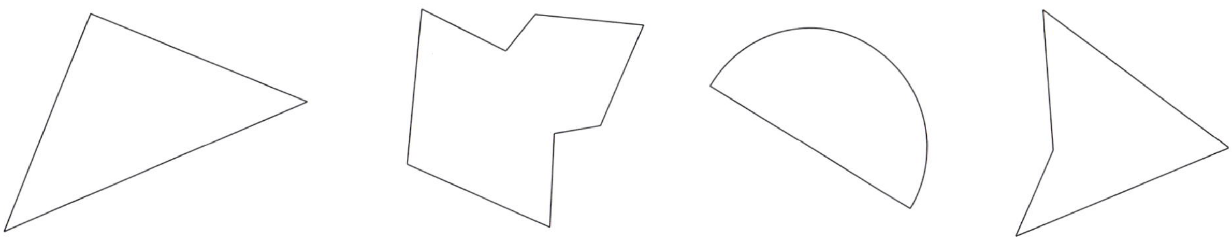

2 Il fallait tracer en vert tous les axes de symétrie de ces figures. Décalque les figures et corrige les erreurs.

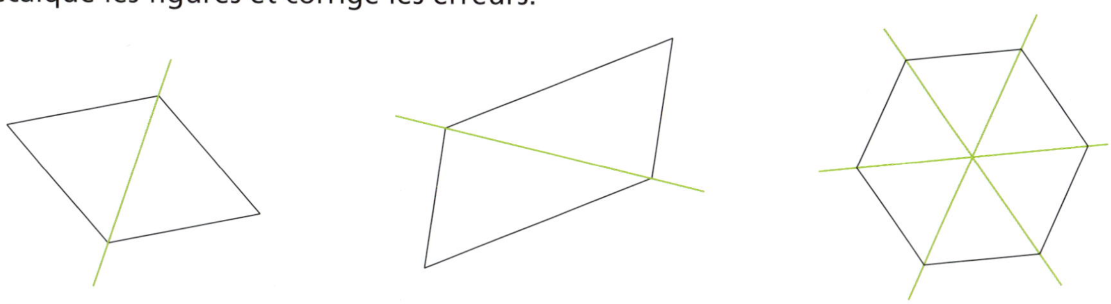

Ce que je suis capable de faire

1

a. Écris en lettres le nombre 12 365.

b. Écris en chiffres le nombre vingt-trois mille quatre-vingt-deux.

2

Calcule.

a. 25 + 25 + 25 + 25 + 25 + 25 + 25 + 25

b. 50 + 50 + 50 + 100 + 100 + 100 + 100

3

Calcule 872 – 385 avec la technique usuelle. Vérifie avec la soustraction à la russe.

4

Pour partir en voyage, Dani doit emporter un bagage qui pèse moins de 20 kg.
Il se pèse d'abord avec son bagage, il lit 51 kg. Il se pèse ensuite seul et trouve 27 kg.

Le bagage pèse-t-il moins de 20 kg ?

5

Pose et calcule :

a. 38 × 46 **b.** 163 × 52 **c.** 205 × 83 **d.** 47 × 7

6

Décalque ces figures. Si elles ont des axes de symétrie, trace ces axes.

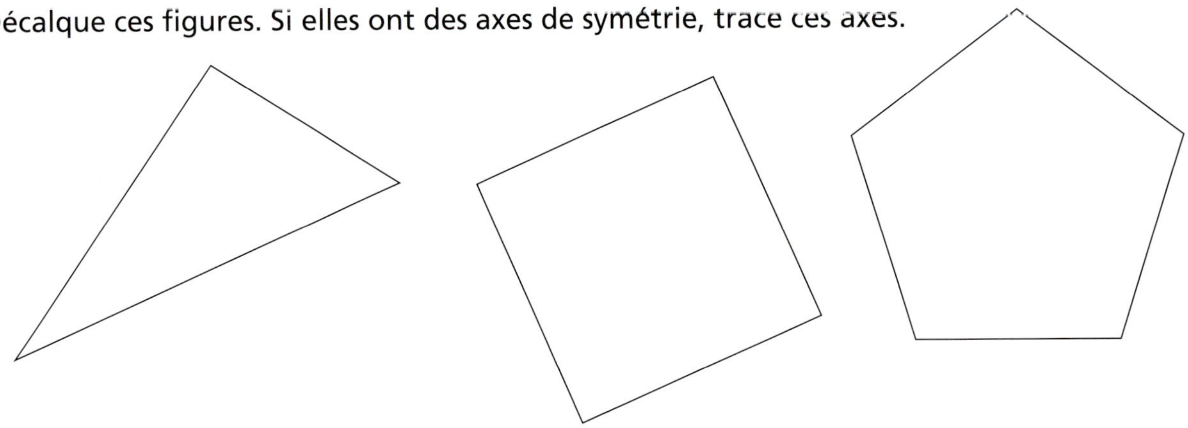

Pour s'exercer aux tracés

Calcul automatisé, calcul réfléchi : addition, soustraction, multiplication

1 Calcule 1 452 – 368.
Vérifie en faisant une addition.

2 Calcule 852 – 678.
Vérifie avec la soustraction à la russe.

3 Calcule.

a. 8 × … = 72   … × 7 = 42   … × 9 = 63   8 × … = 48

b. 30 × 6 = …   7 × 40 = …   3 × 30 = …   7 × 60 = …

c. 9 × … = 360   … × 50 = 450   … × 7 = 490   80 × … = 560

4 Calcule.

a. 25 × 4 = …   50 × 4 = …   20 × 8 = …   15 × 6 = …

b. 6 × … = 300   15 × … = 300   5 × … = 125   8 × … = 200

5 Pose et calcule.

a. 584 + 139 + 3 247   **b.** 4 806 – 739   **c.** 374 × 24

6 Complète.

a. 150 est le double de …

b. 150 est le triple de …

c. 15 est la moitié de …

d. 15 est le quart de …

e. 10 est le tiers de …

f. 10 est le quart de …

7 Nombres croisés. Reproduis la grille et complète-la.

Horizontalement

A • 1 310 – 1 215. • 7 × 9.
B • Le plus grand nombre pair de 3 chiffres. • Nombre pair multiple de 3.
C • 146 centaines et 18 unités.
D • Si on ajoute 30 on obtient 10 000.

Verticalement

I • 1 417 × 7.
II • 661 × 9.
III • 1 516 – 649.
IV • Multiple de 2 et de 3. • Multiple de 2 et de 5.
V • 92 × 4.

	I	II	III	IV	V
A					
B					
C					
D					

CALCUL MENTAL. Le nombre pensé : en multipliant le nombre par 5 (par 2, par 3, par 4).

Multiplication et division : comprendre un énoncé de problème

Objectif : comprendre le sens d'expressions telles que : fois plus, fois moins, moitié, triple…

DÉCOUVERTE

Piotr reçoit des lettres de ses amis et collectionne les timbres. Il a déjà 12 timbres. Théo, Alice, Qwang et Leïla commencent aussi une collection de timbres.

1 Indique à qui appartient chacune de ces pages. Écris tes calculs.

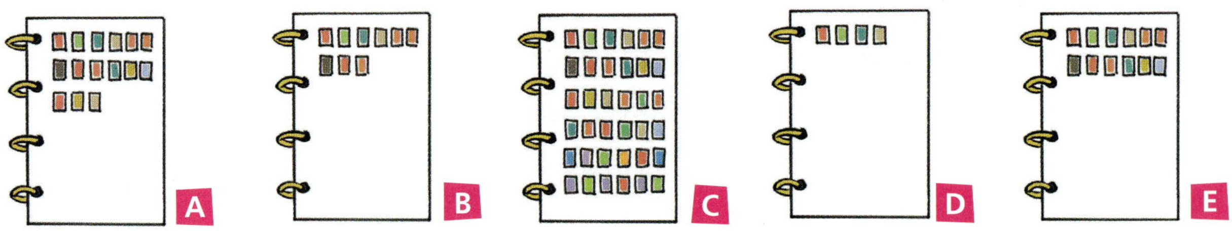

2 Alice a plus de timbres que Leïla. Combien de fois plus ?

3 Qwang a plus de timbres que Théo. Combien de plus ?

EXERCICES

1 Samy, Hugo et Lucie comparent leurs nombres d'images avec celui de Nora. Nora a 8 images. Samy en a la moitié, Hugo en a le triple et Lucie le quart.

Combien d'images chaque enfant a-t-il ?

2 Sacha met huit minutes pour aller de sa maison à l'école. Igor met quatre fois plus de temps.

Quel temps faut-il à Igor pour aller de sa maison à l'école ?

3 Hier, le marchand de journaux a vendu 156 journaux. Aujourd'hui, il en a vendu 26 de moins.

Combien de journaux a-t-il vendus aujourd'hui ?

4 Sophia dit qu'elle a 36 billes.
Setrak dit qu'il a deux fois moins de billes que Sophia.

Combien de billes Setrak a-t-il ?

5 Malo et Colin ont ramassé des coquillages. Malo en a ramassé 25. Colin en a ramassé 100.

Cela fait combien de plus que Malo ?

6 L'œuf de poule mesure 6 cm et pèse 60 g. L'œuf de cygne mesure le double de l'œuf de poule et pèse six fois plus lourd.

Quels sont la taille et le poids de l'œuf de cygne ?

7 Dans un cinéma, 75 spectateurs regardent « Lapins des Bois » dans la salle A.
Cinq fois plus de spectateurs regardent « Triks » dans la salle B.

Quel est le nombre de spectateurs dans la salle B ?

8 Les sucettes sont vendues par sachets de 8.

a. Reproduis et complète le tableau.

b. Dans le centre aéré, il y a 56 élèves.
Chaque élève doit avoir une sucette.

Combien de sachets faut-il acheter ?

Nombre de sachets	1	2	3	4	5	8	10	30
Nombre de sucettes	8	16						

9 « Je suis le tiers de 120. Qui suis-je ? »

10 « Je suis le triple de 16. Qui suis-je ? »

11

↑ un planigale

un microcèbe →

Le planigale est un marsupial d'Australie, il pèse 5 g et sa queue mesure 5 cm.

Le microcèbe est un primate de Madagascar, il pèse dix fois plus que le planigale et sa queue est trois fois plus longue.

a. Quel est le poids du microcèbe ?

b. Quelle est la longueur de sa queue ?

CALCUL MENTAL. Le nombre pensé : en multipliant le nombre par 6 (par 7, par 8, par 9).

Construire par symétrie

Fiche LP

Objectifs : construire la figure symétrique d'une figure par rapport à un axe sur quadrillage.
Utiliser le pliage pour vérifier.

DÉCOUVERTE

Le jeu du miroir

Matériel

Feuilles de papier quadrillé, chacune séparée en deux parties superposables suivant une ligne du quadrillage tracée en vert.

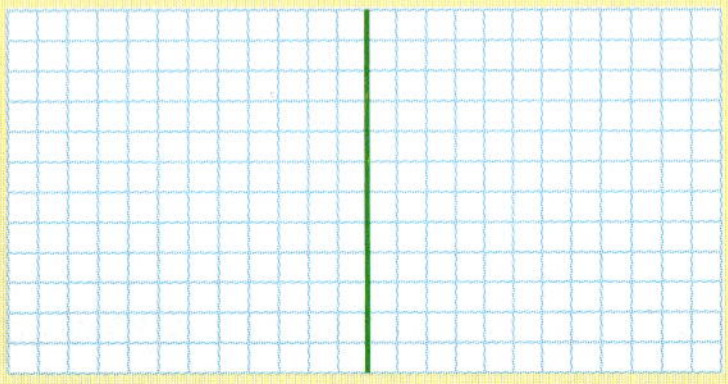

Règle du jeu (2 joueurs)

Première phase

- Le premier joueur choisit une des deux parties de la feuille, place un point de départ sur un nœud du quadrillage et trace un segment jusqu'à un autre nœud de son choix.
- Le second joueur reproduit « en miroir » le tracé sur l'autre moitié de feuille, c'est-à-dire par symétrie par rapport à l'axe vert.
- Le premier joueur trace ensuite un nouveau segment à partir du nœud où il s'est arrêté.
- Le second joueur le reproduit à son tour « en miroir » et le jeu se poursuit ainsi 7 fois de suite.
- Le second joueur marque un point si les deux dessins se superposent exactement lorsqu'on plie la feuille suivant l'axe vert. Sinon, c'est le premier joueur qui marque le point.

Deuxième phase

Les deux joueurs rejouent 7 coups en inversant les rôles.

But du jeu

Le gagnant est celui qui marque le plus de points.

1 Joue avec un camarade.

2 Parmi ces feuilles de jeu du miroir, quelles sont les constructions symétriques par rapport à l'axe vert ?

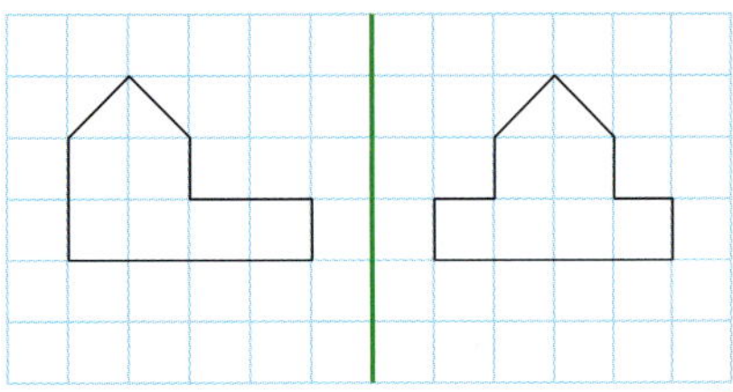

A

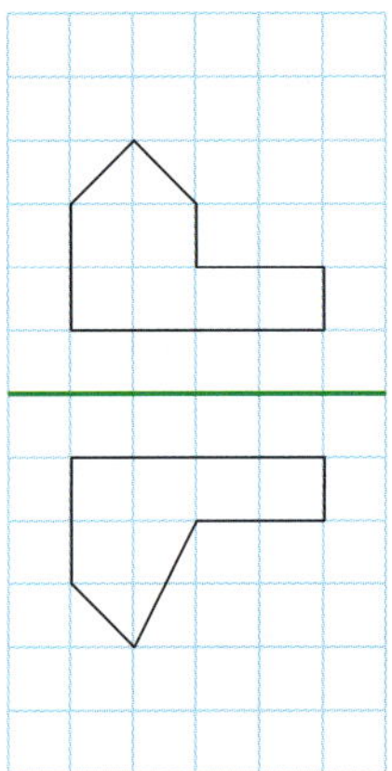

B

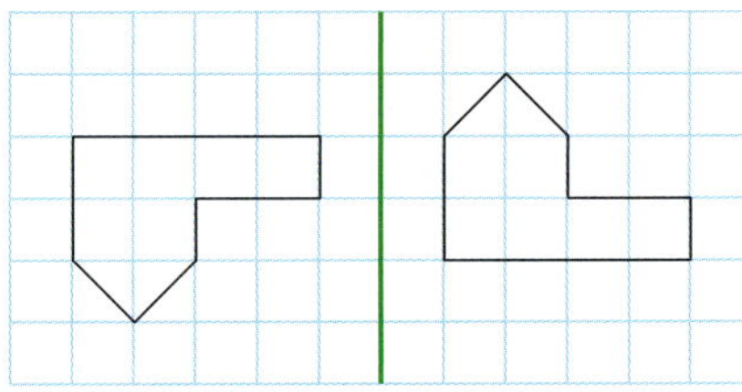

C

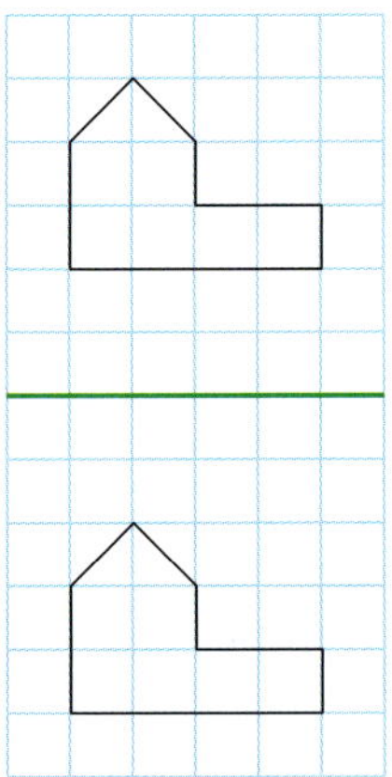

D

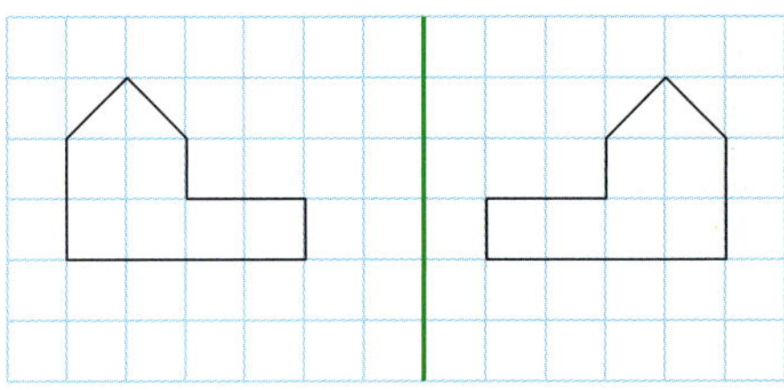

E

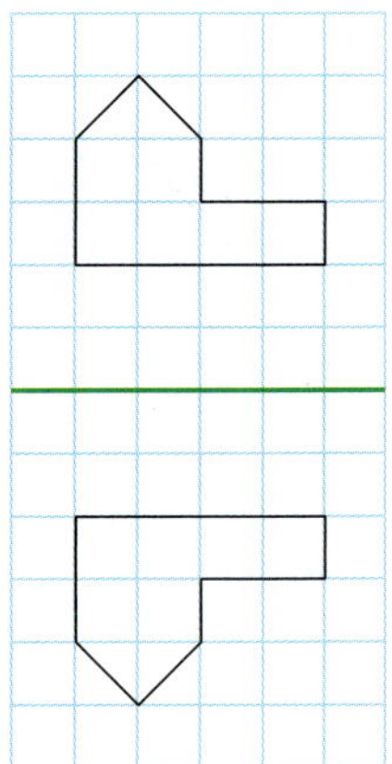

F

Pour les exercices de cette page, utilise la fiche photocopiée distribuée par le professeur ou reproduis les dessins sur une feuille quadrillée à petits carreaux.

EXERCICES

1 Complète le dessin par symétrie par rapport à l'axe vert.

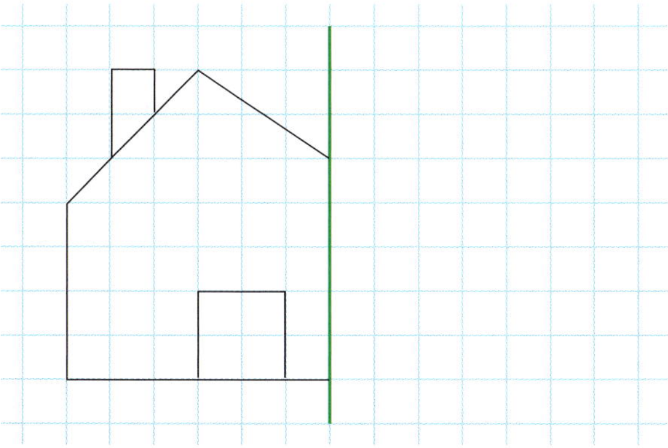

2 Complète le dessin par symétrie par rapport à l'axe vert.

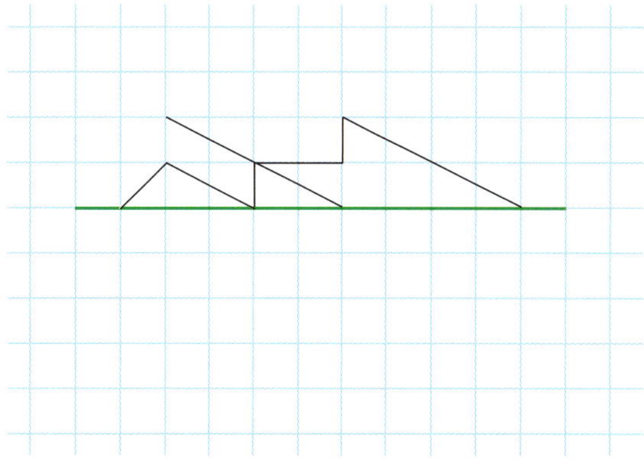

3 Complète le dessin par symétrie par rapport à l'axe vert.

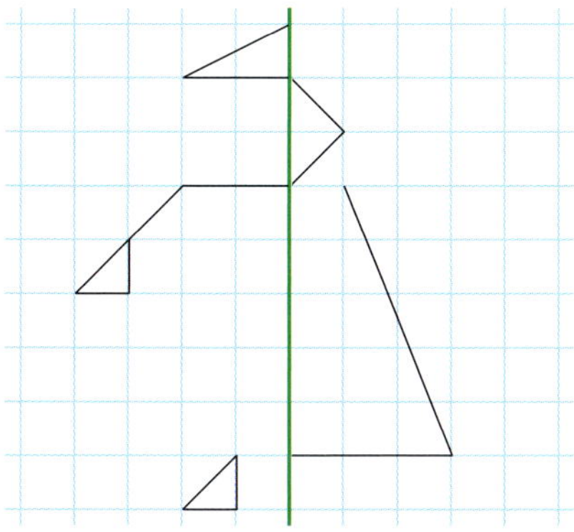

4 Complète le dessin par symétrie par rapport à l'axe vert.

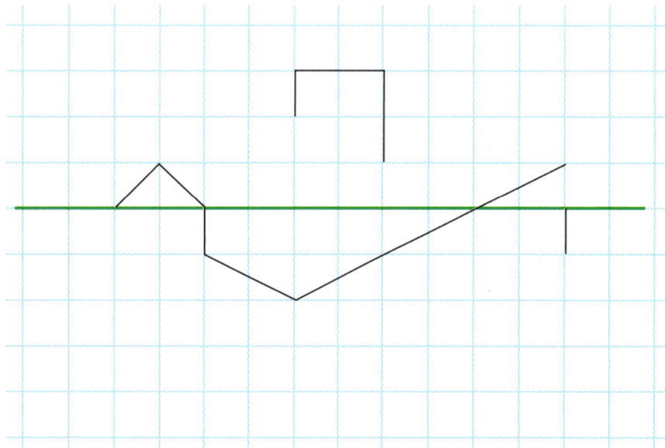

5 Dans chaque cas, complète les tracés par symétrie par rapport à l'axe vert.

Écris le nom de chaque figure obtenue.

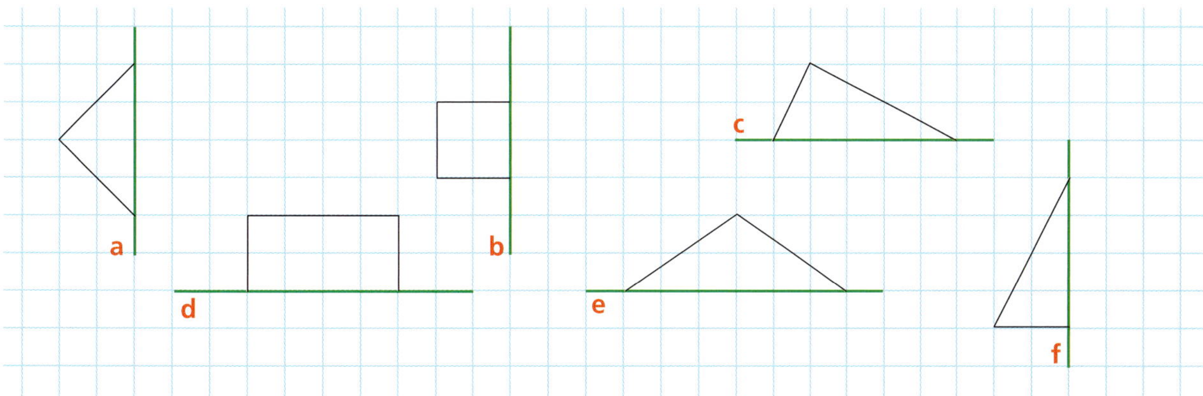

La monnaie

Objectifs : apprendre à rendre la monnaie, à trouver un complément.

DÉCOUVERTE

Alice, Théo et Qwang veulent acheter des pommes au nouveau distributeur automatique de fruits.
Le distributeur accepte les pièces et les billets.
Il rend la monnaie.
Pour une « Granny », Alice met une pièce de 2 euros.
Pour une « Reinette », Théo met une pièce de 2 euros.
Pour une « Royal Gala », Qwang met deux pièces de 50 centimes.

À qui la machine va-t-elle rendre les sommes suivantes ?

A 50 c, 20 c, 1 €

B 10 c, 20 c, 20 c, 1 €

C 10 c, 20 c, 10 c

Explique tes réponses.

EXERCICES

1 Complète les sommes d'argent avec des billets et des pièces.

5 €	10 € 5 €	2 €
12 € 50 c	17 € 50 c	9 € 60 c

2 Recopie et complète les sommes.

a. 12 € 50 c + … = 14 €
b. 20 € 30 c + … = 30 €
c. 7 € 50 c + … = 10 €
d. … + 3 € 50 c = 5 €
e. … + 15 € 60 c = 20 €
f. … + 23 € = 25 €

3 Reproduis et complète le tableau en utilisant ta calculatrice.

Somme donnée	Prix de l'objet	Monnaie rendue	Explique ta réponse
50 €	20.50 €		
100 €		79.50 €	
40 €	28.70 €		
	16.40 €	3.60 €	

4 Une place de cinéma coûte 8.30 €.
Noé a donné un billet de 10 €.

Que doit lui rendre le caissier ?

5 Liam a acheté un ballon qui coûte 8 €.
Le vendeur lui a rendu 2 € de monnaie.

Qu'avait donné Liam pour payer le ballon ?

6 La maman de Yara lui donne 20 € pour acheter un dictionnaire.
Quand Yara revient, elle rapporte 12.50 € à sa maman.

Quel est le prix du dictionnaire ?

7 Yann et Thomas achètent un sac de billes pour se partager le contenu.
Chacun donne 1 €. Le marchand leur rend 60 c.

Quel est le prix du sac de billes ?

8 Pour acheter un paquet de bonbons, Ewana donne 70 c et Garance donne 1 € 20 c.
Le marchand leur rend 5 c.

Quel est le prix du paquet de bonbons ?

9 Chez le boulanger, la baguette de pain coûte 85 c. Un client achète une baguette et donne 1 € et 5 c à la vendeuse.

Combien la vendeuse va-t-elle lui rendre ? Pourquoi le client a-t-il proposé 1 € et 5 c ?

Remue-méninges

Pour acheter 20 pains au chocolat, a-t-on intérêt à prendre 5 paquets de 4 pains au chocolat ou 2 paquets de 10 pains au chocolat ?

Explique ta réponse.

CALCUL MENTAL. Le professeur donne oralement la décomposition additive d'un nombre (dans l'ordre ou le désordre), les élèves écrivent le nombre correspondant.

Solides : de l'espace au plan

Objectifs : associer un objet à un solide et à sa représentation en perspective. Décrire des solides.

ACTIVITÉ PRÉPARATOIRE : jeu de portraits avec divers solides.

DÉCOUVERTE

1 Associe les objets dessinés à une représentation du solide en perspective.

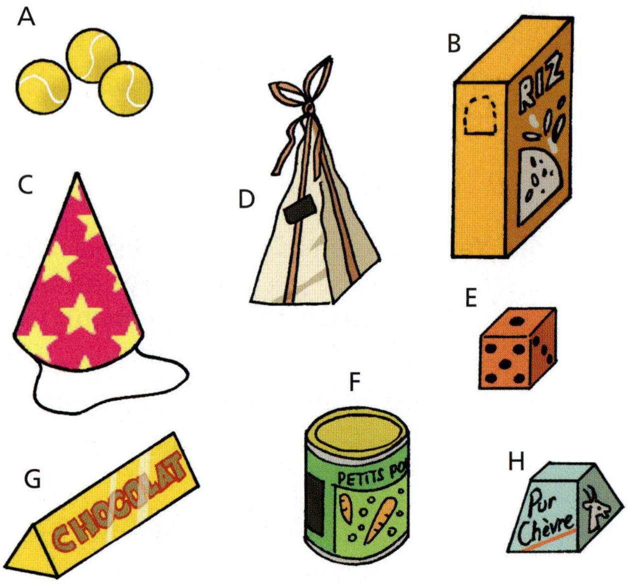

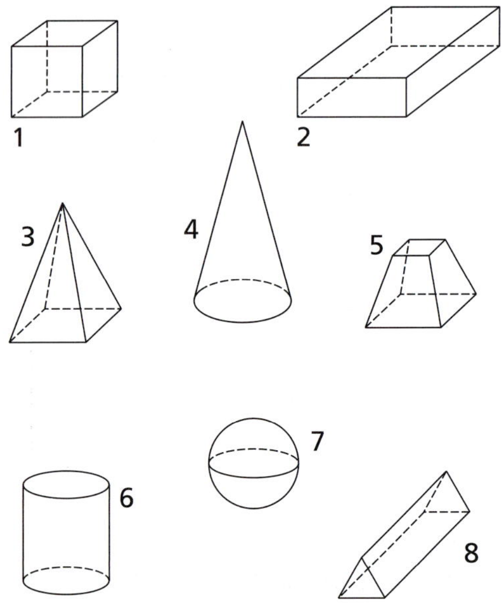

2 Un polyèdre est un solide fermé dont toutes les faces sont planes.
Quels solides sont des polyèdres ?

3 « Je suis un des solides dessinés. J'ai 12 arêtes, 8 sommets et 6 faces.
2 de mes faces et 2 seulement sont des carrés. Qui suis-je ? »

4 À toi de faire le portrait d'un solide pour que tes camarades le reconnaissent sans hésiter.

EXERCICES

1 Complète le tableau pour les polyèdres de la découverte.

N° du polyèdre	1				
Nombre de faces					
Nombre de sommets					
Nombres d'arêtes					

2 Voici des représentations en perspective de plusieurs polyèdres. Pour chacun d'eux, écris le nom des polygones nécessaires pour le construire et indique leur nombre.

a.

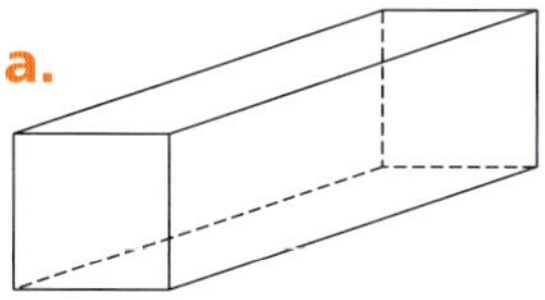

b.

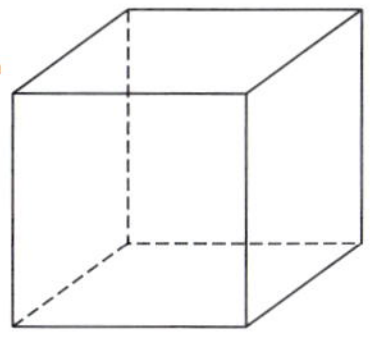

c.

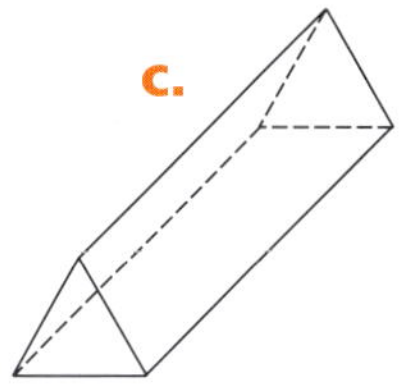

d.

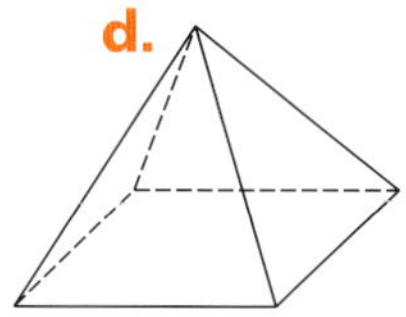

3 **Jeu du portrait**

« Je suis un polyèdre de la découverte, j'ai 5 faces, 9 arêtes, 6 sommets. Qui suis-je ? »

4 Complète le portrait de ce polyèdre.

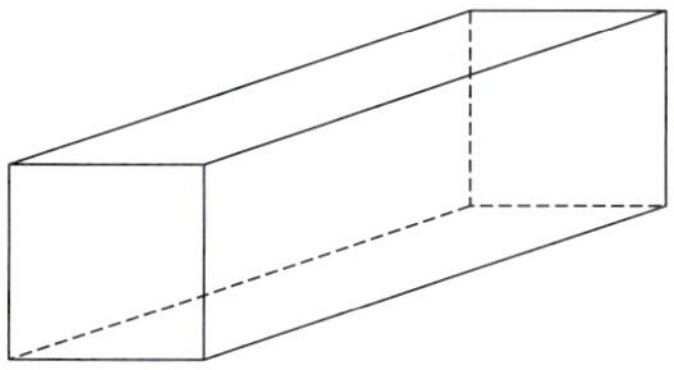

« J'ai … faces carrées et 4 faces …
J'ai … arêtes et 8 … . »

5 Fais le portrait de ce polyèdre.

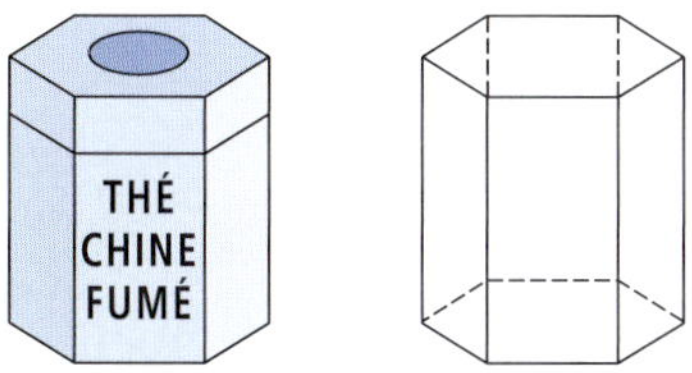

6 Ces monuments sont les tombeaux de pharaons de l'Égypte ancienne à Gizeh près du Caire.

Quelle forme ont-ils ?

Remue-méninges

Fais le portrait de ce polyèdre.

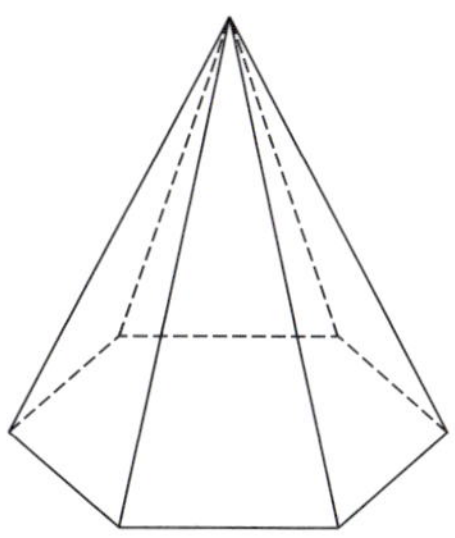

CALCUL MENTAL. Le professeur écrit un nombre en chiffres, les élèves l'affichent sur la calculatrice. Il dicte ensuite des calculs en chaîne.

Les nombres au-delà de 100 000

Objectifs : comparer, ordonner, encadrer des nombres quelle que soit leur taille.

DÉCOUVERTE

En 2007, un organisme a effectué le recensement des vaches dans les régions françaises. Voici les nombres trouvés pour certaines régions :

275 804   631 683   271 421   212 086   220 094   539 212   349 656   224 539

1 Reproduis et complète le tableau de Leïla avec le nombre de vaches pour chaque région.

Région	Nombre de vaches
Picardie	
Champagne-Ardenne	
Haute-Normandie	
Nord-Pas-de-Calais	
Centre	
Lorraine	
Bourgogne	
Basse-Normandie	

2 Le nombre de vaches en Poitou-Charentes est 329 510, celui de l'Aquitaine est 381 377.

Quelle région citée dans le tableau a plus de vaches que la région Poitou-Charentes et moins que l'Aquitaine ?

Écris les inégalités qui justifient ta réponse.

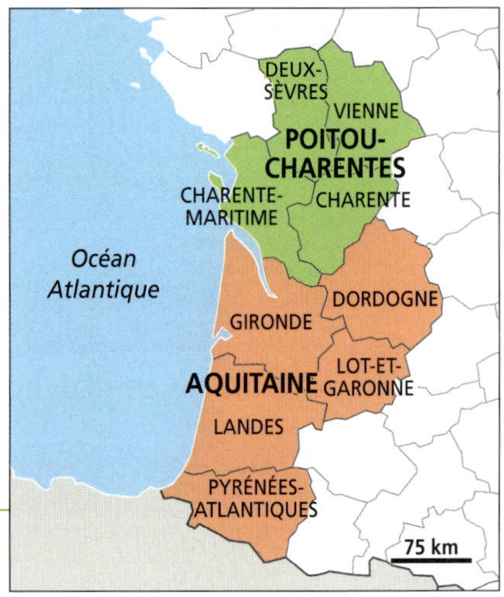

EXERCICES

1 Compare les nombres. Utilise le signe qui convient : < ou >.

a. 7 612 … 7 619
b. 1 224 … 648
c. 13 438 … 15 438
d. 9 705 … 9 075
e. 210 520 … 210 540
f. 456 275 … 456 627

2 Complète avec des chiffres qui conviennent.

a. 8 •4 8 > 8 •6 4

b. •• 7 2 3 < 1• 7 2 8

c. 9 0 5 > •9 5

d. 3• 5 1 8 < •6 8 1 5

3 Quels sont les nombres compris entre 327 073 et 430 028 ?

32 838 — 309 654 — 3 299 — 328 651 — 421 982 — 327 080 — 430 102 — 429 135

4 Je pense à l'un de ces nombres. Il est plus grand que 293 436 et plus petit que 311 502. Quel est ce nombre ?

319 450 — 205 197 — 29 349 — 298 318 — 31 975 — 281 001

5 Écris :

a. le plus petit nombre de cinq chiffres ;

b. le plus grand nombre de cinq chiffres ;

c. le plus grand nombre impair de cinq chiffres ;

d. le plus grand nombre pair de cinq chiffres ayant 6 pour chiffre des centaines.

6 Encadre les nombres entre deux centaines consécutives.

a. … < 4 576 < …

b. … < 475 690 < …

c. … < 320 076 < …

d. … < 43 026 < …

e. … < 999 < …

f. … < 68 097 < …

7 Encadre les nombres entre deux unités de mille consécutives.

a. … < 40 733 < …

b. … < 9 999 < …

c. … < 1 017 < …

d. … < 285 103 < …

e. … < 318 959 < …

f. … < 83 005 < …

8 Range les nombres du plus petit au plus grand. Écris-les en chiffres.

cent dix-huit mille neuf — cent soixante mille quatre cent quarante — cent mille — cent trente-deux mille six cent — quatre-vingt-dix-neuf mille sept cent quatre-vingts

Remue-méninges

Voici cinq chiffres : 8 5 1 9 4

a. Utilise quatre de ces chiffres pour écrire un nombre impair inférieur à 1 490. Trouve toutes les solutions.

b. Utilise quatre de ces chiffres pour écrire un nombre pair compris entre 9 500 et 9 800. Trouve toutes les solutions.

c. Utilise quatre de ces chiffres pour écrire un nombre pair supérieur à 9 800. Trouve toutes les solutions.

CALCUL MENTAL. Le professeur affiche cinq mots-nombres, les élèves écrivent en chiffres le maximum de nombres qui se disent en juxtaposant au moins trois de ces mots.

Cubes et pavés droits

Fiche LP

Objectifs : construire des patrons. Étudier des relations d'adjacence.

ACTIVITÉ PRÉPARATOIRE : construire des cubes et des pavés droits avec différents matériels.

DÉCOUVERTE

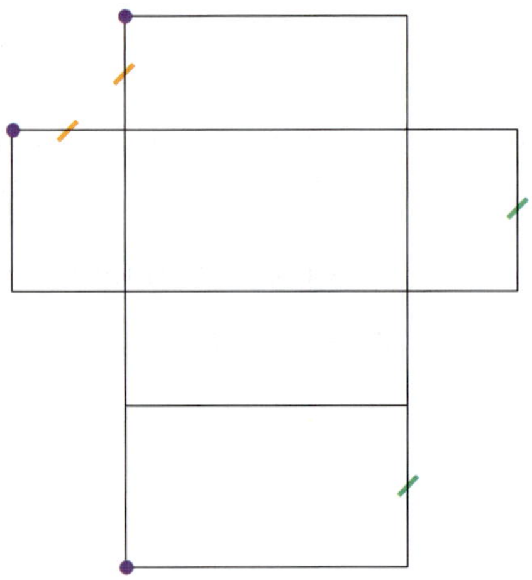

1 Décalque ce patron de pavé droit ; les traits d'une même couleur indiquent quels segments vont se toucher lorsque le pavé sera construit.
Continue d'indiquer avec d'autres couleurs les segments qui vont se toucher au montage.

2 Sur ce patron, les points d'une même couleur indiquent quels sommets vont coïncider lorsque le pavé sera construit.
Continue d'indiquer avec d'autres couleurs les sommets qui vont coïncider au montage.

3 Reproduis le patron du pavé sur un papier quadrillé, reporte le code couleur des segments et des sommets et vérifie tes prévisions en construisant le pavé.

EXERCICES

1 À quel cube correspond ce patron ?

Vérifie en construisant le cube après avoir reproduit le patron sur du papier quadrillé.

2 Quelles figures permettent de reconstituer un cube ?
Vérifie en essayant de construire le cube, après avoir reproduit les figures.
Utilise du papier quadrillé.

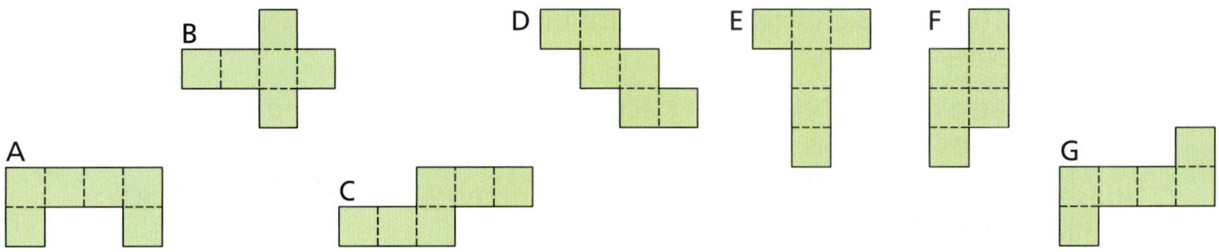

3 Ces dessins ont été tracés sur du papier pointé à mailles carrées.
Reproduis-les sur du papier identique et complète-les pour obtenir, dans chaque cas, la représentation d'un cube.

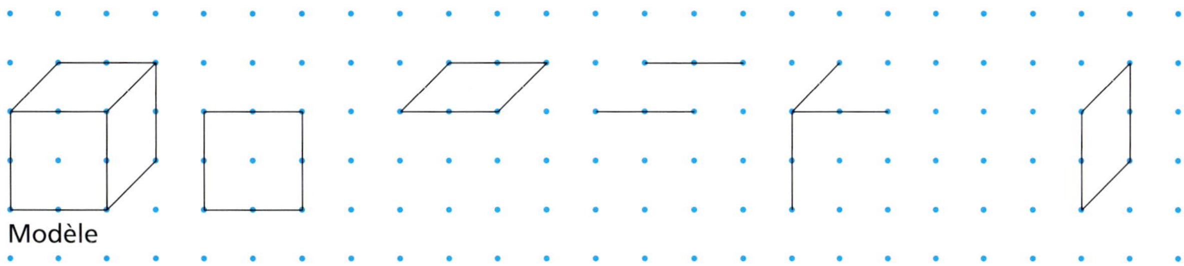

4 On veut construire un pavé ayant 2 faces rouges, 2 faces jaunes, 2 faces bleues, de telle sorte que 2 faces de même couleur ne se touchent pas.
Reproduis ce patron et prévois la couleur de chaque face.

Construis ensuite le pavé pour vérifier ta prévision.

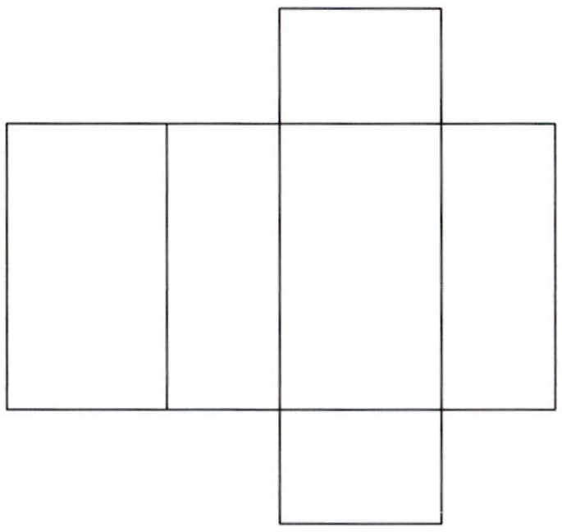

5 Sur un dé à jouer, la somme des points inscrits sur 2 faces opposées est 7.

Reproduis ce patron et inscris les points.
Puis vérifie en construisant le dé.

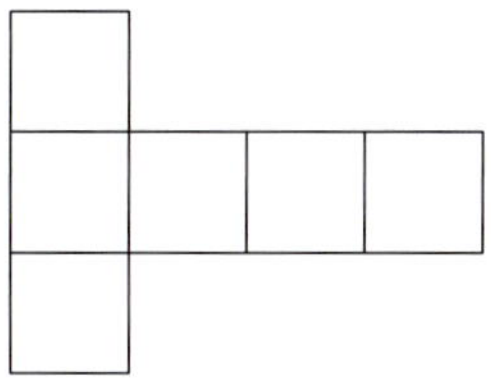

6 Reproduis ces patrons sur du papier pointé à mailles carrées.
Complète-les pour obtenir à chaque fois un cube ou un pavé droit.

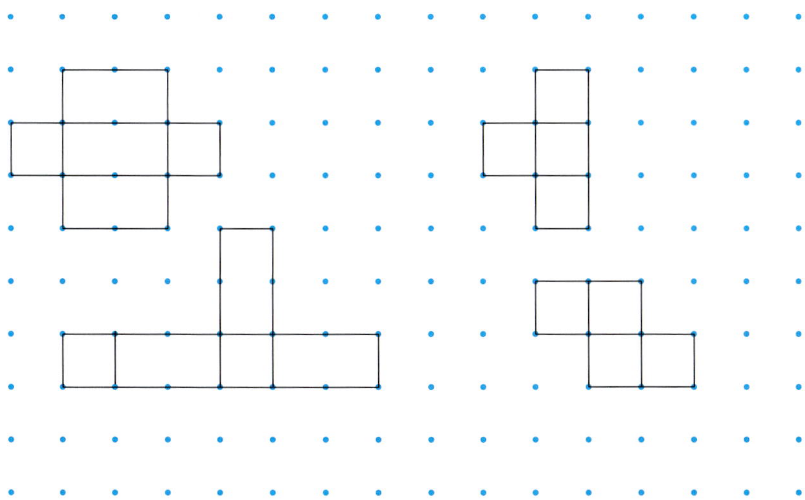

7 Pour réaliser le « squelette » d'un cube de 10 cm d'arête, quelle longueur de fil de fer faut-il ?

8 Construis un cube de 5 cm d'arête avec du papier uni.

Durées

Objectif : prendre des informations dans un tableau ou un graphique, calculer des durées.

Les vacances d'été

La durée des vacances d'été varie selon les pays.
En France en 2010, elles commencent le 2 juillet et finissent le 1er septembre.
Dans ce tableau, on a noté les dates de ces vacances pour quelques pays de l'Union européenne.

Pays	Vacances	Nombre de jours
Danemark	26 juin au 10 août	
Finlande	4 juin au 16 août	
France	2 juillet au 1er septembre	
Hongrie	16 juin au 31 août	

1 Calcule le nombre de jours de vacances d'été pour chaque pays, recopie et complète le tableau.

2 Les élèves grecs partent en vacances d'été le même jour que les élèves hongrois.
Leurs vacances durent dix jours de moins.
Quelle est la date de fin de vacances d'été en Grèce ?

3 La Nouvelle-Calédonie est une collectivité française d'Outre-mer (COM) qui se trouve dans l'hémisphère sud. Les élèves y ont un autre calendrier scolaire. En 2009, l'année scolaire a commencé le 19 février. Les élèves sont partis en vacances d'été le 12 décembre 2009 pour revenir le 18 février 2010.

Compare le nombre de jours de vacances d'été en France métropolitaine et en Nouvelle-Calédonie.

La journée scolaire dans l'Union européenne

La journée de classe d'un élève de l'école primaire n'est pas la même dans tous les pays de l'Union européenne.

Dans le graphique ci-dessous, tu peux lire :
– l'heure à laquelle commence généralement la classe le matin ou l'après-midi ;
– l'heure à laquelle elle se termine ;
– la période pendant laquelle a lieu le repas de midi quand il y a classe l'après-midi.

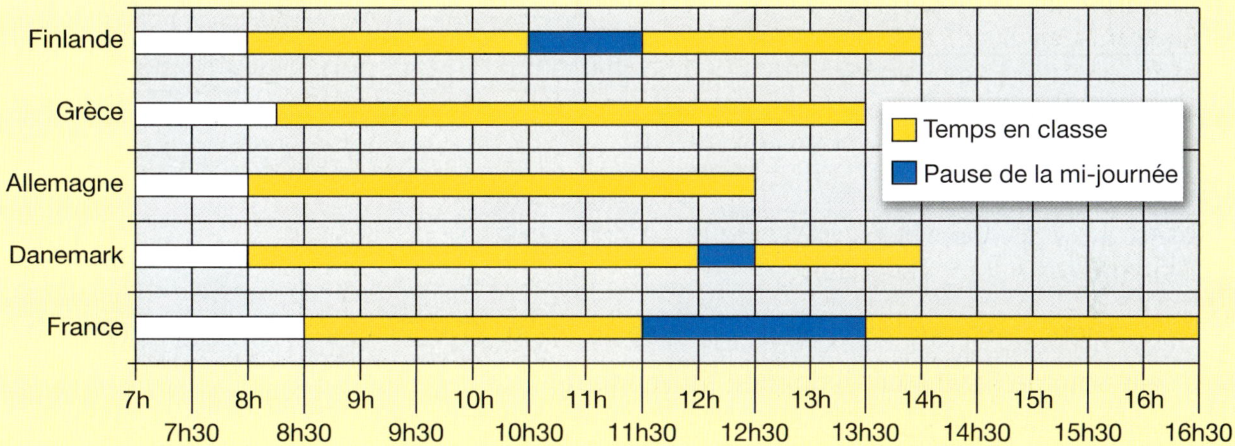

1 **a.** Reproduis les horloges suivantes et affiche l'heure de fin de classe de l'Allemagne, de la Grèce et de la France. Écris ensuite cette heure en écriture digitale.

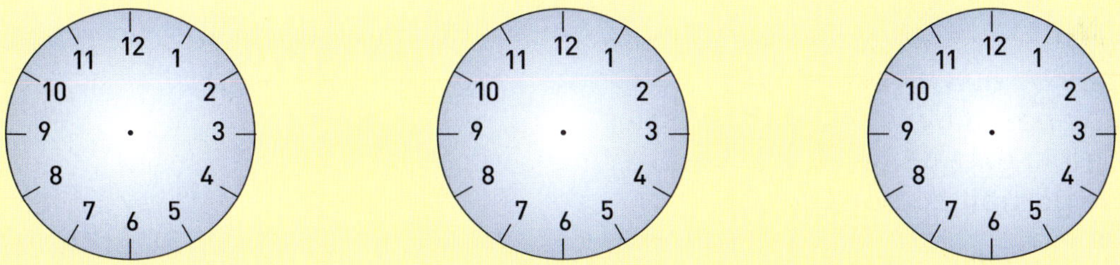

Allemagne   Grèce   France

b. Dans un de ces trois pays la journée à l'école dure moins de 5 heures. Lequel ?

2 Dans lequel des cinq pays étudiés la journée à l'école dure-t-elle exactement 5 heures ?

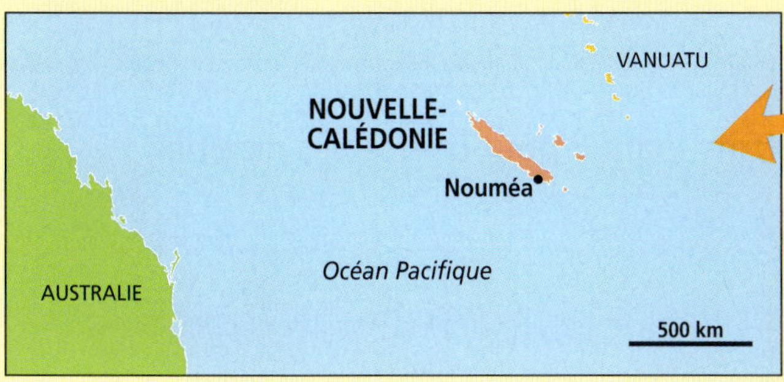

LE SAIS-TU ?

« Tu as sans doute été étonné de voir qu'en Nouvelle-Calédonie les vacances d'été commencent en décembre. Ce n'est pas une erreur. En effet, **les saisons sont inversées** selon que l'on est dans l'hémisphère nord ou l'hémisphère sud.

Ce que je suis capable de faire

1 Complète chaque figure par symétrie par rapport à l'axe vert.
Dans chaque cas, quelle figure obtiens-tu ?

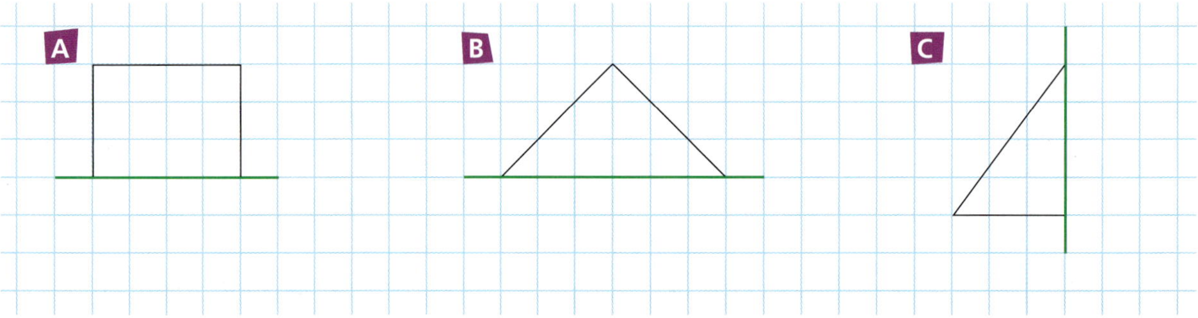

2 Farid achète une raquette de tennis de table qui coûte 27 € 50. Le vendeur lui rend 22 € 50.
Quelle somme Farid avait-il donnée au vendeur ?

3 **a.** « Je suis un polyèdre. J'ai 5 faces. 3 de mes faces sont des rectangles. Qui suis-je ? »

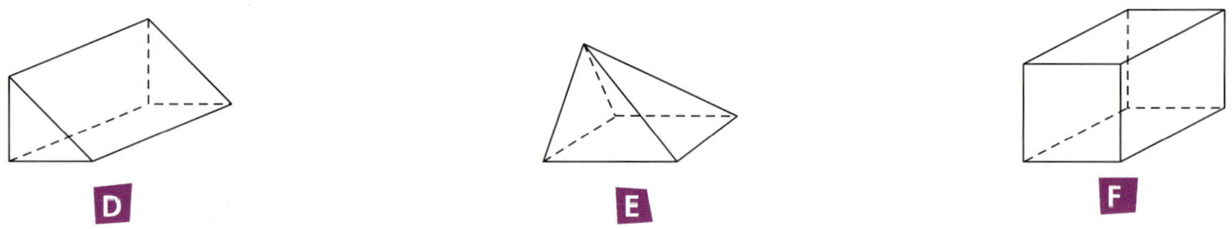

b. Fais le portrait du polyèdre F.

4 Recopie les nombres compris entre 13 567 et 315 476.

103 452 — 135 675 — 316 123 — 9 865 — 17 548

5 Écris :

a. le plus petit nombre de quatre chiffres.

b. le plus grand nombre de quatre chiffres.

c. le plus grand nombre pair de quatre chiffres ayant 5 pour chiffre des dizaines.

6 Écris en lettres le nombre 324 302.

7 Encadre les nombres entre deux centaines consécutives.

a. … < 145 < …
b. … < 1 235 < …
c. … < 3 026 < …
d. … < 475 601 < …

8 Complète.

a. 9 × … = 72
b. … × 8 = 64
c. … × 5 = 35
d. 7 × … = 49

9 Complète.

a. 8 × … = 320
b. … × 50 = 250
c. … × 3 = 210

10 À la piscine, Luc nage pendant 46 minutes. David nage deux fois moins longtemps.

Pendant combien de temps David nage-t-il ?

11 Marion achète 9 m de tissu pour sa robe de mariée. Le mètre de tissu coûte 17 €.

Combien paie-t-elle ?

12 Le décalage horaire (en hiver) entre la métropole et la Réunion est de 3 heures (3 heures de plus à la Réunion). Il est de 5 heures de moins avec la Martinique.

Reproduis les pendules et dessine les aiguilles.
Écris les deux affichages digitaux qui correspondent.

La Martinique

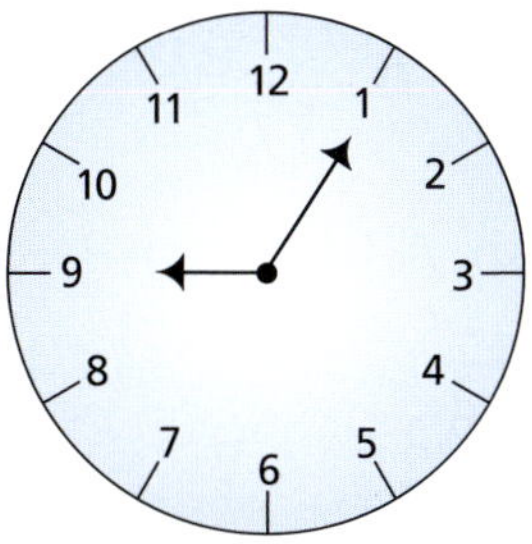
France métropolitaine

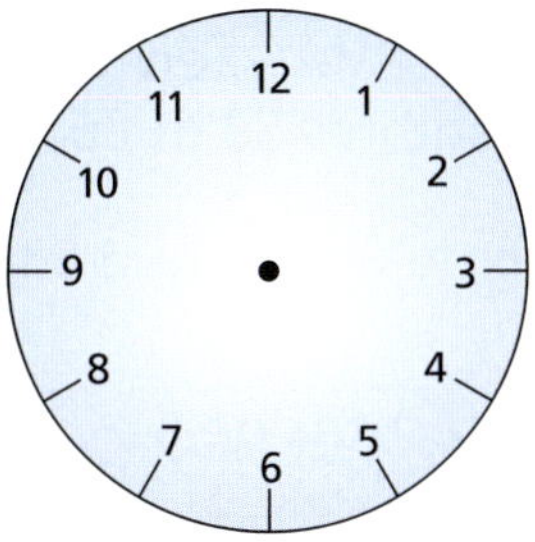
Réunion

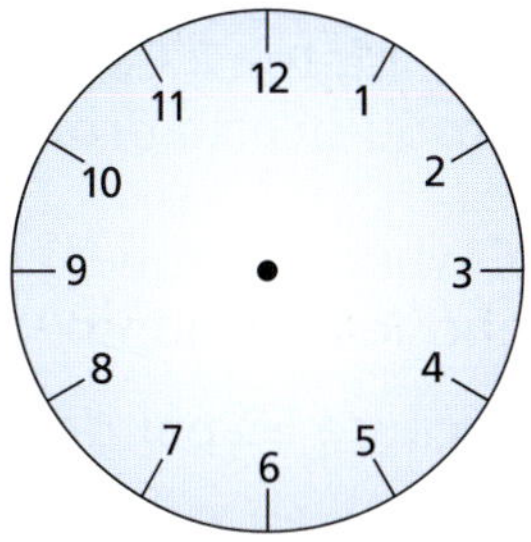
Martinique

Pour aller plus loin

1. Un cadeau qui a la forme d'un cube de côté 20 cm, est entouré d'un ruban comme sur le dessin.
Pour faire le nœud, il faut 50 cm de ruban.

Quelle longueur de ruban a-t-on utilisée ?

2. On obtient le nombre 100 en multipliant uniquement des 2 et des 5 :
100 = 2 × 5 × 2 × 5
On obtient aussi le nombre 10 000 en multipliant uniquement des 2 et des 5.

Combien en faut-il de chaque ? Et pour le nombre 50 000 ?

CALCUL MENTAL. Le professeur annonce un nombre (exemple : 24) et demande aux élèves d'écrire tous les produits égaux à ce nombre.

Encadrer un nombre entre des multiples d'un autre nombre

Objectif : utiliser la représentation de la droite numérique pour localiser un nombre entre deux multiples consécutifs d'un autre nombre.

DÉCOUVERTE

1

21	24	27	30	…	…	…	…	…
3 × 7	3 × 8	3 × 9	…	…	…	…	…	…

a. Reproduis cette droite graduée de 3 en 3.
Sous chaque graduation, complète avec un nombre et un produit.

b. Place approximativement le nombre 41 sur cette droite.

c. Encadre 41 par deux multiples consécutifs de 3 : 3 × … < 41 < 3 × …

2

6 × 8	6 × 9	6 × 10	6 × 11	6 × 12	6 × 13	6 × 14	6 × 15	6 × 16

a. Complète : « Cette droite est graduée de … en … ».
Reproduis cette droite et place les nombres 53 et 66.

b. Qwang dit que 66 est un multiple de 6 mais que 53 n'en est pas un. A-t-il raison ?
Explique ta réponse.

c. Encadre 53 par deux multiples consécutifs de 6 : 6 × … < 53 < 6 × …

EXERCICES

1

28	…	…	…	…	…	…	…	…
7 × 4	7 × 5	7 × 6	7 × 7	…	…	…	…	…

a. Complète : « Cette droite est graduée de … en … ».
Reproduis la droite et continue d'écrire les multiples de 7 correspondant à chaque graduation.

b. Place approximativement sur la droite les nombres : 38 54 80
et complète les encadrements :
7 × … < 38 < 7 × … 7 × … < 54 < 7 × … 7 × … < 80 < 7 × …

2

8 × 10 | 8 × 11 | 8 × 12 | 8 × 13 | … | … | … | … | …

a. Complète : « Cette droite est graduée de … en … ».
Reproduis la droite et continue d'écrire les multiples de 8 correspondant à chaque graduation.

b. Place 107 et 138 sur la droite.
Encadre 107 puis 138 entre deux multiples consécutifs de 8 :

… < 107 < …   et   … < 138 < …

c. Place 88 et 128 sur la droite.
Complète les égalités :   88 = 8 × …   et   128 = 8 × …

3 On cherche à savoir si les nombres **30** **36** **41** **100** sont des multiples de 4.
Si c'est le cas, écris l'égalité qui le montre.
Sinon, encadre-les entre deux multiples de 4 qui se suivent.

4

Pour vérifier ce que dit Alice, encadre 75 entre deux multiples consécutifs de 9 :

9 × … < 75 < 9 × …   et complète l'égalité   75 = (9 × …) + …

5 **a.** Dans 60, combien de fois 4 est-il contenu ? Combien reste-t-il ?

Complète :   60 = (4 × …) + …

b. Dans 60, combien de fois 5 est-il contenu ? Combien reste-t-il ?

Complète :   60 = (5 × …) + …

c. Dans 60, combien de fois 6 est-il contenu ? Combien reste-t-il ?

Complète :   60 = (6 × …) + …

d. Dans 60, combien de fois 7 est-il contenu ? Combien reste-t-il ?

Complète :   60 = (7 × …) + …

e. Dans 60, combien de fois 8 est-il contenu ? Combien reste-t-il ?

Complète :   60 = (8 × …) + …

f. Dans 60, combien de fois 9 est-il contenu ? Combien reste-t-il ?

Complète :   60 = (9 × …) + …

CALCUL MENTAL. Encadrer un nombre par deux multiples de 5 : le professeur dit un nombre, les élèves écrivent les deux multiples de 5 qui l'encadrent. Reprendre avec les multiples de 2.

Multiplication et division : nombre de parts

Objectif : résoudre des problèmes de recherche du nombre de parts.

ACTIVITÉ PRÉPARATOIRE : prévoir comment répartir équitablement 82 objets dans des sachets de 6. Vérifier par des manipulations effectives.

DÉCOUVERTE

Les enfants préparent des sachets de confiseries pour la fête de l'école.

1 Théo met 100 truffes en sachets ; dans chaque sachet, il met 8 truffes.

Calcule le nombre maximum de sachets qu'il va pouvoir remplir.
Indique s'il reste des truffes et combien.

2 Pour calculer le nombre de sachets que Théo peut remplir, Leïla fait des essais :
- si Théo remplit 10 sachets, cela fait 8 × 10 = 80, ce n'est pas assez ;
- s'il remplit 20 sachets, cela fait 8 × 20 = 160, c'est trop ;
- s'il remplit 15 sachets, cela fait 8 × 15 = 120, c'est encore trop.

• Continue le travail de Leïla pour trouver l'encadrement de 100 entre deux multiples consécutifs de 8, et place 100 sur la droite.

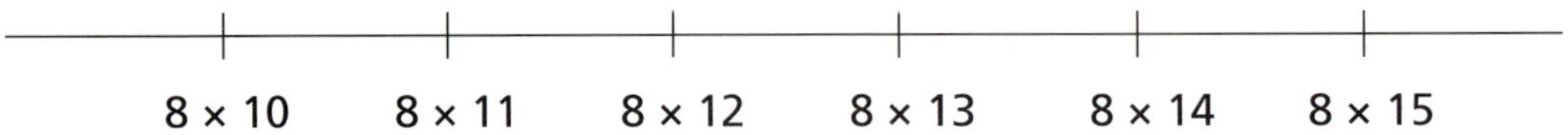

• Complète : 100 = (8 × …) + …
Théo a rempli … sachets et il reste … truffe(s).

3 Compare cette méthode avec la tienne.

EXERCICES

1 Tony doit mettre 240 chocolats dans des sachets de 10. Il dit qu'il trouve le nombre de sachets qu'il remplira en calculant mentalement.

Trouve toi aussi ce nombre en calculant mentalement.

multiplication, division : sens et calcul
C3 C4 C5 33 40 41 44 45 48 49 62 69 70 71 74 75

2 Gaëlle met 130 caramels en sachets. Dans chaque sachet, elle met 6 caramels.

Calcule le nombre de sachets qu'elle remplit et le nombre de caramels qui restent.

3 On sait que 72 = 8 × 9. En utilisant ce résultat, réponds aux questions.

a. Si on range 72 bonbons dans des sachets contenant chacun 8 bonbons, combien de sachets faut-il ?

b. Si on range 72 bonbons dans des sachets contenant chacun 9 bonbons, combien de sachets faut-il ?

4 Lou a rempli 4 boîtes de pâtes de fruits, chaque boîte en contient 25. Il lui reste 12 pâtes de fruits.

Combien de pâtes de fruits avait-elle ?

5 Dans une bande de papier de 85 cm, on veut découper des bandes de 7 cm.

Combien de morceaux peut-on découper ? Quelle longueur de papier restera-t-il ?

6 **a.** Avec 60 grammes de sucre en poudre, on remplit des sachets de 15 grammes. Combien de sachets peut-on remplir ? Quelle masse de sucre restera-t-il ?

b. Avec 75 grammes de sucre en poudre, combien de sachets de 15 grammes peut-on remplir ?

7 **a.** Place 65 entre deux multiples de 7 qui se suivent.

b. Utilise ce résultat pour résoudre ce problème :

Pour ranger 65 livres, Jean utilise des cartons qui peuvent contenir chacun 7 livres.

Combien de cartons lui faut-il ? Combien de cartons seront remplis ? Combien de livres y aura-t-il dans le dernier carton ?

8 **a.** En 70 combien de fois 6 ? Combien reste-t-il ? Complète : 70 = (6 × …) + …

b. En 70 combien de fois 7 ? Combien reste-t-il ? Complète : 70 = (7 × …) + …

9 Un groupe de 54 skieurs attend le téléphérique pour monter au Pic des Neiges. 15 personnes peuvent monter ensemble dans le téléphérique.

Combien de voyages faudra-t-il pour que tous les skieurs se retrouvent au sommet ?

Remue-méninges

Pour traverser la cour qui mesure 60 m, Camille a marché régulièrement en comptant ses pas. Elle en a compté 100.

Quelle est la longueur moyenne de son pas ?

CALCUL MENTAL. Encadrer un nombre par deux multiples de 3.
Reprendre avec les multiples de 4.

Multiplication et division : valeur d'une part

Objectif : résoudre des problèmes de recherche de la valeur d'une part.

DÉCOUVERTE

1 Pour la kermesse de fin d'année, Théo prépare des lots : il doit répartir équitablement 120 images de joueurs de football en 7 paquets.

Quel nombre maximum d'images doit-il mettre dans chaque paquet et combien d'images restera-t-il ?

2 Pour calculer le nombre d'images que Théo pourra mettre par paquet, Leïla a fait des essais :
– si Théo met 10 images par paquet, cela fait 7 × 10 = 70, ce n'est pas assez ;
– s'il met 20 images par paquet, cela fait 7 × 20 = 140, c'est trop ;
– s'il met 15 images par paquet, cela fait 7 × 15 = 105, ce n'est pas assez.

• Continue le travail de Leïla pour trouver l'encadrement de 120 entre deux multiples consécutifs de 7 et place 120 sur la droite.

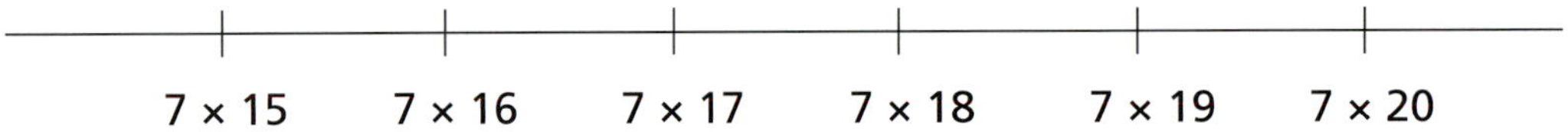

• Complète : 120 = (7 × …) + …
Théo a mis … images dans chaque paquet et il reste … image(s).

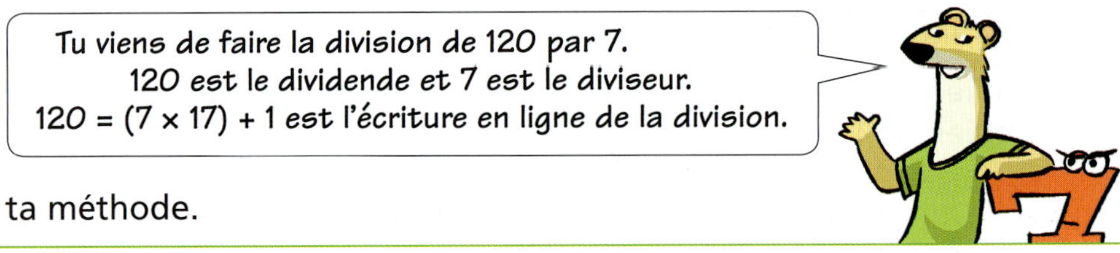

3 Compare avec ta méthode.

EXERCICES

1 Liam doit répartir équitablement 170 perles dans 10 paquets.
Il dit qu'il trouve le nombre de perles par paquet en calculant mentalement.

Trouve toi aussi ce nombre en calculant mentalement.

2 **a.** Pour faire 7 lots identiques avec 92 images, combien d'images met-on par lot et combien d'images reste-t-il ? Complète : 92 = (7 × …) + …

b. Pour faire 7 lots identiques avec 91 images, combien d'images met-on par lot et combien d'images reste-t-il ? Complète : 91 = (7 × …) + …

c. Pour faire 7 lots identiques avec 90 images, combien d'images met-on par lot et combien d'images reste-t-il ? Complète : 90 = (7 × …) + …

3 Lucile répartit équitablement 125 autocollants en 12 paquets.

Trouve le nombre maximum d'autocollants par paquet.
Combien d'autocollants reste-t-il ?

4 Eliot range 180 bonbons dans 15 boîtes. Il y a le même nombre de bonbons dans chaque boîte.

Combien de bonbons y a-t-il dans chaque boîte ? Combien de bonbons reste-t-il ?

5 Dans une pâtisserie, on présente les caramels dans des boîtes de 6 et les bonbons au chocolat dans des sachets de 10.

a. Combien de caramels faut-il pour remplir 15 boîtes ?

b. Combien de bonbons au chocolat faut-il pour remplir 15 sachets ?

6 Luc a couru 4 200 mètres en faisant 6 fois le tour du terrain de jeu.

Quelle est la longueur d'un tour ?

7 Mathilde a rangé 76 livres dans 9 cartons. Elle a mis le même nombre de livres dans chaque carton. Il lui reste 4 livres.

Combien de livres a-t-elle mis dans chaque carton ?

8 **a.** Dans 80, combien de fois 8 est-il contenu ? Combien reste-t-il ?
Complète : 80 = (8 × …) + …

b. Dans 80, combien de fois 9 est-il contenu ? Combien reste-t-il ?
Complète : 80 = (9 × …) + …

9 Pour amener un groupe de 215 touristes au 56e étage de la tour Montparnasse à Paris, l'ascenseur a effectué dix montées : neuf montées avec le nombre maximum de passagers autorisé et une montée pour les 17 touristes qui restaient.

Quel est ce nombre maximum de personnes autorisé dans l'ascenseur ?

Remue-méninges

Élise veut coller les 48 images de sa collection sur un album. Son album contient 12 pages, chaque page doit contenir le même nombre d'images. Élise peut ne pas utiliser toutes les pages. Elle doit décider si elle met 4, 5, 6, 7 ou 8 images par page.

Quelles sont les solutions possibles ?

72

CALCUL MENTAL. Encadrer un nombre par deux multiples de 6.
Reprendre avec les multiples de 7.

Mesures de contenances

Objectifs : comprendre les relations entre litre (L), centilitre (cL), demi-litre (1/2 L ou 50 cL) et effectuer des opérations simples.

ACTIVITÉ PRÉPARATOIRE : transvaser de l'eau avec des bouteilles de différentes contenances. Établir les relations entre litre (L) et centilitres (cL), entre 1/2 L et 50 cL, entre 1,5 L et 1 L 50 cL, entre 1,25 L et 1 L 25 cL.

DÉCOUVERTE

1 Pour chaque pack, calcule la quantité totale d'eau minérale.

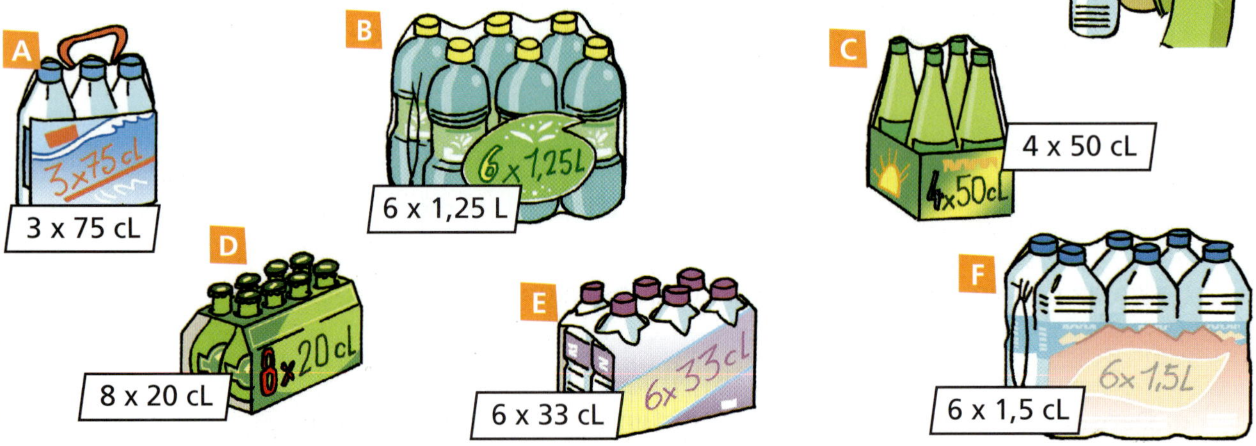

2 Range les quantités d'eau contenues dans ces packs de la plus petite à la plus grande.

EXERCICES

1 **a.** Dans le verre doseur A, on verse 25 cL de lait.

Décalque ce verre doseur et trace un trait pour marquer le niveau du lait dans ce verre.

b. Quelle quantité de lait a-t-on versée dans le verre doseur B ?

9 cL   15 cL   20 cL   35 cL

c. Dans le verre doseur C, on verse le contenu des verres A et B.

Décalque le verre doseur C et trace un trait pour marquer approximativement le niveau du lait dans ce verre.

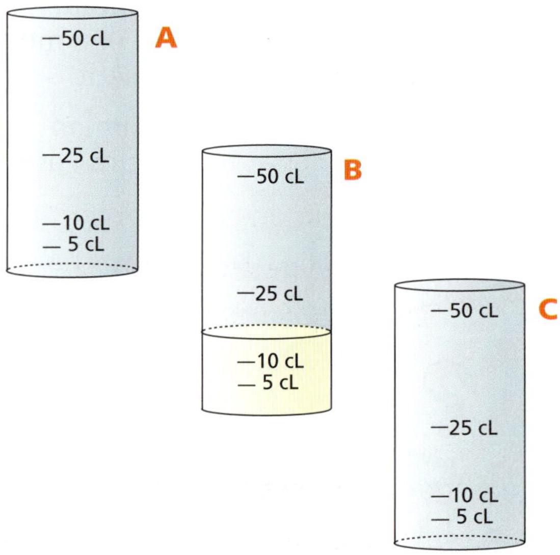

grandeurs et mesures

14 15 C6 29 31 42 43 50 59 64 72

2 Indique comment utiliser ce verre doseur pour mesurer :

a. 75 cL de lait

b. 30 cL de lait

c. 65 cL de lait

d. 1 L 50 cL de lait

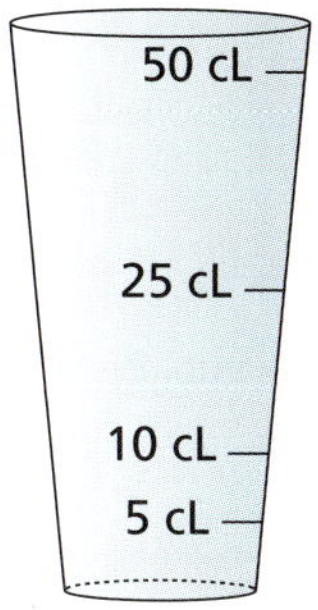

3 **a.** Pour faire cette recette, quelle quantité de jus de citron faut-il verser dans le récipient ?

b. Quelle quantité de jus de pamplemousse faut-il ajouter ?

c. Quelle quantité d'eau faut-il ajouter ?

d. Quelle quantité de boisson chaque personne aura-t-elle ?

e. Anselme veut préparer ce cocktail pour 16 personnes.
Écris les quantités nécessaires de chaque liquide.

Cocktail des îles pour 8 personnes

Dans un récipient, verser :
- 10 cL de sirop de grenadine ;
- le double de jus de citron ;
- 50 cL de jus d'orange ;
- autant de jus de pamplemousse ;

Compléter avec de l'eau pour obtenir 2 L de cocktail.

4 Anne a préparé 3 L de jus de fruit pour une promenade.
Elle a quatre gourdes :
– une contient 50 cL ;
– deux contiennent 75 cL ;
– la dernière contient 1 L.

Pourra-t-elle emporter tout le jus qu'elle a préparé ?

5 Convertis en centilitres les quantités suivantes :

a. 2 L   **b.** 5 L   **c.** 3 L 50 cL   **d.** 1/2 L   **e.** 1 L 75 cL

6 Pour remplir un aquarium de 20 L, Yann utilise un bidon de 3 L.

a. Combien de bidons complets va-t-il pouvoir verser dans l'aquarium ?

b. Quelle quantité d'eau devrait-il ajouter pour que l'aquarium soit plein ?

Remue-méninges

Corentin dispose d'un bidon de 5 L et d'une bouteille de 2 L.

Comment doit-il faire pour avoir exactement 1 L dans un des deux récipients ?

73

CALCUL MENTAL. Encadrer un nombre par deux multiples de 8.
Reprendre avec les multiples de 9.

Graphiques

Objectifs : interpréter et reporter des informations sur un graphique en vue d'un traitement des données.

DÉCOUVERTE

Dans ce graphique, tu peux lire des informations sur la consommation de fruits frais en Italie en 2004.

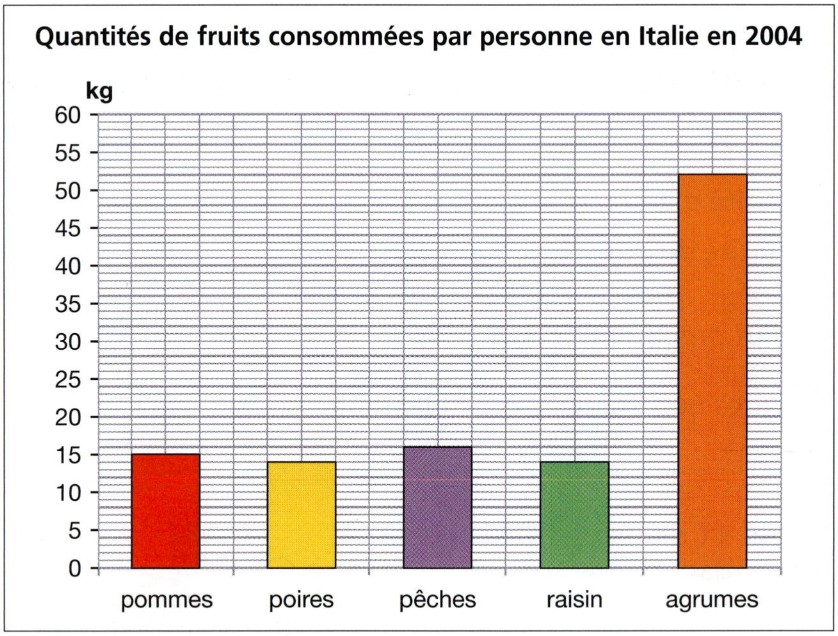

1 Quelle catégorie de fruits était la plus consommée en Italie en 2004 ? En quelle quantité ?

2 Quelle quantité de raisin consommait un Italien en 2004 ?

3 En 2004, un Italien a consommé 8 kg de pommes de moins qu'un Français.

Calcule la quantité de pommes consommée par un Français.

4 La quantité de poires consommée par un Français était 3 fois moins importante que la quantité de pommes consommée par un Italien.

Calcule la quantité de poires consommée par un Français.

5 En 2004, un Français a mangé autant de poires que de pêches.
Avec les réponses aux questions précédentes, dessine un graphique pour représenter les quantités de pommes, de poires et de pêches consommées par un Français en 2004. Utilise les lignes de ton cahier.

Écris le titre, les légendes et les nombres qui représentent les quantités.

Division : la technique

Objectif : trouver le quotient et le reste d'une division en encadrant le dividende par des multiples consécutifs du diviseur.

DÉCOUVERTE

1 Effectue la division de 97 par 5 et donne l'écriture en ligne de cette division.

2 Pour diviser 97 par 5, Alice a encadré 97 entre deux multiples consécutifs de 5.

Son schéma est-il juste ?

Sur son schéma, 2 représente l'écart entre deux nombres. Lesquels ?

3 **a.** Vérifie que 126 = (8 × 15) + 6.

b. Complète : « Dans la division de 126 par 8, le quotient est …, le reste est …, le dividende est …, le diviseur est … ».

4

Leïla a-t-elle raison ?

EXERCICES

1 Encadre 53 par deux multiples consécutifs de 5.

Quels sont le quotient et le reste de la division de 53 par 5 ?

Complète : 53 = (5 × …) + …

2 Encadre 67 par deux multiples consécutifs de 9.

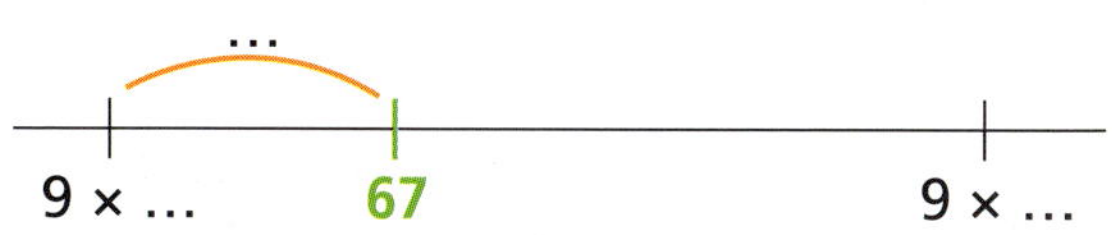

Quels sont le quotient et le reste de la division de 67 par 9 ?

Complète : 67 = (9 × …) + …

CALCUL MENTAL. Jeu des dominos oraux : calculs additifs, soustractifs, multiplicatifs.

Division : la technique

Objectif : s'approprier la présentation de la technique de la division à l'aide d'une potence.

DÉCOUVERTE

1 Effectue la division de 83 par 7 et donne l'écriture en ligne de cette division.

2 Pour diviser 83 par 7, Alice place 83 sur la droite graduée de 7 en 7.

- Reproduis la droite et complète son travail.

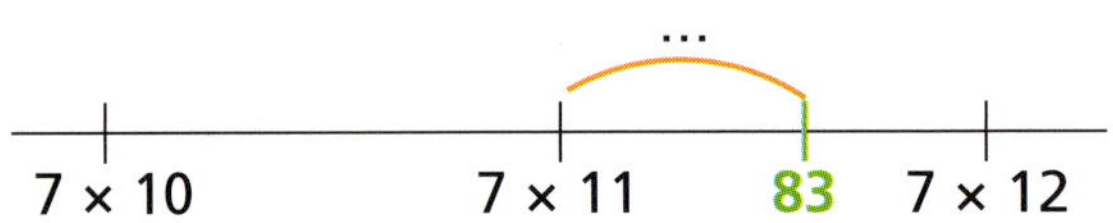

Pour calculer le reste, elle effectue la soustraction 83 – 77 et présente son travail à l'aide d'une potence.

```
  8 3 | 7
– 7 7 |----
      | 1 1
    6 |
```

- Observe où elle a placé les différents nombres, puis complète cette potence avec les mots : « dividende », « diviseur », « quotient » et « reste ».

```
.... | ....
     |------
.... | ....
     |
.... |
```

3 Effectue la division de 29 par 4, donne l'écriture en ligne de cette division et présente ton travail à l'aide d'une potence.

EXERCICES

1 Calcule mentalement le quotient et le reste de la division de 73 par 8.

Complète l'écriture en ligne et la potence :

73 = (8 × …) + …

```
 73 | 8
    |----
 …  | …
    |
 …  |
```

2 Calcule mentalement le quotient et le reste de la division de 59 par 6.

Complète l'écriture en ligne et la potence :

59 = (6 × …) + …

```
  |
  |----
  |
```

3 Effectue la division de 97 par 6.

Donne l'écriture en ligne de la division et présente ton calcul à l'aide d'une potence.

4 Effectue la division de 110 par 4.

Donne l'écriture en ligne de la division et présente ton calcul à l'aide d'une potence.

5 Vérifie que 108 = 9 × 12. Utilise ce résultat pour répondre aux questions.

a. Quel est le quotient de la division de 110 par 9 ?

Quel est le reste ?

b. Quel est le quotient de la division de 110 par 12 ?

Quel est le reste ?

6 126 coureurs prennent le départ d'une grande course cycliste.
Il y a 9 équipes. Le nombre de coureurs par équipe est le même.

Quel est ce nombre ?

7 Pour organiser un jeu, les enfants de l'école Elsa Triolet ont préparé 15 boîtes contenant chacune 12 billes. Il leur reste 3 billes.

Combien de billes avaient-ils ?

8 Les enfants de l'école Jacques Prévert veulent partager équitablement 67 images pour faire 5 lots.

Quel est le nombre maximum d'images possible par lot ?
Combien d'images reste-t-il ?

9 Voici le calcul d'une division, laquelle ?

Donne l'écriture en ligne de cette division.

102	7
– 98	14
4	

Remue-méninges

- Trouve le quotient et le reste de la division de 9 999 par 9.
- Utilise ce résultat pour trouver le quotient et le reste de la division de 10 000 par 9.
- Trouve le quotient et le reste de la division de 100 000 par 9.

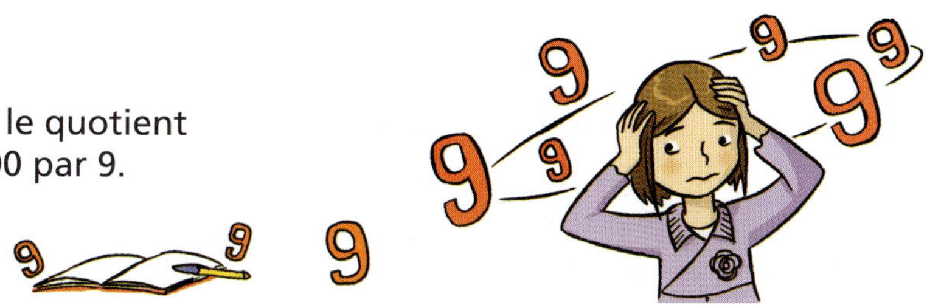

Décrire et reproduire des figures complexes

Objectif : identifier des figures simples dans des figures complexes.

Fiche LP

DÉCOUVERTE

Tu as déjà vu cette figure page 113.

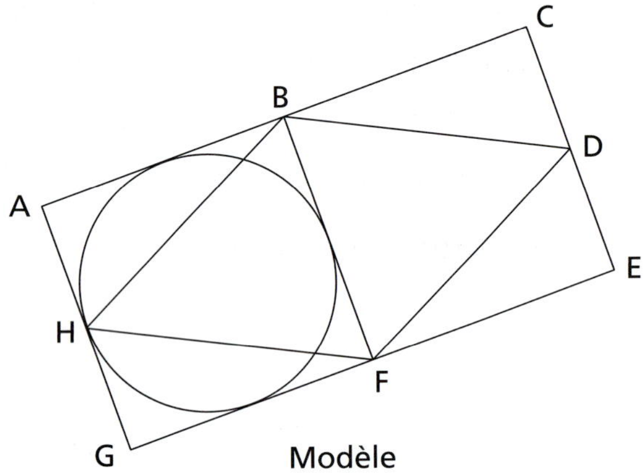

Modèle

1 Quelles figures géométriques reconnais-tu ?

2 **a.** Quelle est la position du point B sur le segment [AC] ?

b. Quelle est la position du point D sur le segment [CE] ?

3 Décalque la figure et effectue les tracés nécessaires pour trouver le centre du cercle. Appelle I ce point.

4 Reproduis la figure en l'agrandissant dans un rectangle de 6 cm sur 4 cm 5 mm.

EXERCICES

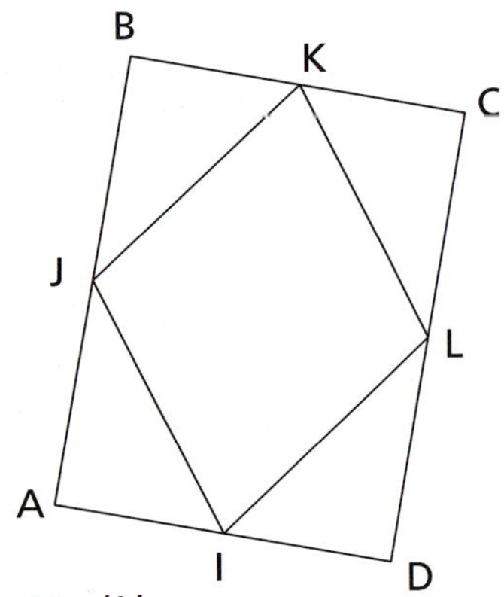

Modèle

1 **a.** Complète la description de la figure modèle :

ABCD est un … .
Les points I, J, K et L sont les … de ses côtés.
IJKL est un … .

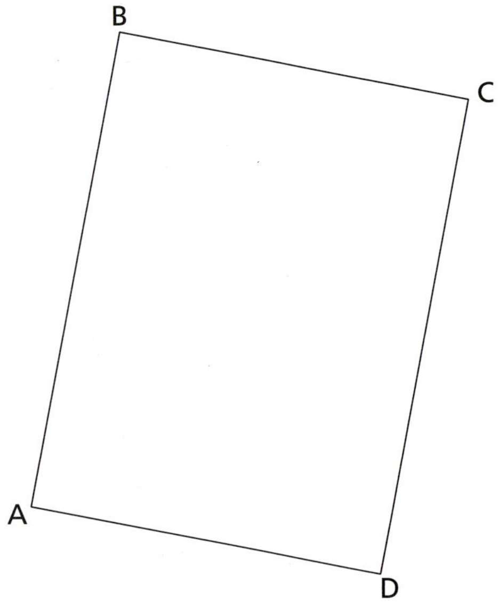

b. Reproduis la figure en l'agrandissant. Le rectangle est déjà tracé, décalque-le.

2 Sur cette figure, on a désigné les points par des lettres.

Complète la description de la figure :

ABCD est un … .

Les points A, I, L et C sont … .

Les points D, I, J et B sont … .

Le point … est le centre du carré ABCD.

Le point K est le … du segment [BC].

Le point M est le … du segment [AB].

Le point N est le … du segment [CD].

Les points K, J et M sont … . Les points K, L et N sont … .

Le quadrilatère IJKL est un … .

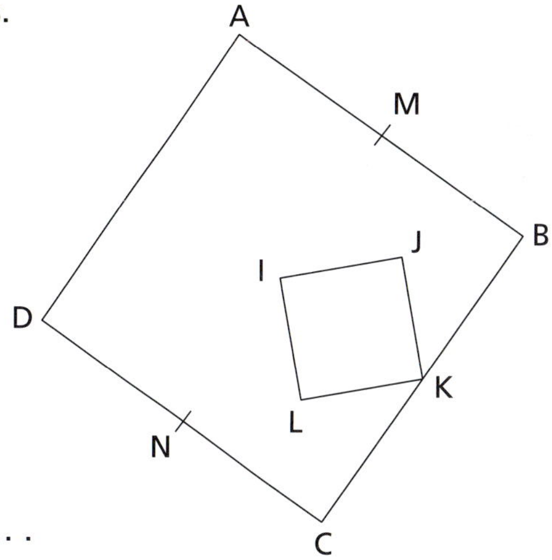

3

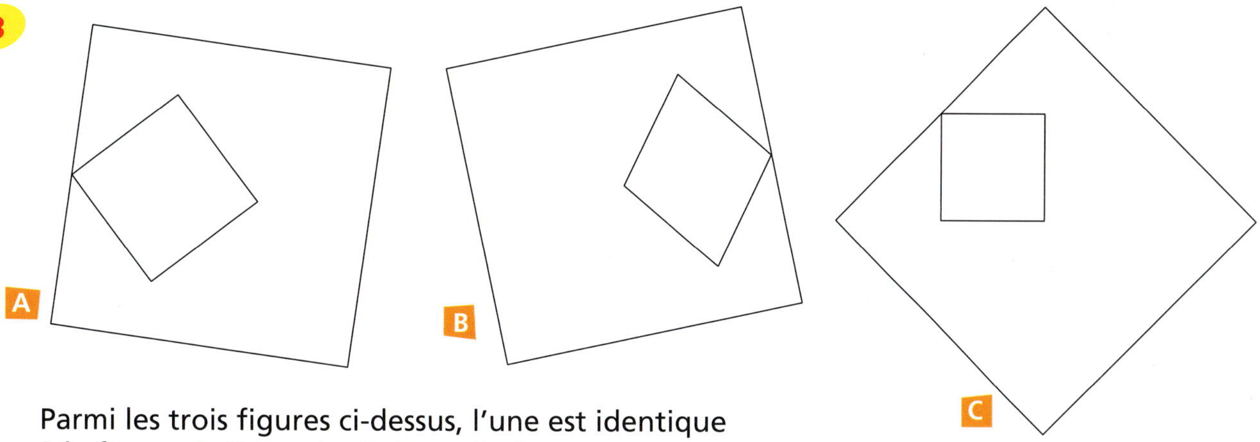

Parmi les trois figures ci-dessus, l'une est identique à la figure de l'exercice 2, laquelle ?

4 Décalque cet agrandissement de la figure de l'exercice 2. Certaines parties ont été effacées. Restaure-les.

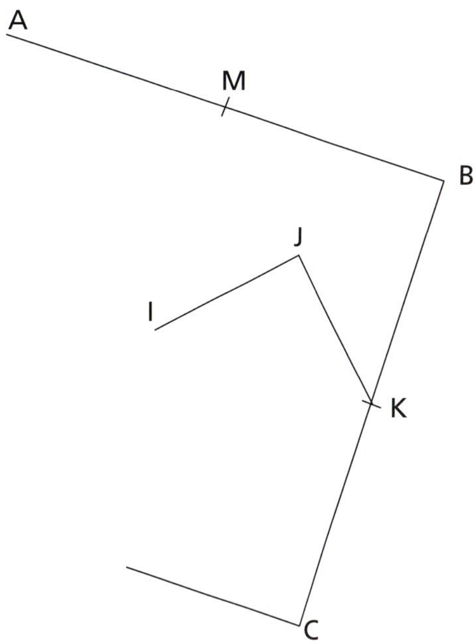

Calcul automatisé, calcul réfléchi : les quatre opérations

1 Calcule mentalement.

a. 146 + 12
146 – 12

b. 425 + 15
425 – 15

c. 258 + 7
258 – 7

d. 342 + 5
342 – 5

2 Calcule mentalement.

a. 323 + 8
323 + 18

b. 323 – 8
323 – 18

c. 164 + 6
164 + 26

d. 164 – 6
164 – 26

3 Calcule mentalement.

a. 1 272 + … = 1 280

b. 1 316 + … = 1 320

c. 2 340 + … = 2 400

d. 2 570 + … = 2 600

e. 250 + … = 1 000

f. 1 850 + … = 2 000

4 Calcule mentalement.

a. 25 × 4
25 × 8

b. 125 × 2
125 × 4

c. 15 × 20
15 × 40

d. 25 × 30
25 × 60

5 Calcule mentalement.

a. 60 × 7 = …
70 × 6 = …

b. 9 × 80 = …
90 × 8 = …

c. 8 × … = 480
6 × … = 480

d. … × 90 = 630
… × 7 = 630

6 Calcule avec la technique de ton choix.

a. 4 346 + 1 689 + 78

b. 3 562 – 1 834

c. 532 × 46

7 Complète avec les mots : le double, la moitié, le triple, le quart.

a. 15 est … de 60

b. 35 est … de 70

c. 150 est … de 50

d. 45 est … de 15

e. 150 est … de 75

f. 20 est … de 80

8 Complète.

a. 90 est le double de …
b. 90 est le triple de …
c. 120 est le triple de …
d. 120 est le double de …
e. 20 est le quart de …
f. 20 est la moitié de …

9 **a.** Combien de fois 7 est-il contenu dans 52 ? Quel est le reste ?
Complète : 52 = (7 × …) + …

b. Combien de fois 8 est-il contenu dans 72 ? Quel est le reste ?
Complète : 72 = (8 ×…) + …

c. Combien de fois 10 est-il contenu dans 93 ? Quel est le reste ?
Complète : 93 = (10 × …) + …

d. Combien de fois 100 est-il contenu dans 1 245 ? Quel est le reste ?
Complète : 1 245 = (100 × …) + …

10 Trouve le quotient, le reste et l'écriture en ligne de chacune de ces divisions.

a. 130 divisé par 13 **b.** 132 divisé par 13 **c.** 130 divisé par 10 **d.** 134 divisé par 10

11 **a.** Reproduis cette droite et place 175.

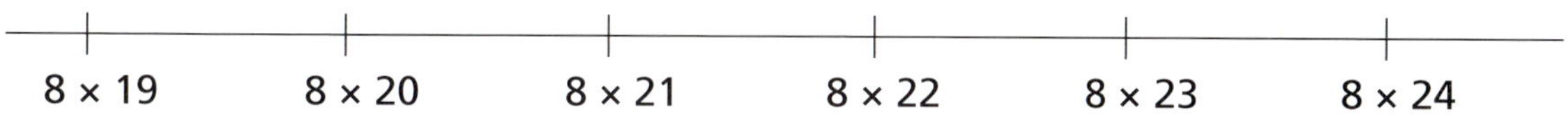

b. Donne le quotient, le reste et l'écriture en ligne de la division de 175 par 8.
Présente ton calcul avec une potence.

12 **a.** Trouve les deux multiples consécutifs de 7 qui encadrent 100.

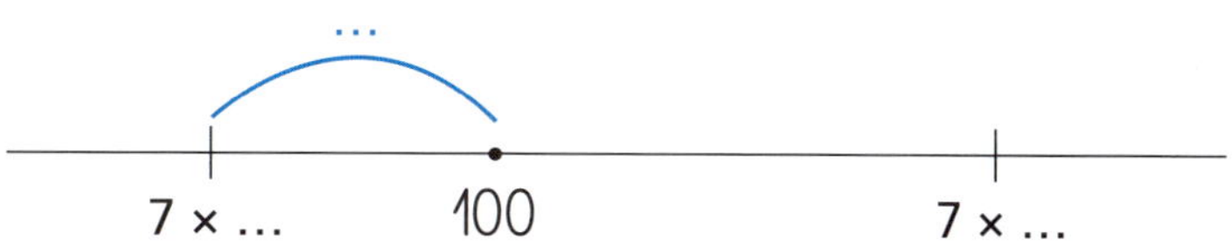

b. Donne le quotient, le reste et l'écriture en ligne de la division de 100 par 7.
Présente ton calcul avec une potence.

13 **a.** Trouve les deux multiples consécutifs de 9 qui encadrent 186.

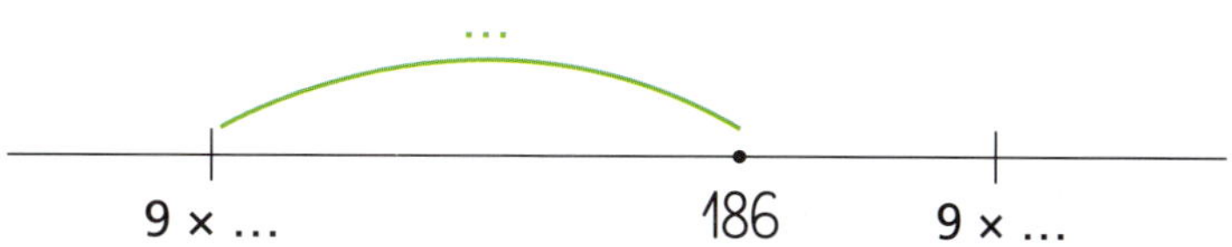

b. Donne le quotient, le reste et l'écriture en ligne de la division de 186 par 9.
Présente ton calcul avec une potence.

Ce que je suis capable de faire

1 Pour faire 6 lots identiques avec 50 images, combien d'images met-on par lot ?

Reste-t-il des images ?

2 Dans une bande de papier de 40 cm, on veut découper des morceaux de 9 cm.

Combien de morceaux peut-on découper ? Quelle longueur de papier restera-t-il ?

3 En t'aidant de ce schéma, donne le quotient, le reste et l'écriture en ligne de la division de 74 par 6.

4 Pour faire de la purée minute pour 4 personnes, on verse 50 cL d'eau et 25 cL de lait dans une casserole.

En tout, verse-t-on plus ou moins d'un litre de liquide ?

5 **a.** Complète la description de cette figure.

ABCD est un … .
Ses côtés mesurent … et … .
BECF est un … .
I est le … du segment [BC] et I est le milieu du segment … .
Les segments [BC] et [EF] sont … .

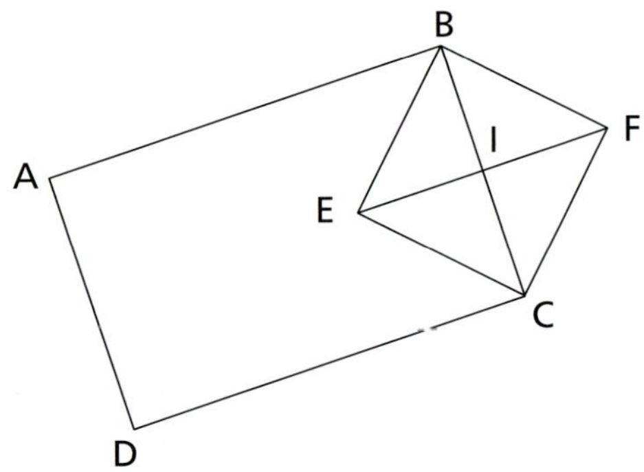

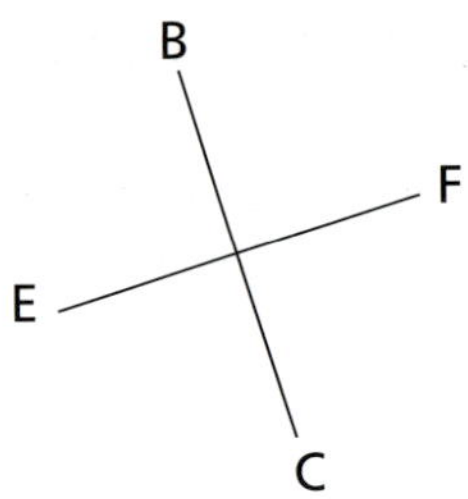

b. Décalque les segments [BC] et [EF] ci-contre et continue de reproduire la figure.

Pour s'exercer aux tracés

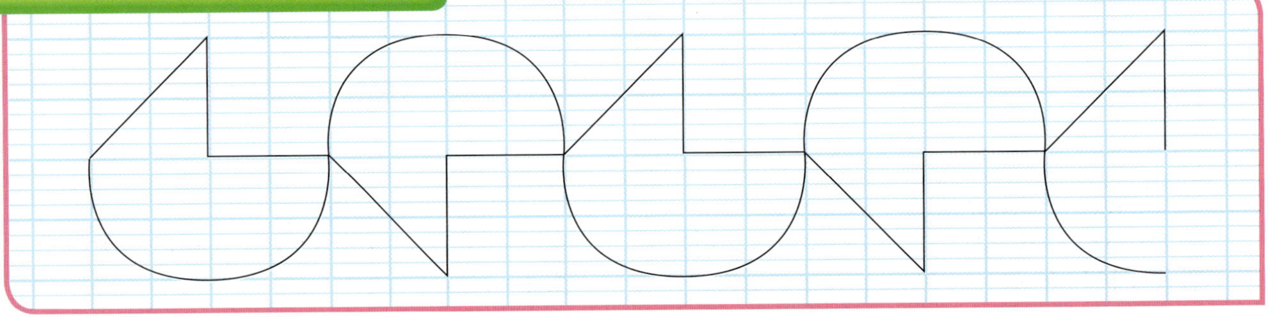

Problèmes numériques : aide à la résolution

Objectifs : s'entraîner à résoudre des problèmes. Apprendre à s'aider, quand c'est nécessaire, en les résolvant dans un champ numérique plus petit.

DÉCOUVERTE

Cherche à résoudre le premier problème. Si tu ne le comprends pas bien, résous le deuxième problème, puis recommence à réfléchir au premier.

1er problème

Théo a 70 images. Qwang en a 40.

Combien d'images Théo doit-il donner à Qwang pour qu'ils aient chacun le même nombre d'images ?

2e problème

Leïla a 12 images. Alice en a 8.

Combien d'images Leïla doit-elle donner à Alice pour qu'elles aient chacune le même nombre d'images ?

EXERCICES

Procède comme dans la découverte.

1 1er problème

Avec un tonneau de lait de chèvre à la groseille, Astérix peut remplir 32 louches. Chaque habitant du village gaulois boit le contenu d'une louche.

Combien faut-il de tonneaux pour servir les 160 habitants du village ?

2e problème

Avec une bouteille de jus de pomme, on peut remplir 6 verres. Chaque élève d'une classe boit le contenu d'un verre.

Combien faut-il de bouteilles pour servir les 24 élèves de cette classe ?

2 1er problème

Charlotte a 148 billes. Elle a 36 billes de plus que Vincent.

Combien de billes Vincent a-t-il ?

2e problème

Clément a 30 billes. Il a 10 billes de plus que Marion.

Combien de billes Marion a-t-elle ?

3 1er problème

« Je suis un nombre.
Si on me multiplie par 8, on trouve 448.
Qui suis-je ? »

2e problème

« Je suis un nombre.
Si on me multiplie par 8, on trouve 72.
Qui suis-je ? »

CALCUL MENTAL. Jeu de cartes « recto verso » : tables d'addition et de multiplication.

Numération : entretien

1 Écris la décomposition auditive de chaque nombre, puis son écriture chiffrée.

a. vingt mille quatorze

b. mille deux cent quatre-vingt-dix-sept

c. trois mille cent quatre

2 Écris le nombre correspondant à chacune de ces décompositions.

a. (4 × 100 000) + (6 × 10 000) + (7 × 100) + 2

b. (8 × 10 000) + (4 × 100) + (5 × 10)

c. (1 × 100 000) + 8 + (3 × 10 000) + (7 × 10) + (2 × 100)

3 Choisis un nombre de quatre chiffres et écris son portrait.
Propose-le à tes camarades.

4 Recopie et complète le tableau.

Juste avant	Nombre	Juste après
99	100	101
9 999		
48 090		
209 999		
		18 100
		7 000

5 Trouve la règle qui permet de passer d'un nombre à un autre et continue.

72 719 → (…) 72 819 → (…) 72 919 → (…) … → (…) … → (…) …

6 Trouve la règle qui permet de passer d'un nombre à un autre et continue.

83 432 → (…) 82 432 → (…) 81 432 → (…) … → (…) … → (…) …

7 Trouve l'écriture en chiffres de chaque nombre.

a. 8 dizaines de mille et 8 unités — 88 — 80 008 — 800 008

b. 2 centaines de mille et 2 unités de mille — 22 000 — 202 000 — 220 000

c. 31 unités de mille et 1 dizaine — 3 110 — 311 000 — 31 010

8 Reproduis le tableau. En juxtaposant tous les chiffres proposés une fois et une seule dans chaque case, écris le plus petit nombre possible et le plus grand nombre possible.

	7 ; 2 ; 0 ; 3 ; 5	2 ; 0, 1 ; 4	3 ; 0 ; 3 ; 3 ; 0	6 ; 7 ; 2
Le plus petit nombre	20 357			
Le plus grand nombre				

9 Encadre les nombres entre deux dizaines consécutives.

a. … < 12 247 < …

b. … < 4 392 < …

c. … < 137 024 < …

10 Encadre les nombres entre deux centaines consécutives.

a. … < 132 237 < …

b … < 84 946 < …

c … < 617 026 < …

11 Un imprimeur propose le tarif suivant pour imprimer les bulletins de vote : 230 € le paquet de 10 000.

À combien revient l'impression des bulletins de vote pour les 820 000 Français en âge de voter qui vivent à l'étranger ?

12 Combien de sachets de 100 g peut-on remplir avec 5 kg de sucre en poudre ?

13 **Jeu du portrait**

« Je suis un nombre compris entre 71 unités de mille et 72 unités de mille.
Mon chiffre des unités est le même que celui des unités de mille.
Mon chiffre des centaines est 4 fois plus grand que celui des unités.
Mon chiffre des dizaines vient juste après celui des unités.
Qui suis-je ? »

Remue-méninges

Voici cinq chiffres : 5 3 7 1 4

a. Utilise quatre de ces chiffres pour écrire un nombre pair inférieur à 3 500.

b. Utilise quatre de ces chiffres pour écrire un nombre impair supérieur à 5 300.

CALCUL MENTAL. Le professeur donne des nombres sous différentes formes (ex. : 51 centaines, 4 unités et 18 dizaines), les élèves les affichent sur leur calculatrice.

Construire des figures à partir de messages

Objectifs : associer une figure à son programme de construction, construire des figures à partir de messages.

Fiche LP

DÉCOUVERTE

1 Quel message permet de construire exactement cette figure ?

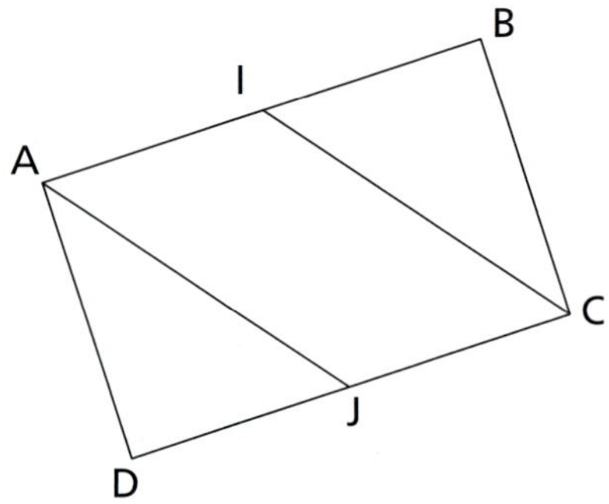

A Trace un rectangle ABCD, les côtés mesurent 4 cm et 2 cm 5 mm. Place un point I sur [AB] et un point J sur [CD]. Trace les segments [AJ] et [CI].

B Trace un rectangle ABCD, le côté [AB] mesure 4 cm et le côté [BC] mesure 2 cm 5 mm. Place le milieu I du segment [AB] et le milieu J du segment [CD]. Trace les segments [AJ] et [CI].

C Trace un rectangle de dimensions 4 cm et 2 cm 5 mm. Place les milieux des deux grands côtés et joins ces points aux sommets du rectangle.

2 Quelle figure correspond au message ?

Trace un triangle rectangle. Appelle A le sommet de l'angle droit, B et C les deux autres sommets. Le côté [AB] mesure 3 cm, le côté [AC] mesure 2 cm. Trace le carré de côté [AB] qui ne contient pas le triangle ABC.

1
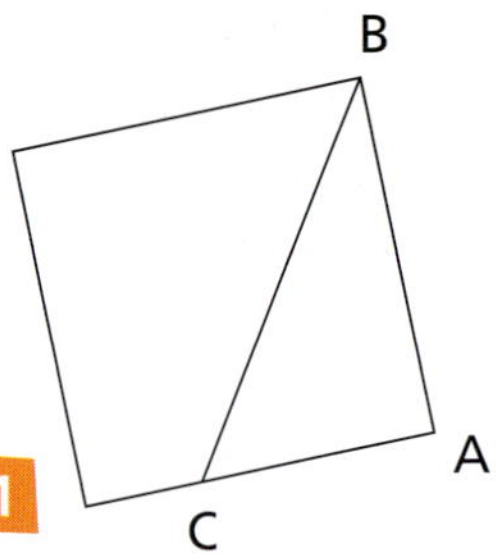

2
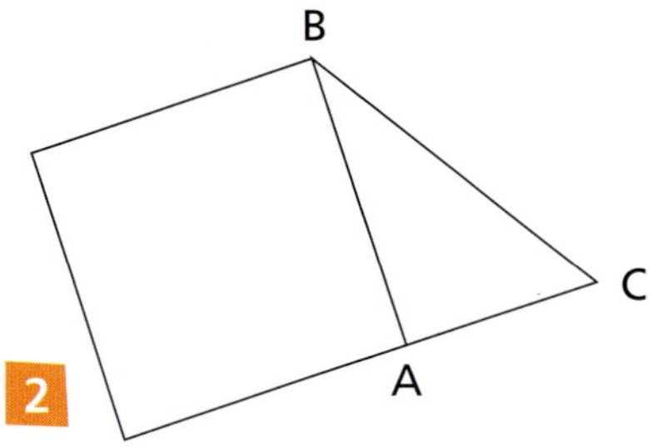

3
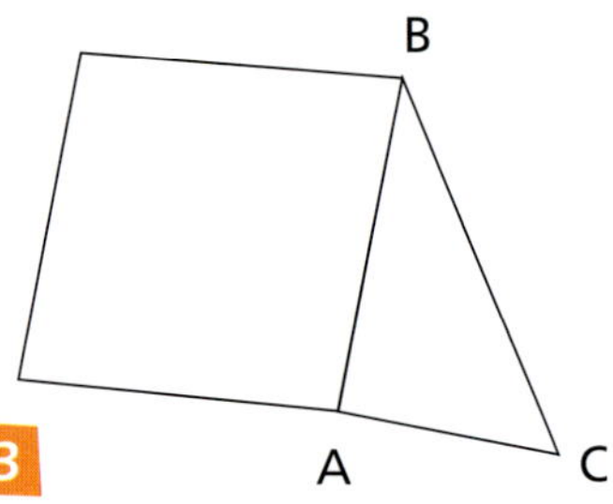

EXERCICES

1 Complète le programme de construction qui permettra de réaliser cette figure sans la voir.

Trace un rectangle de longueur 4 cm et de largeur 2 cm.
....

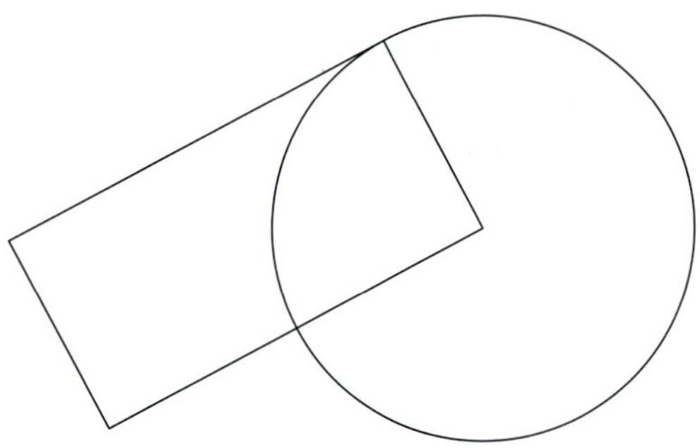

figures planes
12
30
35
38
46
53
76
78
81

2 Manon a commencé la construction de la figure qui correspond au message.

Décalque-la et termine-la.

Trace un cercle de centre I et de rayon 3 cm.
Trace un diamètre de ce cercle.
Appelle A et B ses extrémités.
Trace un carré de côté [AB].

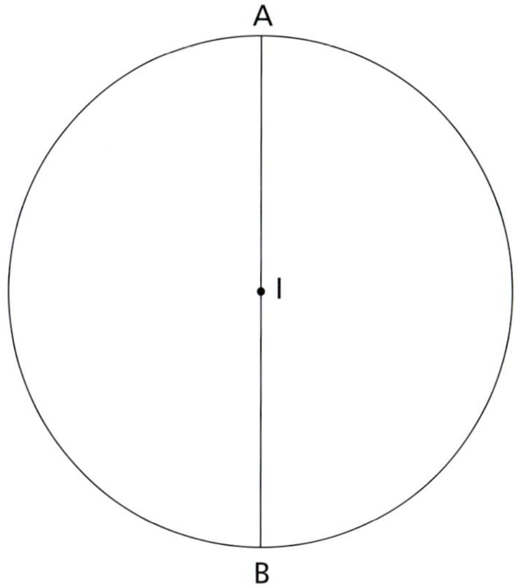

3 Trace la figure en suivant le programme :

Trace un rectangle de longueur 6 cm
et de largeur 4 cm.
Place les milieux de chacun des côtés
et joins-les deux à deux.

4 Construis un carré de côté 6 cm.
Ses diagonales se coupent en un point I.

Trace le cercle C de centre I et de rayon 3 cm.

Le cercle touche-t-il le carré ?

5

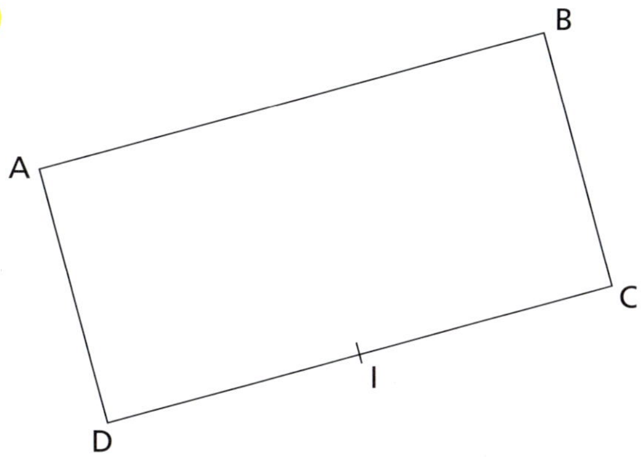

Décalque et complète la figure qui correspond au message.

Construis un rectangle ABCD, [AB] mesure 6 cm,
[BC] mesure 3 cm. Place le milieu I de [CD].
Trace le quart de cercle de centre C et de rayon
3 cm à l'intérieur du rectangle.
Trace le segment [AI].

6 Complète le message qui correspond à cette figure.

Construis un carré ABCD de côté 3 cm.
Trace le quart de cercle de centre A et de rayon 3 cm
à l'intérieur du carré.
....

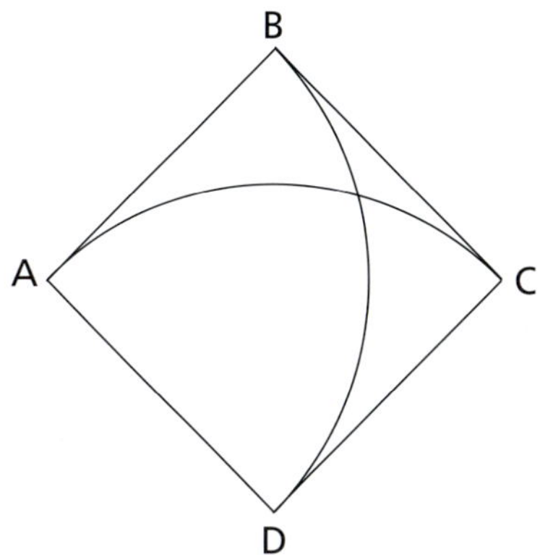

CALCUL MENTAL. Jeu du compte est bon.

Problèmes relevant des quatre opérations

1
- Laure découpe un rouleau de 150 cm de ruban rouge en morceaux de 5 cm.
- Omar découpe un rouleau de 150 cm de ruban bleu en morceaux de 9 cm.

Chaque enfant découpe le plus possible de morceaux de ruban.

Calcule le nombre de morceaux que chaque enfant peut découper.
S'il reste du ruban, indique chaque fois quelle longueur reste.

2 Il faut 45 cm de fil de nylon pour réaliser un collier.

Quelle longueur de fil faut-il pour réaliser 70 colliers ?

3 Sur les huit premières pages de son album, Naïm a collé 12 timbres par page. Sur la neuvième, il a collé 7 timbres.

Combien de timbres Naïm avait-il ?

4 Calcule la taille et le poids de chaque animal.

	Taille	Poids
Le rhinocéros est deux fois moins lourd que l'éléphant.	… cm	3 500 kg
Le lion pèse quatre fois moins que la girafe.	… cm	230 kg
La taille de **l'éléphant** est de … de moins que celle de la girafe.	… cm	… kg
L'hippopotame est 2 m moins haut que l'éléphant.	150 cm	3 000 kg
La girafe mesure : • 370 cm de plus que le rhinocéros ; • 380 cm de plus que le lion.	550 cm	… kg

5 Monsieur Martin a eu 65 ans en 2010.
En quelle année est-il né ?

6 Combien y a-t-il de sucettes dans 27 sachets de 12 sucettes ?

7 Noémie achète 436 perles qu'elle répartit équitablement en 4 paquets.

Combien de perles y aura-t-il dans chaque paquet ?

8 Pour le goûter, la maîtresse a prévu 4 bouteilles de 75 cL de jus de fruit.

Combien de verres peut-elle remplir si elle verse 20 cL de jus de fruit dans chaque verre ?

problèmes
47
55
58
77
E9
79

Problèmes pour apprendre à chercher

Objectif : s'entraîner à résoudre des problèmes en respectant des contraintes.

DÉCOUVERTE

Pour les offrir, Alice doit mettre 5 kg de bonbons en sachets. Elle a des sachets de 500 g et des sachets de 200 g.
Par exemple, elle peut utiliser 8 sachets de 500 g et 5 sachets de 200 g.

Trouve d'autres répartitions possibles.

EXERCICES

1 Le professeur de sports de la classe de CE2 cherche à faire des équipes pour un jeu.
Tous les élèves doivent participer au jeu.
Le professeur s'aperçoit qu'il peut former des équipes de 4 ou des équipes de 6 ou des équipes de 8.
Il y a moins de 30 élèves dans la classe.

Combien d'élèves y a-t-il dans cette classe ?

2 Monsieur Picture a 48 images. Il peut les donner toutes à un seul enfant.
Il peut aussi les partager équitablement entre plusieurs enfants.
Par exemple, il peut donner 24 images à 2 enfants.

Cherche tous les autres cas possibles.

3 Trouve toutes les manières d'obtenir 15 points en lançant trois dés, puis toutes les manières d'obtenir 10 points en lançant trois dés.

Remue-méninges

La somme de deux nombres est 10.

a. Leur produit peut-il se terminer par 1 ?

b. Leur produit peut-il se terminer par 2 ?

c. Et pour deux nombres dont la somme est 100, que réponds-tu aux deux questions précédentes ?

problèmes
47
55
58
77
E9
79

CALCUL MENTAL. Petits problèmes oraux sur les quatre opérations faisant intervenir diverses grandeurs (champ numérique inférieur à 100).

Les grands nombres

Objectifs : se familiariser avec de grands nombres. Étendre les acquis relatifs à la numération.

DÉCOUVERTE

Voici cinq mots-nombres :

trente | cent(s) | mille | deux | million(s)

1 Écris en lettres les nombres de Qwang et de Leïla.

2 En utilisant exactement les cinq mots-nombres, trouve deux autres nombres de plus de 6 chiffres.

Écris-les en lettres et en chiffres.

3 Écris les nombres de Qwang, de Leïla et les tiens dans un tableau de numération.

millions			mille					
c	d	u	c	d	u	c	d	u

EXERCICES

1 Écris en lettres les nombres : 63 000 000 | 3 740 000 | 86 100 000

2 Reproduis la grille et écris en chiffres les nombres suivants.

I. cinq cent quatre-vingt mille deux cent trente

II. cent quatre-vingt-six mille deux cent soixante-deux

III. trois cent mille quatre-vingt-dix

IV. quatre-vingt-dix-sept mille deux cent neuf

V. soixante-neuf mille cinq

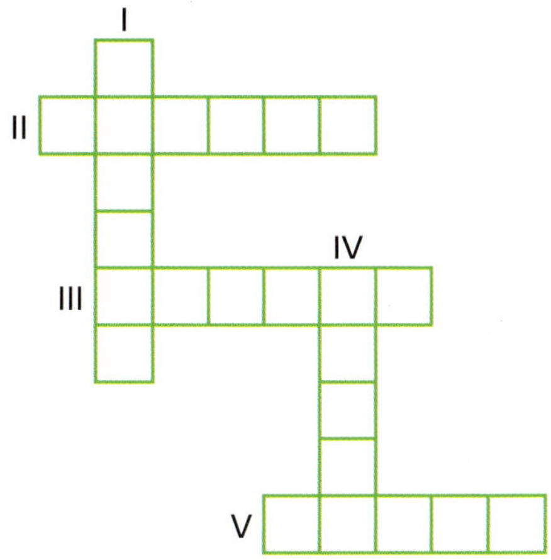

3 vingt(s) | cent(s) | quatre | mille | douze

Parmi les nombres ci-dessous, lesquels peux-tu dire à l'aide de ces étiquettes ?

124 012 — 40012004 — 192 000 — 20 000 412 — 102410012 — 100 092 — 92 000 100

4 Écris en chiffres :

a. douze dizaines de mille

b. trois dizaines de mille

c. soixante unités de mille

d. cinq unités de mille, trois centaines et neuf unités

5 La monnaie utilisée en Polynésie française est le franc de la Compagnie Française du Pacifique, dont l'abréviation est FCFP.

Les billets de banque sont émis en coupures de 500, 1 000, 5 000 et 10 000 FCFP.

a. Quel nombre maximum de billets de 10 000 FCFP peut-on obtenir avec 925 500 FCFP ?

b. Avec la même somme, quel nombre maximum de billets de 1 000 FCFP peut-on obtenir ?

c. Réalise cette somme avec des billets de 10 000 FCFP, 1 000 FCFP et 500 FCFP.

CALCUL MENTAL. Petits problèmes oraux sur les quatre opérations faisant intervenir diverses grandeurs (champ numérique inférieur à 100).

Calcul automatisé calcul réfléchi : les quatre opérations

1 Calcule avec la technique de ton choix.

a. 687 + 3 894 + 1 453 **b.** 3 206 – 1 748 **c.** 2 412 × 3 **d.** 37 divisé par 8

2 Pour chaque division, calcule le quotient et le reste.
Puis donne l'écriture en ligne et complète la potence.

a. 48 divisé par 3
48 = (3 × …) + …
48 | 3

b. 54 divisé par 7
54 = (7 × …) + …
54 | 7

c. 64 divisé par 5
64 = (5 × …) + …
64 | 5

3 Vérifie que 1 562 + 278 = 1 840.
Utilise ce résultat pour calculer :

a. 278 + 1 562 **c.** 1 562 + 178
b. 1 562 + 3 278 **d.** 1 552 + 288

4 Vérifie que 1 562 – 278 = 1 284.
Utilise ce résultat pour calculer :

a. 2 562 – 1 278 **c.** 3 562 – 278
b. 1 862 – 578 **d.** 1 362 – 78

5 Vérifie que 327 × 4 = 1 308. Utilise ce résultat pour calculer :

a. 327 × 40 **b.** 3 270 × 40 **c.** 327 × 4 000

6 Vérifie que 115 = (4 × 28) + 3.
Recopie et complète : « Dans la division de 115 par 4, le quotient est … , le reste est … , le dividende est … , le diviseur est … . »

7 Vérifie que 182 = (5 × 36) + 2. Recopie et complète la potence. 182 | 5

8 **a.** Trouve les deux multiples de 8 qui encadrent 166.

b. Reproduis le schéma et complète-le.

c. Donne le quotient, le reste et l'écriture en ligne de la division de 166 par 8.

Construire des figures à partir de schémas

Objectifs : apprendre à utiliser un schéma pour construire une figure.

DÉCOUVERTE

Construis la figure en observant le dessin à main levée et les indications qui sont données dans le message.

ABCD est un carré de côté 5 cm.
Les points A, B, C et D sont sur le cercle de centre I.

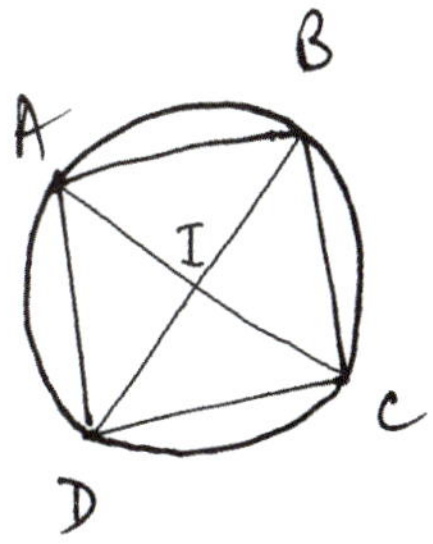

EXERCICES

1 Construis la figure en observant le dessin à main levée et les indications qui sont données.

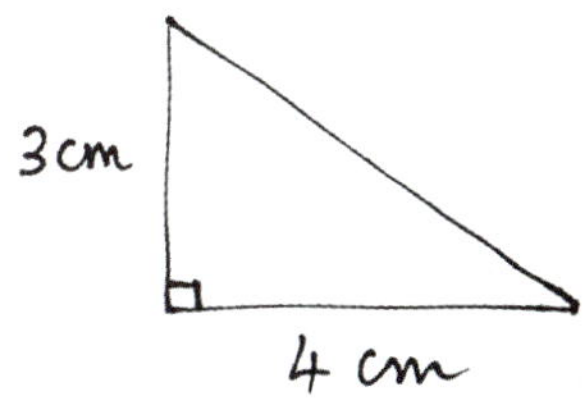

2 **a.** Trace à main levée la figure en suivant le message :

Trace un carré, appelle-le ABCD.
Place le point I au milieu du côté [AB].
Trace les segments [IC] et [ID].

b. Construis-la avec tes instruments. Le côté du carré doit mesurer 4 cm.

3 Sur ce dessin à main levée, on a tracé les segments [AC] et [BD] qui sont des diamètres du cercle.

a. Complète la description de ce dessin

Le centre du cercle est le point … ,
son rayon est égal à … cm,
les diamètres [AC] et [BD] sont … .
Le quadrilatère ICED est un … .

b. Construis cette figure avec tes instruments.

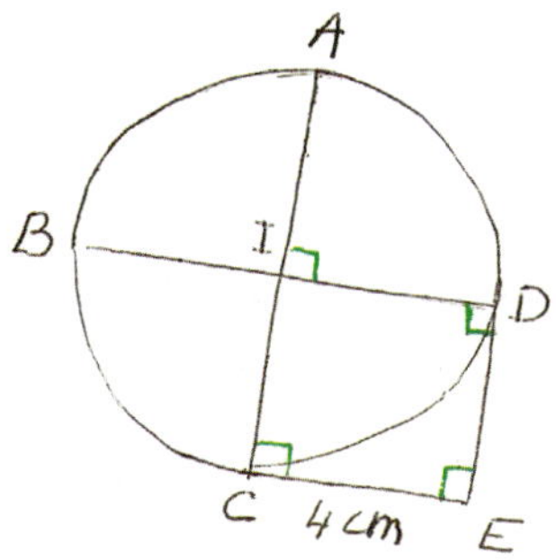

figures planes
12 30 35 38 46 63 76 78 81

Les grands nombres

Objectif : prendre des informations dans un tableau pour résoudre des problèmes relevant des quatre opérations.

L'Europe des musées

En 1977, le 18 mai est devenu la Journée internationale des musées, mais de nombreux musées de l'Union européenne ont déjà une longue histoire. Certains sont abrités dans des monuments qui existaient avant, d'autres se sont ouverts dans des bâtiments construits spécifiquement pour les accueillir.

Les musées les plus visités de l'Union européenne en 2007

Nom du musée ville, pays	Informations	Nombre de visiteurs	Date de création
Musée du Louvre Paris, France	Créé 180 ans avant le musée Van Gogh.	8 222 000	
British Museum Londres, Royaume-Uni	Créé 66 ans avant le Prado	4 536 000	
Le Prado Madrid, Espagne	A compté 26 centaines de milliers de visiteurs		1819
Musée Van Gogh Amsterdam, Pays-Bas	Inauguré 82 ans après le musée Skansen	1 550 000	
La Galerie des Offices Florence, Italie	Créée trois ans avant le début du XVIIe siècle.	1 400 000	
Musée en plein air Skansen Stockholm, Suède	Le nombre de visiteurs était de 138 dizaines de mille.		1891

1 Reproduis et complète le tableau avec les informations qui manquent.

2 Range ces musées du plus ancien au plus récent.

Le British Museum à Londres, Royaume-Uni

Galerie des Offices à Florence, Italie

Au musée en plein air à Skansen, Suède

Le musée du Louvre, à Paris

Le musée Van Gogh à Amsterdam, Pays-Bas

Le musée du Prado à Madrid, Espagne

LE SAIS-TU ?

Près d'Amboise, le manoir du Clos Lucé est un petit musée où on peut voir tout ce que **Léonard de Vinci** (1452-1519) a pu inventer. Peintre, sculpteur, urbaniste, architecte, ingénieur, savant, il avait imaginé ce qui allait devenir, bien des siècles plus tard, l'automobile, l'hélicoptère, le parachute, l'avion. D'abord au service des souverains italiens, l'auteur de la célèbre *Joconde* s'installe à Amboise en 1516, à l'invitation du roi de France François Ier. Âgé de 64 ans, il fait le voyage par les Alpes, transportant à dos de mulet ses œuvres les plus remarquables, dont justement la *Joconde* ! Il meurt dans le manoir du Clos Lucé qui est maintenant un musée.

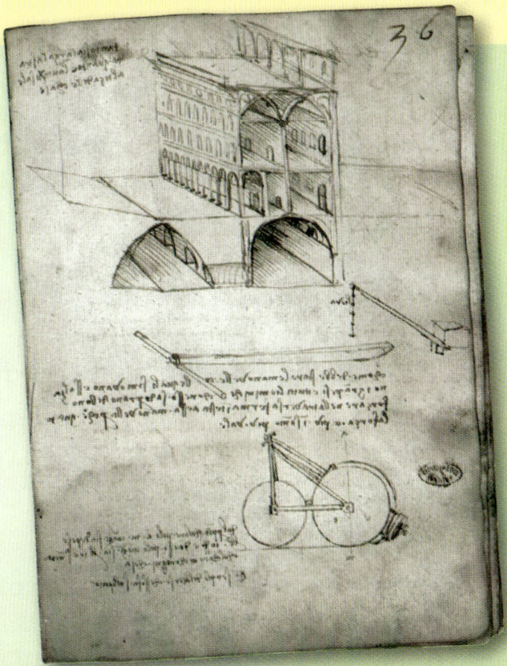

Dessins de Léonard de Vinci, 1488, Bibliothèque de l'Institut de France, Paris.

Ce que je suis capable de faire

1

a. Reproduis le tableau et écris chaque nombre en chiffres :

- quinze mille six cent deux
- neuf mille sept cent quarante et un
- deux cent soixante mille
- quatre-vingt-trois mille soixante-sept
- un million quatre cent trente mille

b. Recopie les nombres du plus grand au plus petit.

classe des millions			classe des mille					
c	d	u	c	d	u	c	d	u

2

Trouve le nombre « quatre cent cinquante-quatre mille quatre cent quatre-vingt-deux ». Écris-le.

454 422 — 454 482 — 45 422 — 454 402

3

Trouve le nombre qui correspond à chaque décomposition. Écris-le.

a. 4 centaines de mille et 3 centaines — 403 000 — 430 000 — 400 300

b. 15 dizaines de mille et 2 dizaines — 15 020 — 150 020 — 152 000

c. 3 unités de mille et 8 unités — 38 000 — 3 800 — 3 008

4

« Je suis un nombre pair de quatre chiffres. J'ai 64 centaines. La somme de mes chiffres est douze. Mon chiffre des dizaines n'est pas zéro. Qui suis-je ? »

5

Effectue les opérations selon la méthode de ton choix.

a. 3 757 – 457 **b.** 3 271 – 390 **c.** 34 × 12 **d.** 26 divisé par 4

6

En t'aidant de ce schéma, donne le quotient et le reste de la division de 94 par 8.

Complète l'écriture en ligne : 94 = (8 × …) + …

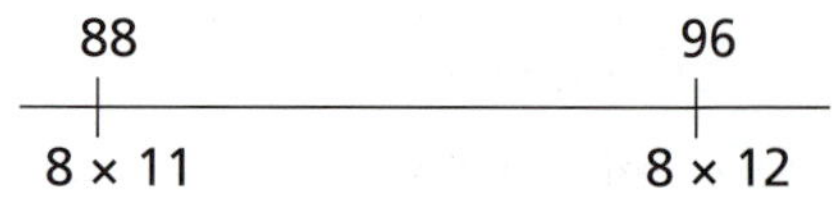

7 Décalque la figure et complète-la en suivant le programme de construction.

Trace le rectangle ABCD.
Trace les segments [AC] et [BD].
Appelle I leur point commun.

8 Écris un programme de construction qui permettra de réaliser cette figure sans la voir.

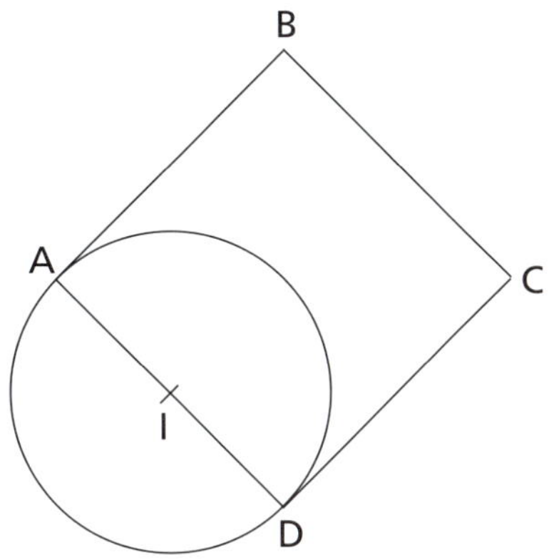

9 Il faut 45 perles pour réaliser un collier.

Combien de perles faut-il pour réaliser 28 colliers ?

10 Lucie achète 420 perles pour faire 7 colliers identiques.

Combien de perles chaque collier aura-t-il ?

11 Chez un papetier, si on achète 100 cahiers, on reçoit 1 cahier gratuit.
Le directeur d'une école a acheté 312 cahiers.

Combien de cahiers gratuits a-t-il reçus ?

Pour aller plus loin

Zoé va à la piscine tous les 2 jours, Ryan tous les 3 jours, Matéo tous les 4 jours, Diego tous les 5 jours, Lena tous les 6 jours et Garance tous les 7 jours. Aujourd'hui ils y sont tous.

Dans combien de jours y seront-ils tous à nouveau ?

TABLE DES ILLUSTRATIONS

30	ph © Kenneth Noland / ADAGP, Paris 2010
39-hd	ph © Wojtek Buss / Hoa-qui / Eyedea
39-mg	ph © Wojtek Buss / Hoa-qui / Eyedea
39-md	ph © Wojtek Buss / Eyedea
39-bg	ph © Gavin Hellier / ImageState / GHFP / Hoa-qui / Eyedea
57	ph © François Morellet / ADAGP, Paris 2010
63	ph © Inti St. Clair / Getty Images
64	ph © RMN
67	ph © Guylain Doyle / Eyedea
72-h	ph © Berndt Fischer / Biosphoto
72-mg	ph © Pete Cairns / Nature Picture Library / Eyedea
72-md	ph © J.-L. Klein & M.-L. Hubert / Biosphoto
73-hg	ph © RF Company / Biosphoto
73-hd	ph © J.-P. Ferrero & J.-M. Labat / Auscape / Biosphoto
75	ph © Emmanuel Dunand / AFP
78	ph © Bridgeman Art Library
106-hg	ph © Michael Mcqueen / Getty Images
106-hd	ph © Bruno Perousse / Hoa-qui / Eyedea Illustration
106-m	ph © José Fuste Raga / Eyedea / ADAGP, Paris 2010
106-mb	ph © Photononstop
106-bd	ph © Michele Falzone / Getty Images
107-mg	ph © Mauritius / Photononstop
107-md	ph © Olivier Cirendini / Lonely Planet Images / Photononstop
107-bd	ph © Yadid Levy / Eyedea
113	ph © D.R. - © ADAGP, Paris 2010
122- A	ph © Pascal Sittler / REA
122- B	ph © 491BPS - BeautyPhotoStudio - www.TipsImages.it / Photononstop
122- C	ph © F. Hanoteau / Archives Hatier
122- D	ph © J.Riby / Archives Hatier
124	ph © Bridgeman Art Library
129-g	ph © ANT / Sunset
129-d	ph © Olivier Langrand / Bios
135	ph © Paul Doyle / ArabianEye-REA
140-h	ph © K. McDonnell / Taxi / Getty Images
140-mh	ph © Shutterstock
140-mb	ph © Image Source / Photononstop
140-bg	ph © Glen Allison / Photodisc / Getty Images
140-bd	ph © Shutterstock
143	ph © Matthew Wakem / Getty Images
149	ph © Nicolas Tavernier / REA
166- h	ph © Archives Hatier
166-mh	ph © Sylvain Cordier / Biosphoto
166-m	ph © Eric Lefranc / Biosphoto
166-mb	ph © Theo Allofs / Biosphoto
166-b	ph © Archives Hatier
172-g	ph © John Warburton-Lee / Photononstop
172-d	ph © Getty Images
173-hg	ph © Iconotec / Photononstop
173-hd	ph © Sylvain SONNET / Getty Images
173-mg	ph © Marcel Hemelrijk / AFP
173-md	ph © Mario Fourmy / REA
173-b	ph © Bridgeman Art Library

Achevé d'imprimer en Italie par Rotolito Lombarda
Dépôt légal n°94467-3/01 Mars 2010